JN451618

한양에서 연경까지

조선 사신이 본 동아시아(1592-1780)

從漢城到燕京—朝鮮使者眼中的東亞世界
by 吳政緯
Copyright ⓒ 2017 by Showwe Information Co., Ltd. (秀威資訊科技股份有限公司)
Korean translation copyright © 2025
by YOUKRACK PUBLISHING CO.
Published by arrangement with Showwe information Co., Ltd.
ALL RIGHTS RESERVED

교육부인문사회과학중점연구기지
연변대학조선한국연구센터

한양에서 연경까지

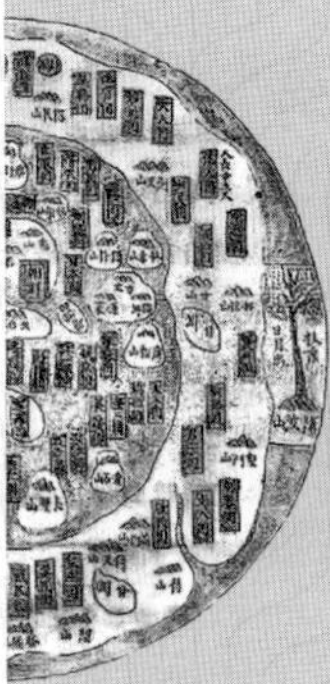

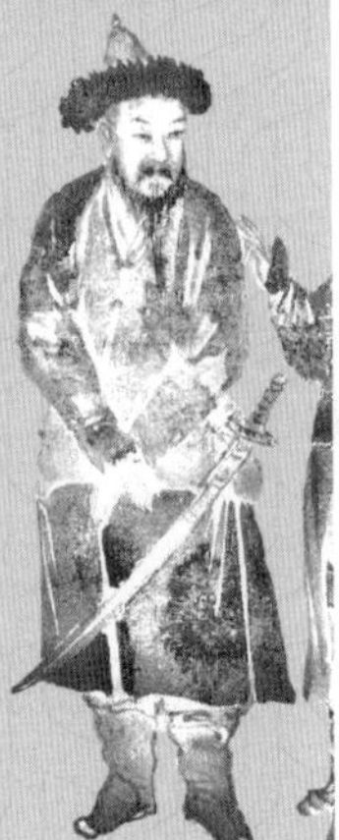

조선 사신이 본 동아시아(1592-1780)

從漢城到燕京：朝鮮使者眼中的東亞世界(1592-1780)

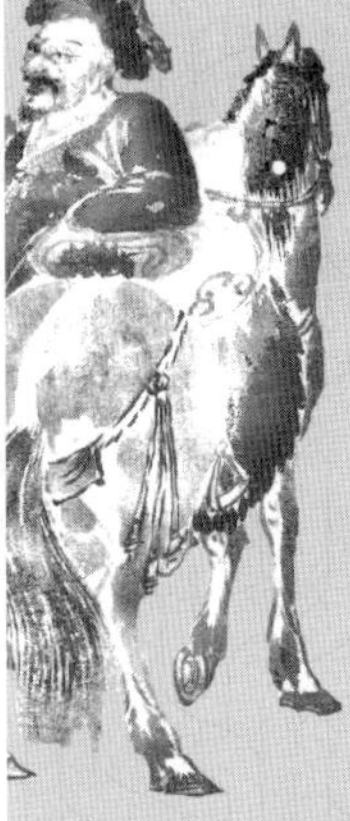

오정위(吳政緯) 지음
김휘(金輝) 신영화(辛英花) 옮김

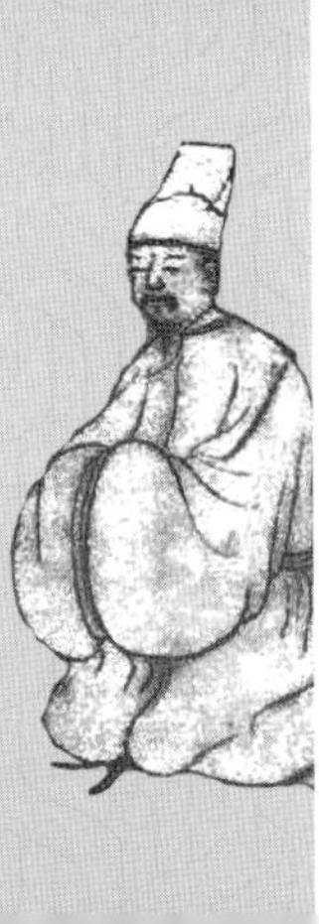

역락

이 책을 장존무(張存武, 1929-2025) 선생께 삼가 올립니다

졸저의 한국어판에 부쳐

도서출판 '역락'에서 졸저의 한국어판 서문을 쓸 수 있는 기회를 주신 데 대해 깊은 감사를 표하는 바입니다. 이 책이 처음 출간된 2017년부터 지난 8년 간, 제가 연구에서 다루었던 조선 사신들의 모습은 물론, 스스로도 많은 변화를 겪었습니다. 이 소중한 자리를 빌려 독자들에게 이 책이 탄생하게 된 배경을 조금 더 들려드리고자 합니다.

2014년, 20대에서 30대 사이의 역사학과 대학원생들이 모여 웹사이트 <이야기 : 모두를 위한 역사>를 만들었습니다. 학계 밖의 일반 독자를 대상으로 한 이 사이트는 학술 논문과는 달리 누구나 쉽게 읽을 수 있는 역사 글쓰기를 지향했습니다. 당시 저는 대만사범대학교에서 석사 과정 중이었습니다. 솔직히 말해, 이 사이트에 갓 합류했을 때 우리의 글솜씨는 아직 서툴렀고 주제 선정도 완벽하지 않았습니다. 그럼에도 저는 석사 논문을 쓰는 동안 사이트에 20여 편의 글을 기고하며 글쓰기 경험을 차근차근 쌓아갔습니다.

석사과정을 마친 후, 저의 석사 논문을 출간해 주신 편집자님께서 <이야기 : 모두를 위한 역사>의 정신을 이어받아 역사 기초 지식이 없는 독자도 즐겁게 읽을 수 있는 역사 대중서를 써보는 것이 어떻겠냐고 제안하셨습니다. 저는 이 제안을 기꺼이 받아들여 자투리 시간을 다잡아 참신한 역사 이야기를 쓰기 시작했는데 그것이 바로 이 졸저입니다.

사이트에 실렸던 글들과 마찬가지로 이 책은 역사에 관심 있는 일반인을 위한 것입니다. 역사학 연구 성과는 학술 논문의 엄격한 형식에 갇혀 비전문가에게는 접근하기 어려운 경우가 많습니다. 그래서 저는 내용을 어떻게 구성해야 사료 속에 묻힌 과거를 이야기처럼 자연스럽게 풀어낼 수 있을지 고민하며 많은 정력을 쏟았습니다.

민감한 독자라면 일반적인 역사 대중서와는 달리 이 책에 방대한 분량의 다양한 주석이 달려 있음을 발견하셨을 것입니다. 이는 제가 학식을 뽐내기 위함이 아니라, 독자들이 역사 이야기를 유려하게 읽어 내려가면서도 정확한 지식을 얻을 수 있도록 하기 위함입니다. 나아가 역사 연구에 관심이 있는 독자가 출처를 따라 원전을 찾아 더 넓은 세계를 탐구할 수 있도록 배려한 것이기도 합니다.

안타깝게도, 이 졸저를 완성한 후 저는 대만대학교 역사학과 박사과정에 진학하게 되었습니다. 학업에 집중하기 위해 저는 사이트 <이야기 : 모두를 위한 역사>에서 완전히 손을 뗐습니다. 따라서 이 책은 현재까지 제가 쓴 유일한 역사 대중서입니다. 앞으로 기회가 주어진다면 두 번째 역사 대중서를 쓸 수 있기를 진심으로 바랍니다.

2017년 이 책을 출간한 이후, 한문으로 된 조선 시대 연행문헌에 대한 저의 관심은 더욱 깊어졌습니다. 고대 조선인들이 중국을 바라보고 기록한 시각과 분석은 한국사의 중요한 범주에 속할 뿐만 아니라, 동시에 중국사와 동아시아사의 소중한 자산이기도 합니다. 조선 외교 사절단이 거의 동일한 경로를 500년 이상 지속적으로 왕래한 역사는 사실 세계적으로도 그 유례를 찾기 어려운 독특한 사례입니다.

이러한 이야기는 학계를 넘어서도 큰 의미를 지닙니다. 친구들에게 조선 연행사들의 이야기를 들려줄 때마다 그들은 늘 놀라운 관심을 보이곤 합니다. 국경을 넘어 대륙을 가로지르는 이러한 교류의 기록은 동아시아 역사에서도 흔치 않은 사례이기 때문입니다. 그들은 머나먼 길도 마다하지 않고 북경에 이르러 중국의 문화와 사회를 직접 탐험하고, 현지인들과 진정한 우정을 나눈 조선인들의 용기와 개방성에 놀라워합니다. 인터넷이 존재하지 않던 시대, 사람들은 제한된 만남 속에서도 서로를 더 깊이 이해하고자 적극적으로 소통했습니다. 그 과정에서 멀리 떨어진 이국에서도 오랜 시간에 걸쳐 진정한 우정을 꽃피울 수 있었다는 점이 특히 감동적으로 다가옵니다.

고대 조선인의 중국 인식에는 깊은 통찰이 존재하는가 하면 분명 오해도 있습니다. 그러나 저는 그중에서도 긍정적이고 밝은 측면에 주목해야 한다고 생각합니다. 수백 년 전 사람들이 국경을 넘어 친구가 될 수 있었다면, 현대를 살아가는 우리들은 더욱 그러할 수 있어야 합니다.

이 졸저를 장존무(張存武, 1929-2025) 선생님께도 바칩니다. 선생님은 한중 관계사 연구의 선구자이시자, 저를 역사 연구의 길로 인도해 주신 은사이십니다. 제가 공식적으로 자신의 수업을 수강한 적이 없다는 이유로 선생님께서는 저를 '제자'라 부르기보다는 '친구'나 '아우'라며 스스럼없이 대해주셨습니다. 나이를 넘어선 이 특별한 스승이자 친구 같은 정을, 저는 마음깊이 새기며 평생 감사히 여기겠습니다.

올해 2월, 장존무 선생님께서 타계하셨습니다. 이 소식을 접했을 때의 느낌을 어떻게 표현해야 할지 모르겠습니다. 다만 이렇게 말씀드리고 싶습니다. “선생님께서 흘리신 빵 부스러기 하나하나를 제가 모두 주워 들었습니다. 그리고 이제 미로에서 벗어날 수 있게 되었습니다.”

선생님, 영원히 잊지 않겠습니다.

마지막으로, 저의 이 졸저가 도서출판 ‘역락’을 통해 한국에 소개될 수 있어 진심으로 영광스럽게 생각합니다. 독자 여러분의 아낌없는 비판과 가르침을 부탁드립니다.

오정위(吳政緯)

2025.11.07

대만대학교 수제(修齊)회관에서

서문을 대신하며

사절과 배신한 장수, 그리고 종사와 군왕—『한양에서 연경까지』 그 이전의 조선 역사

기원 1392년 초봄, 고려의 명장 이성계는 한반도 서부의 해주에서 사냥을 즐기고 있었다. 역사적으로 이성계는 기마와 궁술의 천재로 유명하다고 알려져 있다. 그러나 그만 낙마하는 바람에 심한 부상을 입었다. 당시 조정에서 막대한 권력을 휘두르고 있던 이성계는 두 차례에 걸쳐 국왕의 폐위와 새 왕의 즉위를 주도하며 왕위 찬탈의 야망을 노골적으로 드러내고 있었다. 이 낙마 사고는 역사에 몇 가지 변수를 가져왔다.

고려 왕실에 충성하던 대신 정몽주는 이성계가 조정에서 잠시 물러난 틈을 타 많은 당파를 탄핵하고 유배시키는 데 성공했다. 이렇게 되자 이성계 일파의 반격은 더욱 거세졌다. 이성계의 아들 이방원은 이틀 후 매복을 준비해 정몽주를 선죽교(善竹橋, 현 북한 개성시 소재)에서 철퇴로 살해했다. 정몽주가 살해된 선죽교에는 그의 핏자국이 아직도 남아 있다고 전해진다.

정몽주의 죽음으로 더 이상 고려 왕조의 멸망을 막을 이는 없었다. 1392년 여름, 고려의 말대 군주 왕요(王瑤)는 어쩔 수 없이 퇴위했고 이성계는 뭇사람들의 추대 속에 왕위에 올랐다. 이렇게 국조 500년에 이르는 조선 왕조의 막이 열렸다.

…

이성계와 정몽주의 이야기는 오정위의 이 책에 등장하는 조선 사신들과 깊은 관련이 있다. 조선인들이 중화를 흠모하고 명나라와 긴밀한 관계를 유지한 이유는 이 두 인물의 행적에서도 어느 정도 설명된다.

14세기 중반, 고려 말기 상황은 중국 원말명초의 혼란과 맞물려 매우 불안정했다. 당시 중국에서는 홍건군(명태조 주원장이 젊어서 가담했던 농민군)이 중원을 휩쓴 데 이어, 압록강을 넘어 한반도 북부를 공격하여 고려의 수도 개성까지 함락했다. 다행히 이성계 등 장수들이 힘을 합쳐 외적을 물리치고 국운을 지켜냈다.

명나라가 건국되자 고려도 원·명 사이에서 어느 쪽을 택할지를 두고 내부 의견이 엇갈렸다. 일부는 명나라에 충성할 것을 주장했으나 원나라 세력(1368년 명나라 건국 후 원나라는 북방 초원 지대로 물러났다. 학계는 이를 '북원'이라 한다.)도 여전히 존재해 고려의 입장은 애매모호할 수밖에 없었다.

한때는 명나라에 신하의 예를 갖추다가 또 한때는 북원의 책봉을 받아들이는 식으로 두 강대국 사이에서 줄타기를 하는 외교 방침은 당연히 불만을 불러일으켰다. 특히 당시 명나라 사신이 고려에서 이유 없이 살해당하고 고려 조정 내부에서도 국왕이 시해되는 정변까지 일어났다. 이러한 이유로 말미암아 성질이 불같은 주원장은 고려를 더욱 혐오하게 되었고 심지어 군대를 보내 고분고분하지 않은 이 번속국을 응징하겠다고 위협하기 시작했다.

고려는 명나라를 자극하지 않기 위해 적극적으로 사과해야 했다. 당시에는 핫라인 전화도, 전보나 팩스도 없었기에 양측의 소통은 오로지 사절에 의존할 수밖에 없었다. 문제는 주원장이 북쪽 국경을 수차 봉쇄하여 고려 사절단을 돌려보낸 데 그치지 않고 사절단 일행을 구타한 뒤 이 불행한 사람들을 머나먼 남방 오지에 유배시키는 등 고의적인 도발도 서슴지 않았다는 것이다.

양국 관계가 이토록 위험해지니 고려 전역에서 명나라에 사신으로 가려는 사람이 없었다. 1383년, 고려가 주원장의 생일을 축하하기 위해 재차 사절단을 파견하려 하자 조정 내 문신들은 사양하거나 병을 핑계 대는 등 온갖 이유로 거부했다. 결국 이 최악의 임무는 정몽주의 몫으로 돌아왔다.

그러나 정몽주는 보통 사람이 아니었다. 그는 영웅적 기개가 있는 인물이었다. 망설임 없이 이 중책을 떠맡으며 그는 이렇게 말했다. "어시와도 같은 임금의 어명이라면 물불도 가리지 않을지니 하물며 조천이야 더 말해 무엇하랴.(君父之命, 水火尙不避, 況朝天乎?)"

그리하여 이 신임 사신은 주원장을 알현할 목적으로 당일 짐을 꾸려 출발해 밤낮으로 길을 재촉했다.

1383년부터 1384년 사이에 이뤄진 정몽주의 이 사행은 상당한 성과를 거둔 것으로 보인다. 비록 고려가 제시한 일부 명분 요구가 명나라 측에 받아들여지지 않았지만(당시 외교 관계에서 명분은 매우 중요했다. 이와 관해서는 이 책의 맺음말 부분의 내용 참조.) 주원장은 적어도 정몽주와 화기애애하게 오랜 시간 대화를 나누었고 '각별히 위로하고 후하게 대접하도록(特賜慰撫, 敕禮部優禮以送)' 예부에 지시했다. 심지어 이전에 유배되었던 고려 사신들까지 석방하기로 약속했다. 그 이후로 고려와 명나라의 관계는 점차 개선되었다. 정몽주의 이와 같은 외교적 재능과 수완은 사행길에 나선 후대 사신들도 아마 깊이 감복했을 것이다.

실제로 정몽주의 중국 사행은 이 한 차례뿐이 아니었다. 그는 정치 생애에 도합 여섯 차례나 명나라에 사신으로 다녀왔고 그중에서 세 차례나 주원장을 직접 알현했다. 게다가 그의 발길은 후대 조선 사신들보다 더 먼 곳까지 이어졌다. 당시 명나라의 수도는 여전히 먼 남경에 있었기 때문이다. 정몽주는 먼저 황해를 건너 산동 반도(山東半島)에 도착한 후 남쪽으로 향하는 계획을 세워야 했다.

여정이 길면 사고 발생 확률도 높아진다. 1372년, 첫 사행을 마치고 귀국하던 중 정몽주 일행 100여 명은 바다에서 폭풍을 만났다. 결과 배가 파손된 것은 물론 39명이 익사했다. 13일간의 해상 표류 과정에서 정몽주와 동료들은 말안장의 깔개를 잘라 먹으며 간신히 중국 연안에 닿아 목숨을 부지할 수 있었다.

여러 차례 사행에서 온갖 산전수전을 다 겪어 본 정몽주는 실로 후대 조선 사신들의 대선배로 불리기에 손색이 없다. 실제로 오정위가 이 책에서 묘사한 조선 사신들도 대부분 그와 비슷한 친선 이념을 안고 명제국과 선린 관계를 구축하기를 희망했을 것이다.

정몽주는 양국 간 선린을 도모하려 했던 대표적인 인물로 그의 다양한 노력은 후대 조선과 명나라의 안정된 외교 관계에 일정한 기반을 마련했다.

하지만 정치적 상황의 변화는 외교 사신이 좌우할 수 있는 문제가 아니다. 1387년, 명나라 군대는 성공적인 북벌을 통해 요동(遼東) 지역을 장악했다. 이어 1388년, 주원장이 재차 압록강 이남과 철령(鐵嶺, 지금의 요녕성[遼寧省] 철령이 아님) 이북의 영토를 요구하자 고려는 이에 강하게 반발하고 나섰다. 고려 국왕은 일방적으로 종번 관계를 폐지하고 심지어 명나라와의 전쟁마저 서슴지 않겠다는 의지를 보였다. 당시 이미 큰 공을 세운 이성계는 출병하지 말아야 할 소위 '사불가론(四不可論)'을 들며 국왕을 직접 만나 만류했지만 받아들여지지 않았다.

가장 뛰어난 외교 사신도 자기가 소속된 정부의 의사를 거역한다는 것은 어려운 일이다. 하지만 군대 통솔자는 다르다. 1388년 봄, 이성계는 요동 정벌을 위한 우군(右軍) 도통사로 임명되어 5만여 명의 군대를 이끌고 압록강 어귀의 위화도에 도착했다. 그러나 그의 철군 요청을 조정에서 거부하자 수도를 바라고 군대를 돌려 '위화도 회군'을 단행했다. 이 사건은 국왕을 포로로 잡고 퇴위를 강요하려는 중대한 쿠데타였다. 아이러니하게도 이로 인해 명나라와 고려 사이의 전쟁 위기는 일단 해제되었다. 한편, 고려 국왕의 출병 결정이 어느 정도 영향을 미쳤을 가능성도 있다. 그 뒤로 주원장은 고려의 요구를 받아들여 더는 철령을 경계로 고집하지 않았다.

'위화도 회군'은 이성계를 권력의 정점으로 끌어올렸다. 4년 뒤, 이성계 세력은 정몽주를 살해하고 이성계를 왕으로 추대했다. 만약 이성계가 당시 왕명에 복종하여 요동으로 진격했다면 고려와 명나라는 오랜 기간 결렬 상태에 빠졌을 것이고 후대 조선 사신들의 사행도 이루어질 수 없었을 것이다.

이성계의 여러 행적은 이후 양국 관계사에도 결정적인 영향을 미쳤다. 이는 그가 왕조를 세운 뒤 '사대주의' 방침을 확립하여 조선이 명·청 두 왕조와 장기적이고 안정된 종번 관계를 유지하게 한 것(이로 인해 이 책에 등장하는 다양한 사신들의 이야기가 탄생할 수 있었다)은 물론, 유교를 나라의 기본 국책으로 도입한 것까지 포함한다.

유학 교육은 고려 왕조 시대부터 이미 널리 보급되기 시작했다. 특히 13세기 말 남송의 주희가 발전시킨 성리학이 전래된 이후 지식인들 사이에서 큰 반향을 일으켰다. 정몽주는 유명한 주자학자로, 후대 유학계로부터 '동방 성리학의 비조'로 추앙받았을 뿐만 아니라 고려 왕조에 대한 충절과 몸소 도(道)를 실천한 사적으로 인해서도 크게 존경받았다. 진지하게 말하자면, 조선 역사에서 정몽주는 유학자로서, 사상적 귀감으로서의 영향력이 외교 사신으로서의 역할보다 훨씬 더 크다고 할 수 있다.

글의 서두에서 언급한 정치적 갈등 속에서 이성계의 아들 이방원은 정몽주를 살해했지만 왕위에 올라 태종으로 된 후에는 '두 임금을 섬기지 않은 충렬지사'라는 표창과 함께 공자묘에 배향하도록 했다. 이는 조선 전체가 이성계 시대부터 유교 국가로 나아가고 있었기 때문이다. 당시 정몽주와 어깨를 나란히 한 유학자 정도전은 각종 개혁을 주도하는 한편, 『조선경국전』을 편찬하여 국가의 대소 규제를 설계했는데 그 이론적 근거 또한 유학이었다.

다시 말해, 유교 사상은 당시 위에서 아래로 점차 사회 전반에 스며들면서 보통 사람들의 일상생활에도 깊은 영향을 주기 시작했다. 이러한 분위기 속에서 이 책에 등장하는 조선 사신들은 모두 중화를 흠모하고 유교를 신봉하는 사대부들이다. 그들은 깊은 한문화 소양을 대단히 자부하는 한편, 이를 일본에 전수하는 일에 대해서도 커다란 긍지감을 안고 있었다.

정몽주와 이성계, 한 사람은 외교 사신이자 유학의 종사였고 다른 한 사람은 쿠데타의 주도자이자 조선의 개국 군주였다. 그러나 신분이 다른 이 두 거물급 인물은 모두 명나라와의 친밀한 관계를 강조했으며 이는 후대의 중조 양국 관계에 깊은 영향을 끼쳤다. 아마도 이 책에 나오는 사신들의 여정은 상당 부분 그들이 닦아 놓은 길이라 할 수 있겠다. 이 책은 제1장에서 조선 왕조 건국 후 약 200년이 지난 시점을 다루고 있지만 독자들은 여전히 두 인물의 영향력이 크게 남아 있음을 느끼게 될 것이다.

…

서문을 쓰는 일은 독자들이 이 책을 보다 잘 이해할 수 있도록 돕고 필요한 배경 지식이나 올바르게 읽는 방향을 제시해야 한다는 생각이 들었다. 그래서 서문 앞부분에 이성계와 정몽주의 이야기를 간략히 소개하기로 했다. 조선 역사를 전공하지 않은 나에게 이 책의 서문을 쓰는 일은 다소 부담스러운 것이다. 다만 위에서 소개한 이야기가 독자 여러분의 열독에 조금이나마 도움이 되길 바랄 뿐이다.

작품 자체뿐만 아니라 서문에서는 또 이 책의 저자에 대해서도 소개해야 한다고 본다. 내가 저자 오정위를 알게 된 것은 <이야기 : 모두를 위한 역사>라는 사이트 덕분이다. 2~3년 전 새로 발족한 이 사이트는 역사와 문학을 사랑하는 학계 안팎의 젊은이들이 모여 대중 독자를 위한 글쓰기 능력을 연마하는 공간이었다. 나 역시 그중 일부 작업에 참여할 기회를 얻으면서 정위를 비롯해 많은 우수한 젊은이들과 사귀게 되었다.

더욱 높게 사야 할 점은 이토록 잠재력이 무한한 학술 인재들이 일반 독자를 위한 글쓰기에도 애착과 열정을 갖고 있다는 것이다. 이 사이트에서 정위는 매우 귀중한 저자 중 한 명이다.

실제로 나는 일찍부터 오정위의 이름을 들은 적이 있다. 대학원 시절, 우리는 모두 대만사범대학교에서 공부했지만 그는 나보다 몇 학번 아래였기에 자주 마주칠 기회가 많지 않았다. 정위는 동기 중에서 유별나게 뛰어난 인물이었다. 실적만 보더라도, 석사 과정에 있을 때부터 그는 이미 여러 편의 논문을 대만 최고 수준의 학술 저널에 게재하며 두각을 나타냈다.

사실 그가 주로 다루어 온 '중조 관계사'라는 주제는 일반 독자들에게 다소 낯설 수 있다. 그러나 정위가 사이트에 올린 글들은 여전히 널리 환영받고 있다. 이는 결코 쉬운 일이 아니다.

이러한 이유로 사이트를 통해 알게 된 우리 몇몇은 그가 글쓰기를 꾸준히 이어나가기를 기대해왔다. 그리고 그 기대에 대한 후한 보답으로 정위는 이렇게 묵직한 책을 내놓았다. 이 책의 여섯 개 장은 모두 이전에 발표되지 않았던 신작으로, 조선 사신들의 이야기를 다각도로 그려내는 과정에서 장기간에 걸쳐 이루어진 역사적 변화와 전환을 일관되게 보여준다. 동시에 그는 조선 역사 문헌에 대한 해박한 지식을 바탕으로 많은 흥미로운 이미지 사료도 곁들여 수록했다.

만약 독자들이 이 책으로 만족하지 못한다면 그가 앞서 출판한 학술서 『애틋한 명나라(眷眷明朝)』를 함께 읽어보기를 권한다. 비록 학술

서이지만 읽기에 전혀 어렵지 않아 지식 증진에 도움이 될 뿐 아니라 큰 즐거움도 줄 것이다.

중국어 출판 시장에서 정위의 이 책은 매우 드문 존재다. 오늘날 서점에서 조선 역사 관련 서적을 찾으려 해도 선택의 폭은 매우 좁다. 특히 조선 시대 명나라 사신 이야기를 다룬 책은 장서가 풍부한 대학 도서관에서라야 겨우 접할 수 있는 상황이다. 더욱이 일반 독자의 신분으로 깊이 있는 지식을 담은 조선 시대 이야기를 원한다면 정위의 이 책은 거의 유일무이한 희귀본이라 할 수 있다.

조선 역사 관련 도서가 이렇게 부족한 것은 출판 인프라가 잘 갖춰진 대만에서 다소 이례적인 현상이다. 최근 몇 년간 '한류'가 아시아 각국과 지역에 큰 영향을 미치면서 조선 역사를 소재로 한 영상 작품들도 대만에서 상당한 시장을 형성하고 있다. 앞서 언급한 이성계, 이방원, 정몽주, 정도전 등 역사 인물들은 한국 드라마에 자주 등장하는 인물들이며 이 책의 2장 말미에 소개된 유성룡과 그의 저작 『징비록(懲毖錄)』은 2015년 한국 KBS방송사에 의해 대하드라마로 제작되어 중국어권 시청자들에게서도 큰 호응을 얻었다.

이처럼 조선 역사에 대한 대중적 관심은 높지만 깊이 있는 전문 서적은 여전히 매우 제한적이라는 점에서 정위의 이 책은 중요한 의미를 지닌다.

또한, 조선 역사 이야기가 스크린을 통해 활발히 다뤄지고 있지만 사회 대중의 지식 욕구에 만족을 줄 만한 전문 저서가 부족하다는 것은 매우 아쉬운 일이다. 정위의 이 책은 그런 아쉬움을 일부 채워줄 수 있을 것이다. 독자들이 그에게서 더 많은 작품을 기대한다면 지속적인 격려와

응원을 보내야 할 것이다(좋은 술 몇 병을 선물하는 것도 괜찮을 듯하다).

나는 정위에게 직접 물어본 적은 없지만 이야기를 쓰는 사람들은 대체로 '이렇게 훌륭한 이야기를 나 혼자만 즐길 수는 없다'고 생각하고 있는 듯하다. 정위의 연구는 아직도 진행 중에 있다. 그러기에 그가 향후 학술의 길에서 발견하고 창출할 내용들은 이 책에 나오는 조선 사신들만큼이나 흥미진진할 것이다.

오정위가 앞으로 자신이 보고 듣고 느낀 바를 지금처럼 우리와 함께 나누고 새로운 이야기도 계속 써 나가도록 우리도 역시 성원을 아끼지 않을 것이다.

천워이위

(사이트 '이야기 : 모두를 위한 역사' 편집 위원)

목
차

서론

과거를 재현하고 고대의 사상과 세계관을 탐구하는 것은 역사학자의 본연의 사명이다. 그들은 평생에 걸쳐 퍼즐과 같은 단서 조각을 모아다 완전한 역사의 답을 맞추려 한다. 공식 출판된 저작, 비밀스럽게 간직된 일기, 강의실에서의 발언 기록 등 문자들은 마치 광대한 바다와 같다. 그러나 사학자는 바로 그 속에서 의미라는 보물을 건져 올리고 흑과 백 사이에 숨겨진 진실을 밝히려 애쓴다. 한 사람의 세계관을 가장 잘 드러내는 요소는 무엇일까? 그는 세계를 어떻게 인식했고 자신과 세계의 관계를 어떻게 정의했을까? 이러한 질문은 매혹적인 역사적 의문으로 남아 우리들로 하여금 다양한 시점에서 '세계'의 의미를 되새기게 한다.

18세기 조선인의 머릿속에서 '세계'는 어떤 모습이었을까? 조선을 떠나려면 얼마나 걸렸을까? 국경을 넘어 이 땅의 끝까지 가면 북극이나 남극인 줄 그들은 알고 있었을까? 세계는 구형의 실체였을까? 인간은 한때 구글 지도가 없었음에도 불구하고 세계의 모습을 그리기 위해 온갖 방법을 동원하는 데 열중했었다. 세계에 대한 지식은 그 배후에 역사적 인식이 뒷받침되어 있다고 할 수 있다. 먼 바다를 건너는 여행은 극소수 특권층의 영역이었고 세계의 모습을 그리는 일은 미지에 대한 탐구 열정에서 비롯된 사치와 낭만이었다. 지도는 밖으로 나갈 기회가 없는 사람들에게도 세계의 무한성을 보여 주고 자기의 이야기를 들어 보라고 재촉하는 탁월한 대변자이다.

조선이 제작한 중국 지도 (현 한국국립중앙박물관 소장. 길이 44.8cm, 너비 63cm)
중국 지도는 항상 조선의 〈여지도(輿地圖)〉에서 빠질 수 없는 역할을 했으며 조선이 중국에 대해 품었던 다양한 상상이 담겨 있다.

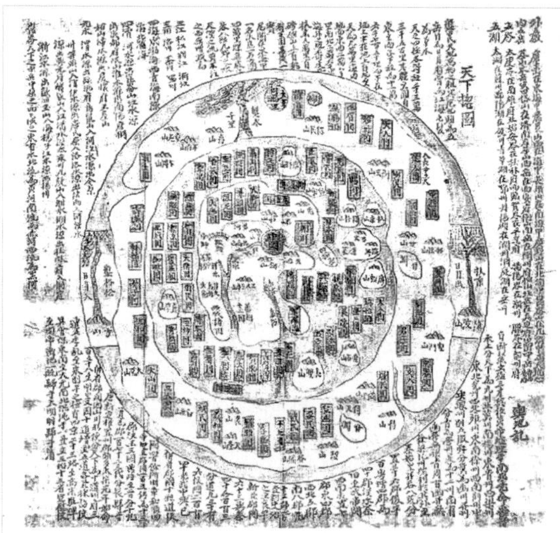

조선이 제작한 〈천하총도(天下揔圖)〉(현 한국국립중앙박물관 소장. 길이 29.8cm, 너비 28cm)
〈천하총도〉는 현대인의 상상을 초월한 독특한 세계 지도라 할 수 있다. 이 지도에서 아직 해명되지 않고 있는 부분은 여전히 사학계의 열렬한 토론 대상이다.

조선인이 그린 이 두 장의 지도를 자세히 살펴보면 아마도 첫 장이 더 익숙하게 느껴질 것이다. 얼핏 보기에는 조선이 제작한 중국 지도가 실제와 대체로 일치하는 것처럼 보인다. 특히 해안선의 윤곽이나 황하(黃河), 장강(長江)과 같은 주요 하천의 상대적 위치가 그렇다. 물론 강과 육지의 비율이 맞지 않거나 중국 동부와 서부의 축척이 일치하지 않는 등 왜곡된 부분도 쉽게 발견된다.

하지만 '진실' 여부만으로 이 지도를 평가하는 것은 온전한 이해가 아니다. 이 지도의 미묘한 점들은 하나하나 살펴볼 가치가 있다. 첫째, 한반도의 크기가 현실에 어울리지 않게 상당히 확대되어 있다. 둘째, 오른쪽 아랫부분의 '대만부(臺灣府)', 오른쪽 윗부분의 '영고탑(寧古塔)', '심양(瀋陽)'이라는 표기는 이 지도가 청나라 시기에 제작되었음을 보여준다. 셋째, 제작자는 중국 외부에도 다른 세계가 있음을 인지하고 있었다. 지도 왼쪽 윗부분의 '화란국(荷蘭國)', '대서양(大西洋)', '소서양(小西洋)', 왼쪽 아랫부분의 '섬라국(暹羅國)', '참파 왕국(佔城)'이라는 표기는 외부에서 들어온 정보를 반영하고 있다. 그러나 제작자는 분명 중국을 중심으로 삼았기에 중국 외부의 지리 지식은 한쪽 구석에 압축해 겨우 포함시켰다.

그렇다면 지도 속의 중국은 정확히 그려졌을까? 청나라 시기에 그려진 지도라면 왜 북경 옆에 '순천부(順天府)', 남경 옆에 '응천부(應天府)'라 적었을까? 이 명칭들은 모두 명나라 시기에 사용하던 것들이다. 게다가 지도에는 중국 전국 시대 여러 나라들까지 빨강 배경색에 동그라미까지 쳐 적혀 있으며 깨알 글씨로 공자, 장량(張良), 동방삭(東方朔), 주유(周瑜), 곽자의(郭子儀) 등 역사 인물들도 기록되어 마치 역사 교과서에 가깝다는 인상을 준다. 전반적으로 이 지도는 층층이 쌓아 올린 중국 역사 현시도에 가까우면서도 조선을 중심으로 한 세계관을 보여준다.

또한 지도에서는 조선 영토가 상당히 확대되어 있는 반면, 일본은 현저히 축소되어 있다. 조선을 중심으로 보면 이 지도에는 말로 표현하지 않은 수많은 의도가 숨어 있다. 예를 들어, 육로나 해로로 조선에서 북경으로 가는 노선은 연도의 지명을 자세히 밝혔고 상대적 위치도 비교적 정확하다. 또한 조선에서 북상하여 요동(遼東), 봉황성(鳳凰城), 광녕(廣寧), 영원(寧遠), 산해관(山海關)을 거치는 순서는 실제와 일치한다. 서쪽으로 바다를 건너 산동 반도(山東半島)에 상륙한 뒤 북상하여 연도(燕都)에 도착하는 노선도 대략적인 윤곽 속에서 정교한 부분이다. 보다시피, 이 조선인 제작자는 항상 중국이 아닌 조선 자체를 더 많이 투영한 듯하다. 이것이 바로 이 지도를 읽는 열쇠로, 표상적인 인상의 배후에는 사실 또 다른 세계가 있음을 상기시킨다.

'중국 지도'의 의미는 '진실'로 가는 또 다른 길을 보여준다. 우리는 중국에서 울렸던 조선의 목소리를 들어야만 요동과 산동의 세부가 왜 그렇게 상세한지, 일본과 화란국은 왜 그렇게 소홀히 다뤄졌는지를 이해할 수 있다. 이는 모두 의도적인 배치이며 조선의 세계관을 구현한 결과다.

시선을 두번 째 지도 <천하총도>로 옮겨보자. 흔히 '천하도'라고 불리는 이런 지도는 17세기와 18세기 조선에서 매우 유행했다. 현재 학계에서는 이 지도 유형에 대한 연구가 많지 않은 편이며 각기 다른 해석들이 존재하기도 한다.[1] <천하총도>는 해석이 어렵다는 점 때문에 많은 연구자들의 주목을 받고 있다. 이 지도는 수많은 미스터리로 가득 차 있다. 그중에서 왜서 '원형 지도'인지, 대륙과 바다는 무엇때문에 둥근 형태로 그려졌는지에 대한 의문이 대표적이다. 중심부에 위치한 중국은 그래도 이해하기 쉽지만 '삼수국(三首國)', '유귀국(流鬼國)', '대인국(大人國)' 등 기괴한 분위기와 상상적 실재를 담은 명칭들이 종이 위를 가득 채워 상상력을 자극한다.

18세기 조선인에게 세계의 모습을 그려보라고 한다면 위의 두 그림이 가장 일반적인 답변일 것이다. 두 폭의 지도는 모두 '진실'이며 결코 허구가 아니다. 조선인의 세계관을 탐구하는 일은 매우 매혹적이다. 지도 위에 나타난 알려지지 않은 나라들은 한때 사람들에게 진실로 여겨졌을 것이다. 중국은 천하의 중심부에 자리잡고 있으며 세계는 중국을 중심으로 회전한다. 세계의 기원은 반고(盤古)가 천지를 개벽한 이야기에서 시작해 여와(女媧)가 하늘을 보수한 이야기로 이어진다. 중국의 역사는 천하를 상징하며 종이 위에 빽빽이 적힌 주석은 그때의 '세계'보다는 중국에 대해 더 많이 이야기하고 있다. 중국은 한때 동아시아 지역의 지식을 지배했고 조선 상하 또한 이를 전폭적으로 수용했다. 나는

1 <천하도>에 대한 연구는 우미노 카즈타카(海野一隆)의 「이조 조선에 있어서의 지도와 도교(李朝朝鮮における地図と道教)」와 황스잰(黃時鑒)의 「지도로 보는 역사상 중한일 '세계' 관념의 차이—조선의 천하도와 일본의 남섬부주도를 중심으로(從地圖看歷史上中韓日"世界"觀念的差異—以朝鮮的天下圖和日本的南瞻部洲圖為主)」 참조. 현재의 연구 성과에 따르면, <천하도>의 지식 체계는 상당 부분 중국 고전, 불교, 도교에서 유래했으며, 그 원형은 마테오 리치가 제작한 세계 지도 「곤여만국전도(坤輿萬國全圖)」로 추정된다. 다수 연구자들은 조선인이 중국 이외의 세계를 묘사한 <천하총도>를 조선이 '중국 중심'을 극복한 상징으로 보고 있다.

항상 이 두 지도를 제대로 이해하려면 먼저 중국을 이해하고 난 뒤라야 조선의 위치를 파악할 수 있다고 주장한다.

한양에서 북경까지

앞서 언급한 '중국 지도'는 요동 지역을 가장 상세히 묘사하고 있다. 그 이유는 아주 간단하다. 이 길은 조선인에게 가장 익숙한 노선이었기 때문이다. 원나라부터 청나라 말기까지 조선인들은 거의 이 노선대로 조선에서 중국으로, 한양에서 연경으로 이동했다. 중국 내륙 지역에 비해 요동 지역의 '봉황성(鳳凰城)'이거나 '금주(錦州)'와 같은 지방 명칭이 지도에 명확히 표기된 이유 역시 이런 곳들은 조선인들의 필수 경유지였기 때문이다.

명·청 시기, 중국은 주변국과의 교류에서 엄격한 '룰'을 갖추고 있었는데 학술적으로는 이를 '조공책봉 체계(朝貢冊封體系)'라 부른다. 이 체계는 중국이 주변국들의 정치적 주권을 인정하는 대신, 주변국들은 명목상 중국에 충성을 맹세하여 형성된 국제 정치 관계이다. 필자는 조공체제의 흥망성쇠를 깊이 다룰 의향이 없다. 다만 조선은 이 제도에 좇아 반드시 의례적 의무를 이행해야 했기에 해마다 중국에 사절단을 파견했던 것이다. 이로 인해 조선인들의 중국 사행는 흔한 풍경이 되었다. 그들은 공도를 오가며 중국으로부터 최신 정보를 갖고왔다. 이처럼 사행 코스는 세계로 통하는 창구로, 주로 조선을 향해 열려 있었다.

중국으로의 사행은 대규모 순례 행렬로, 구성원은 흔히 300명 좌우였다. 그리고 해마다 이루어지는 것이 관례로 통했다. 명·청 시기는 전통 중국의 전성기로 방대한 인구임에도 백성들이 풍족했으며 정교한 제도에 힘입어 뛰어난 문화적 업적을 이루었다. 유럽 국가라면 이처럼 거대한 제국을 통치하며 각각 200여 년간의 통치를 유지하기 어려웠을 것이다.

조선 사신들은 중국을 직접 경험한 증인들이다. 그들은 흔히 45일에서 60일에 걸쳐 1,200킬로미터를 걸어 북경에 도착해야 했다. 조선인이 그린 여러 지도를 통해 그들의 여정이 요동 지역을 가로지름을 알 수 있다. 그들은 높은 산과 험준한 고개를 넘어야 했고, 사막과 황야를 지나야 했다. 천신만고 끝에 천하제일관이라 불리는 산해관(山海關)에 이르러야 가장 번화한 도시 연경이 그들의 입성을 기다리고 있었다.

조선 사신들은 북경에 고정된 거처가 있었다. 외국 사절을 접대하는 회동관으로, 옥하교(玉河橋) 옆에 위치했다 하여 '옥하관'이라 불렸다. 명나라 시기에는 조선 공사(貢使)가 40일간 머물다가 귀로에 올랐으나 청나라 시기에는 비교적 관대하여 두 달가량 머무를 수 있었고 기한을 초과하는 경우도 있었다.

조선인이 제작한 세계지도에서 조선 사절단으로 화제를 돌리는 이유는 사절단 구성원들 중에 주목할 만한 인물이 있었기 때문이다. 그중에는 조선 사상계의 유명 문인들도 포함되어 있다. 그들은 두 나라를 오가며 조선의 세계관 형성에 큰 영향을 미쳤다.[2]

2 조선 사절단에 대한 연구는 췐하이중(全海宗)의 「청대 중조 조공 관계 고(清代中朝朝貢關

조선은 예의의 나라로 자부하며 스스로를 '소중화'라 불렀다. 이는 중화와 가장 닮은 외국이라는 뜻이다. 자신들의 문화적 고아함을 강조하기 위해 조선 정부는 권위 있는 고위급 관료와 한문 시부(詩賦)에 능한 문신을 사절단의 요직에 임명했다. 그들은 명나라 스타일의 복장을 착용하고 곳곳에서 한학 소양을 드러내며 조선 사람으로서의 존엄을 과시하려 했다.

조선은 1392년 개국 이후 과거 시험까지 유학 경전을 도입하며 명나라를 충실하고도 전반적으로 복제하려 했다. 이 점을 이해해야만 조선 사신들이 중국 땅을 밟은 희열과 감격을 상상할 수 있다. 중국은 정치적 종주국이었을 뿐만 아니라 문화적으로도 모국이었으며 중국으로의 사행은 단순한 정치적 임무가 아니라 성지 순례 겸 '도'를 묻는 실천과도 같은 것이었다.

그러나 모든 것은 청나라에 와 급변했다. 명나라를 대신하여 일어난 청나라는 한족 정권이 아니라 중국 동북에서 기원한, 조선이 '오랑캐'로 여긴 여진인의 정권이었다. 이 책에 적었듯, 청나라가 명나라를 대체한 것은 조선을 놓고 보면 가장 심각한 타격이었다. 조선은 한편으로 명나라 멸망의 슬픔을 되새기고, 다른 한편으로는 앞으로의 방향을 고민해야 했다. 소중화가 세계 속에서 어떻게 자리 잡아야 하는지는 여러 세대에 걸친 조선 지식인들의 의문이었다.

현대인의 시각으로 보아 청나라를 이해하는 키워드는 결코 '오랑캐'

係考)」와 장존무(張存武)의 『청한 종번 무역 : 1637-1894(清韓宗藩貿易 : 1637-1894)』 참조.

가 아니다. 사실 청나라는 이전 시대를 훨씬 능가한 영토 규모에 존속기도 장구했던 위대한 시대였다. 그러나 '명나라 의관(大明衣冠)'을 차려입은 조선인들에게 '청나라는 곧 오랑캐'라는 관념이 뿌리 깊고 확고하게 자리잡고 있었다. 그들은 중화 문화는 이미 사라졌고 청나라 한족들은 명나라를 그리워하지 않는다고 비난했다. 이에 따라 조선 사신들의 중국 여행은 마치 사라진 문화적 모국을 추모하며 그 모국의 지난날을 찾아가는 거나 다름없었다. 말을 바꾸어, 조선은 정치적으로는 청나라에 복종했지만 내심으로는 한 발짝도 물러서려 하지 않았던 것이다.

중국 견문

명·청 시기의 중국은 어떤 시대였는가? 이 질문은 매우 복잡한 문제인 것 같지만 조선 사신들의 중국 견문이 독특한 단서가 되어 흥미로운 답을 제공할 수 있다. 중국 방문은 평생에 한 번 있을까 말까 한 기회였기에 사절단을 수행했던 수많은 지식인들은 견문과 경력을 다투어 기록했다. 이러한 기록은 개인 일기일 수도 있고 관청에 제출하는 공식 보고서일 수도 있다. 관례에 따라 사절단의 서장관(書狀官)은 귀국하면 국왕에게 견문을 보고해야 했는데 이는 마치 공식 출장의 결산 보고서와 같았다. 그 내용은 가장 최근의 '중국 관찰 기록'으로, 조선 궁정이 세계의 변화를 알 수 있게 해주었다.

공식 보고서에 비해 사적인 일기는 더욱 주목할 만하다. 일기란 원래 오직 자신에게만 털어놓을 수 있는 기록이다. 기존 연구에 따르면, 사절단 구성원들이 일기를 쓰는 부분적 동기는 귀국 후 가장 권위 있는 '중국 관찰' 서적을 출판하기 위함이었다. 중국을 방문할 수 있는 사람은 결국 소수였기에 커다란 자부심을 안고 귀향한 이들이라야 발언권을 가질 수 있었다. 대부분의 조선인은 직접 중국을 볼 기회가 없었기에 선인들의 필기, 일기, 보고서를 통해 중국을 간접적으로 체험할 수밖에 없었다. 이를 통해 볼 때, 조선 사절단은 단순한 정치 사절을 넘어 중국 관찰단이자 중화 문화를 번역하는 역할을 수행했으며 조선 내 독자들과 함께 눈앞의 중국을 공유하는 존재였다.

조선 사신의 일기를 깊이 들여다보는 것은 조선의 세계관을 이해하는 첫걸음이다. 우리는 중국과 조선의 시각을 반복적으로 전환하는 과정을 통해 조선 지식인들의 사상적 상태를 포착해야 한다. 중국 지도를 보는 방법은 조선을 중심으로 동심원을 그려 가며 지도 전반으로 점차 영역을 확장해 나가는 것이다. 따라서 중국을 읽는다는 것은 곧 조선을 이해하는 것으로 될 것이다. 요컨대, 조선 사신들의 중국 여행은 문화적 정체성, 역사 지식, 그리고 시대적 충격 등 모든 필수적인 소재를 제공하여 독특한 이야기를 만들어내는 완벽한 기회였다.

연행록

학계에서는 조선 사신들의 견문 기록을 '연행록(燕行錄)'으로 부르는 것이 관례다. '연(燕)'은 북경의 옛 이름이므로 간단히 '북경으로까지의 모든 기록'이라고 이해해도 무방할 것 같다. 다만 이 명칭은 청나라 시기에 유행한 것으로, 명나라 시대 사행 기록에는 적용할 수 없다. 명나라를 숭상하던 조선인들에게 명나라를 방문한다는 것은 단순한 사행이 아닌 천조상국(天朝上國)을 알현하러 가는 성스러운 행차였기에 당시에는 주로 『조천록(朝天錄)』이나 『조천일록(朝天日錄)』이라는 표제를 썼다. 조선인들이 두 왕조에 대한 태도 차이가 극명하게 엇갈리는 단편적 사례라 하겠다.

결국 연행록이란 중국 밖에서 이루어진 중국 관찰 기록으로, 명·청 두 왕조에 걸쳐 꾸준히 이어졌다. 통계에 따르면, 조선은 해마다 평균 세 차례씩 청나라에 사절단을 파견했는데 이는 규칙적인 '중국 발견'을 위해 고안된 역사적 메커니즘이라 할 수 있다. 양국 간 문화 교류는 단순히 광대한 영토와 풍부한 자연 경관을 여행하는 데 그치지 않았다. 조선 사절단이 중국에서 가져온 정보는 그들이 보고 듣고 경험한 것보다 훨씬 더 주목할 만하다. 그들은 중국에서 금석문과 서예·회화 작품을 찾아내고 중국에 관한 다양한 지식을 수집하여 상자에 담아 봉인한 뒤 조선으로 운반했다. 따라서 연행은 거대한 문화 프로젝트로, 조선은 바로 연행을 통해 최신의 중국 문물을 받아들였던 것이다. 그 결과로, 우리는 이를 통해 조선 지식인들이 중국에 대해 품었던 감회와 관찰을 엿볼 수 있을 뿐 아니라 당시 중국의 풍모도 함께 살펴볼 수 있다.

졸저의 표제에 관하여

명·청 두 왕조의 수도는 명나라 초기 잠시 남경에 정한 경우를 제외하면 대부분의 시기에 북경이었다. 그러나 조선 사신들은 직접적으로 '북경'이라 부르지 않았고 특히 청나라에 와서는 옛 지명인 '연경(燕京)'을 다시 꺼내 들었다. 또 사행의 종착지가 연경이었기 때문에 전반 행차를 '연행(燕行)'이라고 불렀다. 이 단어는 조선의 정치적·역사적 맥락에서 보면 매우 평범하다고 할 수 있다. 명나라 만력 원년(1573), 조선 정부는 사신으로 하여금 "연경으로 향발하게 했다"[3]는 기록이 있으며 명나라에 파견된 마지막 사신 김육(金堉, 1580-1658) 또한 자신의 사행을 '봉사연경(奉使燕京)'[4]이라고 칭했다.

왕조가 바뀌었지만 조선 사신들은 계속해서 '연경'을 북경의 대체 혹은 고정된 명사로 사용했다. 청나라 강희 15년(1676), 청나라에서 편찬한 『명사(明史)』를 두고 오갔던 군신들 간의 대담에서는 '연경'과 '청나라'가 동일시되는 의미(燕京所修之明史)[5]로 통했고 조선 국왕이 귀국한 사신들의 보고를 들을 때도 흔히 '연경 사정을 진술(陳燕京事情)'[6]한다고 했다. 즉 '연경'이라는 단어는 단순히 지명을 넘어 조선에서는 청나라를 지칭하는 동의어처럼 씌였고 사신들이 국왕에게 올리는 보고 역시 단순히 북경에서 보고 들은 취미성 일화가 아니라 다양한 중국 견문이었다.

3 『조선왕조실록』, 선조 6년 6월 28일, 기묘조.

4 『조선왕조실록』, 효종 9년 9월 5일, 기해조.

5 『조선왕조실록』, 숙종 2년 1월 18일, 신해조.

6 『조선왕조실록』, 숙종 22년 3월 19일, 을해조.

이 책의 각 장에 등장하는 조선 사신들의 무대는 조선의 수도 '한양'과 명·청 두 왕조의 수도 '연경' 사이에 펼쳐져 있다. 필자가 졸저의 표제에 '북경' 대신 '연경'을 선택한 이유는 한편으로는 '연행'이라는 고풍스러운 표현을 즐겨 사용했던 조선 선비들의 관습을 반영하기 위함이고, 다른 한편으로는 조선 특색이 다분한 이 단어[7]가 조선 공사의 시각으로 바라본 동아시아 세계(조선, 중국, 일본)를 살펴보는 데 나름 의미가 있다고 판단했기 때문이다.

7 이미 작고한 후쿠오카 대학교 명예교수 야마모토 하루오(山本治夫)는 '연경'이라는 명칭은 17-18세기 조선 선비들에게 청나라에 대한 다양한 부정적 인상을 집약한 것이라고 지적한 바 있다. 이런 의미에서 '연경'은 조선 특색을 띤 어휘로, 동시대 중국의 용법과는 다르다. 자세한 내용은 그의 저서「18세기 동아시아 개명사조의 융성과 쇠퇴 및 현대의식(A)—연행록류를 중심으로—(十八世紀東アジアの開明思潮の隆替と現代意識(A)一燕行錄類を基軸にして一)」1-3쪽 참조.

여정

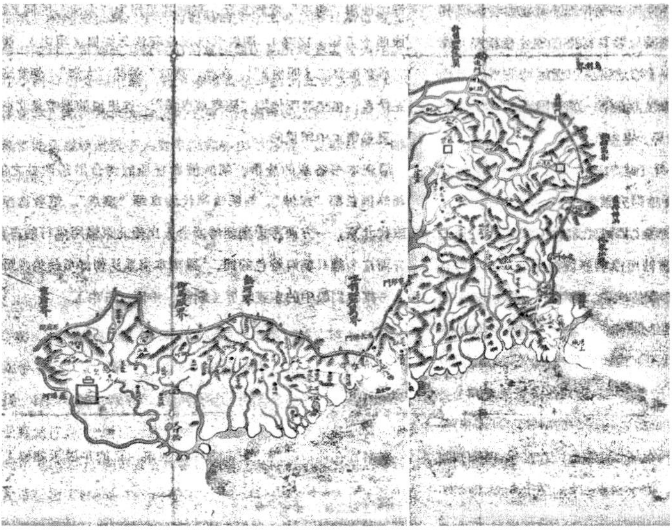

의주-북경 사행로(현 한국규장각도서관 소장 [고 4709-78])
이 지도는 조선 사신들이 양국을 오갔던 노선을 명확히 보여준다.

이 책은 조선 사신들이 중국에서 겪은 이야기를 다시 음미함으로써 조선 지식인들의 세계관을 탐구하고 그들 심목 속의 중국과 천하가 얼마나 멀고 얼마나 광대했는가를 밝히려 한다. 전반 이야기는 조선이 결국 명나라를 잊어버린 시점에서 종말을 고한다. 이 사상 운동의 흥망 과정을 추적하기 위해서는 동아시아에서 터졌던 국제 분쟁으로부터 시작해 두 나라가 맺었던 참된 우정까지 다루려 한다.

제1장 「의주와 북경 사이 : 끊임없이 오간 구원의 서신들」에서는 1592년의 임진왜란부터 거론하겠다. 이 전쟁에 관한 전문 연구는 방대한 반면, 연구의 시선은 대부분 도요토미 히데요시가 조선을 침공한 동

기와 곳곳에서 벌어졌던 크고작은 전역과 전투에 집중되어 있다. 게다가 중국과 한반도 사학자들은 누가 일본의 침공을 격퇴하여 조선 왕조의 종묘사직을 수호했는가 하는 문제에 열중하기도 한다. 그러나 필자는 이 책을 통해 전쟁의 승패를 재결론짓거나 시비곡직을 판단하려는 의도가 없다. 필자는 단지 조선 사신들의 이야기만 전하려 한다. 우리는 흔히 전쟁 기간 의주와 북경을 오간 조선 사신들을 간과해 왔다. 그들은 조국을 보존하기 위해 할 수 있는 모든 것을 다했다. 국가가 위기에 처했을 때 그들은 무엇을 경험했고 또 무엇을 했는가 하는 것이 본 장에서 탐구하려는 주제다.

제2장 「전쟁이 끝난 후 시작된 노인(魯認)과 강항(姜沆)의 이야기」에서는 또 다른 '전쟁'을 그리려 한다. 왜란이 지속되던 시기, 우연히 포로로 잡혀 일본으로 유배된 두 조선인에게 모국으로의 귀환은 아마도 여생의 소원이었을 것이다. 그들은 어떻게 탈출했을까? 일본에서 인질로 지낸 세월 동안 어떠한 일본관이 형성되었을까? 더 중요한 것은, 그들의 시각으로 임진왜란의 또 다른 얼굴을 보고자 한다.

제3장 「황명중화의 종말과 마지막 조천사들」에서는 명나라 시기 중국의 모습을 보여주는 데 초점을 맞춘다. 임진왜란 이후, 명나라를 중화 문화의 본향으로 받들던 조선 지식인들은 명나라가 전쟁에서 조선을 구원하고 재건한 은덕에 대한 감격까지 더해 흠모의 분위기를 절정에로 끌어올렸다. 본 장에서는 조선 사신들이 임진왜란 이후 명나라를 어떻게 관찰하고 평가했는지를 면밀히 살펴본다. 과연 그들이 바라본 명나라는 이상적인 유교 유토피아였는가? 또한, 조선과 명나라가 긴밀히 관계를 이어가던 시기 명나라에 체류 중이던 조선 지식인들은

명나라 멸망의 조짐을 감지하고 있었던 것일까? 나아가 명말이 가져다 준 혼란과 대시대의 붕괴를 그들은 어떻게 맞이했을까?

제4장 「청나라 종말을 기한 은유 : 꽃피기를 기다리는 고목」에서는 명나라 멸망 이후의 상황을 다룬다. 1644년의 명나라 멸망은 단지 중국뿐이 아니라 조선에게도 무거운 질문을 던졌다. 명나라 멸망 이후 조선은 자신의 위치를 어떻게 재정립했으며 청나라의 등장을 어떻게 인식했을까? 특히 만주족이 산해관을 넘어 진출한 후로부터 순치, 강희, 건륭에 이르러 온 나라가 태평성대를 누렸다는 점은 역설적이다. 조선은 '오랑캐는 백 년의 운이 없다'고 깊이 믿었다. 본 장에서는 이 세계관 속에서 그들은 청나라를 어떻게 이해하고 대응했는지를 살피고자 한다. 더불어 조선이 명나라에 대한 충절을 일관되게 유지했는지, 아니면 청나라의 대두에 따라 조용히 시대에 순응했는지에 대한 문제도 검토한다.

제5장 「연행은 곧 세계 : 18세기 중국의 굴기」는 물질 문화를 중심으로, 특히 중국에서 들어온 상품들에 주목한다. 18세기 중국산 상품은 거센 파도처럼 조선 전역에 물결쳤다. 조선 사절단은 단순한 문화 사절의 역할을 넘어 상공 무역 영역에서도 중요한 역할을 수행했다. 본 장은 사행 시 이루어진 교역의 면모를 살펴보는 동시에, 사신을 통한 물질 교류가 조선의 중국 인식과 새로운 세계관 형성에 어떤 영향을 미쳤는지 분석한다. 또한 시선을 사절단의 주축을 이룬 문인과 사대부들로부터 노복, 역관, 마부 등 하층 수행 인원들에게로 확장하여 그들의 존재 가치를 논증한다.

제6장 「조선인의 '중국사 난제' : 중화냐 조선이냐」는 최종장으로

앞선 장들의 맥락을 정리하고 18세기 조선 세계관의 격변 과정을 설명한다. 명나라 멸망 후, 조선 지식인들은 대체로 명나라를 그리워하며 명나라 역사를 기록하거나 관직을 버리고 명나라를 위해 절개를 지켰다. 이는 여러 세대에 걸쳐 이어진 공통된 태도였다. 본장에서는 이러한 '사명(思明)' 사상이 결국 어떻게 종식되었는가, '사명' 의식이 가장 강했던 세대는 어떻게 명나라를 잊고 점차 당대의 주체성에로 복귀했는가 하는 문제를 다룬다. 요컨대, 양국의 우정으로 시작해 그 역사적 의미를 논한 데 이어 '사명' 사상의 종말 과정도 함께 조망한다.

조선 사신들은 중국을 오가며 중국에 대한 방대한 분량의 관찰 기록을 남겼다. 그러나 졸저의 머리 부분에 제시된 첫 번째 지도에서 보듯, '중국'이라는 공간 안에서도 조선의 분량에 주목할 필요가 있다. 이는 마치 그림 속의 그림처럼 조선의 주체적 존재를 상기시킨다. 높은 산과 깊은 강을 넘어, 조선의 사신들은 과연 무엇을 보았는가? 이는 분명히 나를 가장 매혹시키는 질문이다. 이 졸저는 바로 이 질문에 대해 미약한 소리로나마 응답하는 것이 된다. 나는 지도 속에 아직 밝혀지지 않은 의미가 있다고 말하고 싶다. 그리고 언젠가는 다분한 '조선 사상' 색채가 담긴 '지도'를 그리려 한다.

제1장

의주와 북경 사이 : 끊임없이 오간 구원의 서신들

만약 동아시아 역사 교재를 편찬하라 한다면 맨 처음으로 다루고 싶은 역사적 사건은 무엇일까? 나의 답은 1592년에 발발했던 그 전쟁이다.

이 전쟁의 심후한 영향력은 아직도 동아시아 상공을 맴돌고 있다. 시각과 입장이 다름에 따라 이 전쟁은 다양한 이름으로 불린다. '천간지지' 기년법에 따라 그 해는 임진년이었고 또 일본이 선발적으로 조선을 침공했기에 '임진왜란'이라 부른다. 동시에 이 전쟁은 명나라 만력제(1563-1620)가 재위 기간 주도한 '삼대 정벌(萬曆三大征)' 중의 하나로 꼽혀 '만력 조선 전역(萬曆朝鮮戰役)'이라고도 한다. 또 다른 참전국인 일본은 천황의 연호를 따라 '분로쿠-게이초 전역(文祿-慶長戰役)'이라 부른다.

이 세 가지 명명 방식은 각기 세 개의 정치적 실체를 가리킨다. 그 해, 명·조선·일본은 누구도 헤어나올 수 없는 상황에서 함께 이 '국제 전쟁'에 뛰어들었다.

사학자들이 이 전쟁에 흥미를 가지는 이유는 다음과 같다.

이 전쟁은 당시 최첨단 화약 무기를 동원한 다국적 '화약 전쟁'이었다. 그 과정에 대량의 조선인이 일본에 포로로 끌려갔으며 헤아릴 수 없는 조선의 수공예품(도자기 등), 서적, 예술품과 함께 유학 사상도 일본에 전해졌다. 더욱이 이 전쟁은 명나라와 조선 양국의 친선 관계를 전례없이 돈독하게 만들었는데 명나라가 멸망한 후(1644)에도 조선 군신들의 명나라에 대한 감격은 여전했다.

더욱 중요한 점은 400년 전 명나라가 뻗친 구조의 손길은 20세기 초의 '일한 합병'과 한국전쟁 시기의 '항미원조'를 자연스럽게 연상시킨다는 것이다. 요컨대 1592년이라는 시점은 메마르지 않는 역사의 옛 우물처럼 오늘날까지도 깊이 탐구할 가치를 지니게 한다.

이 전쟁의 과정은 간단히 다음과 같이 요약할 수 있다.

(1) 도요토미 히데요시(1537-1598)는 명나라 정벌을 목표로 조선에 출병하였다.

(2) 전쟁 초반, 일본군은 연전연승을 거두며 단 20일 만에 서울을 함락하였다.

(3) 같은 해, 조선 군신 일행은 국경 지대의 의주로 도주해 명나라에 구원을 요청하였다.

(4) 명나라가 조선에 출병하여 조선을 위해 평양을 탈환하였다.

(5) 이어 형세는 소강 상태에 빠졌다. 양측은 서로 승패를 주고받으며 평화 협상에 들어갔고 그 사이 소규모 충돌이 있었다.

(6) 평화 협상이 결렬되면서 제2차 정면 대결이 시작되었다.

(7) 조선의 명장 이순신(1545-1598)이 해상에서 연전연승하면서 명-조 연합군은 점차 우세를 점하기 시작하였다.

(8) 1598년, 도요토미 히데요시가 사망한 지 얼마 지나지 않아 일본군이 퇴각하면서 전쟁은 종료되었다.

중·한·일 세 나라의 학계는 대체적으로 이러한 맥락에서 전쟁의 전말을 복원하는 데 고심해 왔으며, 특히 전쟁의 궁극적 원인을 규명하고자 했다. 이를 위해 그들은 도요토미 히데요시의 생애, 특히 그의 미천한 출신과 '명나라 정벌'이라는 야망 사이의 연관성에 주목했다.

또한, 전쟁 초기에 일본이 파죽지세로 진격했음에도 결국 조선을 완전히 정벌하지 못한 이유와 명나라 조정이 조선을 지원하기로 한 최종 동기도 오랫동안 중요한 연구 주제로 다루어져 왔다. 사학자들은 당시 전장의 전략·전술적 배치를 면밀히 분석하는 과정에서 매 차례 전투 중 명군과 조선군의 위치, 병력 상의 우열, 전략·전술 상 실무적인 실수까지 분석하면서 전쟁의 최종 결과에 신빙성을 더할 수 있는 근거를 찾으려 많은 노력을 기울였다.

요컨대 선행 연구를 종합해 보면, 대부분 학자들은 시종일관 '전쟁터'와 '영웅'들, 다시 말해 각국의 주요 장수와 그들의 결정이 전쟁의 흐름과 종결에 미친 영향에 초점을 맞추고 있다.

이 전쟁은 흔한 것이 영웅이다. 명나라 장수 이여송(李如松, 1549-1598)은 평양성을 단 하루 만에 공략하였고 조선의 명장 이순신은 해상에서 단 한 번의 패배도 없었다. 이 두 인물은 모두 역사에 길이 남을 인물이다. 공정하게 말하면, 고니시 유키나가(小西行長, ?-1600), 가토 기요마사(加藤清正, 1562-1611)와 같은 일본군의 장수 또한 무시할 수 없는 존재였다. 만약 그들이 무용이 결여된 장수였다면 일본군의 진격이 그토록 순조로울 수 없었을 것이다.

도요토미 히데요시의 심경을 들여다 보고 전장 배치도를 복원하며 주요 장수의 전략과 전술을 분석하는 작업은 당연히 중요하다. 하지만 전쟁의 전부는 그것에만 국한되는 것일까? 조정에 좌정해 있는 각국 관료와 전쟁터의 군인들이 각자의 주장으로 엮어 냈던 복합적인 흐름도 함께 살펴야 한다. 이 모든 것을 종합적으로 분석하면 이 전쟁에는 아직 밝혀지지 않은 새로운 의미와 방향성이 존재하지 않을까? 본 장은 바로 그 의혹을 탐구하기 위한 시도라 할 수 있다.

전쟁이 끝난 후 예상했던 대로 이순신과 이여송 등 주요 장수들에게는 각기 다른 정도의 포상이 주어졌다. 비록 이순신은 이미 순국했지만 조선 관변측은 여전히 '제일등 선무공신(宣武功臣)'이라는 최고등급 영예를 추서했다. 주목할 점은 '선무공신'이라는 영예와 동등히 중시받은 또 다른 공신 집단이 있었다는 것이다. 이들은 '호성공신(扈聖功臣)'으로, 글자 그대로 '임금을 사심없이 따르고 옹위한 공신'이라는 뜻이다. 실제로 이들은 전쟁 기간 임금 곁을 한시도 떠나지 않고 성심껏 보좌한 군체였다. 나아가 이들의 역할은 단순히 임금을 호위하는 데 그치지 않았다. 그중 여러 사람이 중국에 파견되어 신속한 출병을 요청하는 등 중요한 임무를 수행했다. 이처럼 그들은 양국 간 외교·군사 관련 사안을 조율하고 명나라의 신속한 출병을 이끌어내는 한편, 명나라 군대가 전장 환경에 빨리 적응하도록 도왔다. 덕분에 명나라의 군대는 미지의 땅에 발을 붙이고 낯선 적과 무난히 대적할 수 있었다.

이야기는 잊혀진 공신 정곤수(鄭崑壽, 1538-1602)로부터 시작된다. 전쟁후 그는 '명나라를 설득시켜 조선에 원군을 보낸' 공을 인정받아 '제1등 호성공신'에 봉해졌다. 출발할 때 조선 국왕은 "나라의 생사가 경의 이번 행차에 달려 있다(國之存亡, 在卿此行)"[1]는 절절한 기대를 내비쳤다. 결과적으로 보면, 정곤수는 임무를 성공적으로 완수했고 그 과정도 순조로웠던 듯하다. 그러나 항상 결과만 보고 과거를 판단한다면 많은 '예상 밖'의 풍경을 놓치게 될 것이다. 명나라는 추호의 망설임도 없이

---

1 정곤수, 『부경일록(赴京日錄)』, 361쪽.

조선 구원을 단정했을까? 원군을 요청하러 북경에 간 사신은 그곳에서 어떻게 활동했을까? 정곤수의 일기와 그가 조선 국왕에게 제출한 보고서는 우리를 1592년의 북경성으로 데려가 역사의 파란과 불확실성을 직접 체험하게 할 것이다.

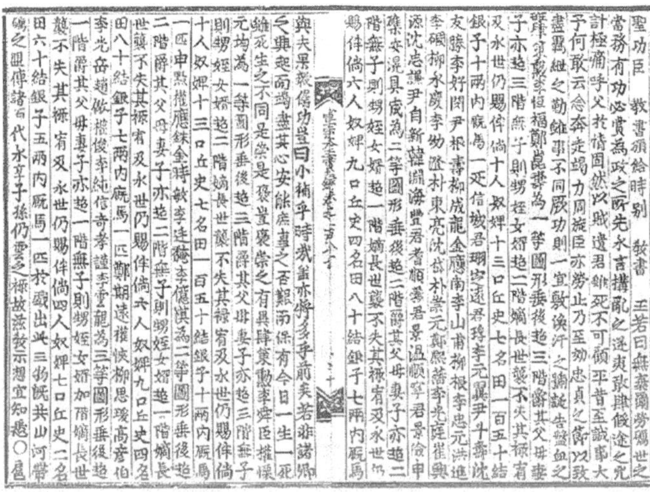

『조선왕조실록』 중 정곤수에게 '공신' 명위를 하사한 기록

이 책은 조선과 중국의 문헌을 바탕으로 집필되었으며 주인공 대부분은 조선 사신들이다. 따라서 1592년에 발생한 이 전쟁을 '임진왜란'으로 통일해 부르기로 한다. 이제 정곤수를 따라 구원을 요청하는 길에 오르자. 감정이 때로는 이성을 압도해 판단을 흐리게 하고, 루머가 때로는 진실보다 더 강력할 수 있다는 점을 독자들은 명심하기 바란다. 그럼 이제부터 전쟁의 결과는 잠시 잊고, 지금 이 순간을 전쟁이 막 시작된 때라고 가정해 보자.

잊혀진 공신

1592년 8월,[2] 깊어가는 가을에 만물이 시들어갈 무렵, 선조 이연(李昖, 1552-1608)의 마음도 점점 쓸쓸해졌다. 이 해는 그가 즉위한 지 25년째 되는 해이자 마침 '불혹(40세)'의 나이를 맞은 해였다. '불혹'은 사리에 밝아 쉽게 미혹되지 않는다는 의미지만 도요토미 히데요시가 이끄는 대군이 부산에 상륙한 이후 선조는 정치적 지혜를 제대로 발휘하지 못했다. 결국 그는 백성을 버리고 한양을 떠나 북쪽으로 피난길에 올랐다.

당시 명·조 경계에 위치한 의주에 머물러 있던 선조는 대부분의 영토를 잃은 군주였다. 게다가 적군에 대한 구체적인 정보도 파악하지 못하고 있었다. 만약 조선 왕조가 멸망의 위기에 처한 적이 있다면, 바로 그때가 가장 가까웠으리라.

이러한 난관 속에서 선조는 명나라에 구원을 요청하는 데 그치지 않고 심지어 후궁들을 데리고 명나라로 가 안락한 왕으로 살 생각까지 했다. 그러나 조선 신료들의 거듭된 만류에 그 생각을 접었고 여전히 명나라의 원병이 도착하기를 간절히 기다렸다.

이연은 몇 차례 사신을 중국에 파견했고 실제로 명나라 요동 지역 주둔군의 지원을 받은 적도 있었다. 다만 병력은 약 3천 명 규모로, 일본군이 전국적으로 동원한 16만 명과 비하면 정말 새 발의 피나 다름없었다. 이러한 차이가 생긴 이유는 조선이 명나라와 연락할 때 상황 설명을 제대로 하지 못했기 때문이다. 처음에는 '왜구가 쳐들어왔다'고만

---

2 특별히 명시한 경우를 제외하고 이 책의 연대 표기는 독자들이 사료를 찾는 데 편의를 도모하고자 모두 음력을 따랐다. 이에 특별히 설명을 덧붙이는 바이다.

전달했던 탓에 요동군은 이를 지역 반란으로 여겨 이 정도 규모의 특별 부대만 파견했던 것이다.

요동에서 온 3천 명 명군은 부총병(副總兵) 조승훈(祖承訓)이 이끌었는데 7월에 일본군이 점령한 평양성을 공격했지만 병력 차이가 워낙 커 결국 대패하고 돌아왔다. 이후 명나라는 더 이상 군대를 조선에 보내지 않았다. 이런 상황에서 이연의 마음이 얼마나 괴로웠을지는 짐작하기 어렵지 않다.

그러나 이연은 형세를 뒤집고 적을 몰아낼 때까지 계속 원병을 요청하기로 마음먹었다. 그는 다시 한 명의 관리를 사신으로 명나라에 급파해 '대군을 즉시 조선에 보내 달라'고 간청하기로 했다. 사신 자격은 엄격했다. 우선 관직이 너무 낮아서는 안 되고, 주변 눈치를 살피는 데 능해야 했으며, 상황에 맞게 대응할 수 있는 능력도 지녀야 했다. 거의 상당한 경험이 없는 인물은 이 역할을 맡을 수 없었던 셈이다.

이러한 조건 아래 당시 대사간(大司諫, 정3품)이었던 정곤수가 이연의 후보 명단에 올랐다. 그 해 54세였던 정곤수 역시 조선의 '엄동'이 다가오고 있음을 스스로도 뼈저리게 절감하고 있었다.

정곤수 영정 (현 한국국립중앙박물관 소장)

정곤수(鄭崑壽, 1538-1602)의 자는 여인(汝仁), 호는 백곡(柏谷)이다. 여섯 살에 독서를 시작해 스물한 살 때 조선 성리학의 대가 이황(李滉, 1501-1570)을 찾아가 배움을 청했고 문재가 뛰어나 조선 국내에서 크게 명성을 얻었다. 개인 문집 『백곡집(柏谷集)』은 당시 조선 군신들이 의주(義州, 현 북한 의주군)에서 겪은 상황을 생생하게 전해준다. 특히 그가 중국에 사신으로 간 경위와 그곳에서의 경험을 상세히 기록한 점으로 귀중한 역사 자료로 평가받고 있다.

그의 일기를 통해 알 수 있듯, 1592년 8월의 조선은 멸망 직전의 위기에 처해 있었다. 당시 조선의 군신들은 제한된 정보밖에 파악하지 못했고 간헐적으로 소식을 접하더라도 그 진위를 판단하기 어려웠다. 예를 들어, 지방 의병이 안동(安東, 현 경상북도 안동시)을 수복했다는 소문이 돌았지만 선조는 이미 동요한 상태로 전황에 대한 자신감을 상실한 모습을 보였다. 더욱이 의주로 피난한 고위 관료들은 전쟁의 전반적인 상황에 대한 이해가 부족했다. 전쟁이 시작된 후 조선의 정치적 중심(왕과 조정)은 끊임없는 후퇴를 거듭했다. 이 과정에서 후퇴 속도가 일본군의 추격 속도를 앞지르는 경우가 발생하여 기존의 공문 전달 체계가 붕괴되었다. 결과적으로 중앙 정부는 일본군의 실시간 동향과 전략에 대한 정확한 정보를 확보하지 못하는 정보 마비 상태에 빠지게 되었다.

한 번은 선조가 관료들에게 '전라도에 있던 일본군의 소식이 끊겼다'며 행방을 물었으나 아무도 명확한 답을 하지 못했다. 반면 일본군은 철저히 준비되어 있었다. 조선 관료들 스스로도 "우리는 일본군의 동태를 탐지하지 못하지만 오히려 일본군은 우리의 상황을 잘 알고 있다.(我國不能間諜, 而倭反能為, 頗知我國情狀.)"[3]고 인정했을 정도였다.

당시 조선의 상황이 얼마나 혼란스러웠는지 쉽게 짐작할 수 있다. 조선 군신들은 적군의 정확한 병력조차 파악하지 못하고 있었다. '인원이 많다'는 것 외에는 장악한 정보가 별로 없었다. 지방 의병의 동향이나 전과도 알 수 없었으며 자기가 여전히 얼마나 많은 영토를 차지하고 있는지, 얼마나 많은 식량과 물자를 확보했는지조차 몰랐다. 이런 불확실한 상황 속에서 조선 군신들은 명나라에 즉시 원병을 급파할 것을 설득할 만한 논리를 마련해야만 했다.

---

3 정곤수, 『부경일록(赴京日錄)』, 360쪽.

원병 요청술

일반적으로 알려진 '원병 요청'은 매우 단순한 과정으로 여겨진다. 영화·드라마나 글 속에서 그려지는 구원 요청 장면은 마치 즉각적이고 간단한 절차인 양 묘사된다. 임진왜란을 다룬 작품들에서 조선 사신이 급히 말을 달려 명나라에 도착해 구원을 청하면 바로 명나라 관료들이 분노하며 출병을 결정하는 장면이 이어지곤 한다.

그러나 『명사기사본말(明史紀事本末)』에는 조선의 구원 요청 사신들에 대해 "구원을 청하는 사신들이 끊임없이 오가며 길을 가득 메웠다(請援之使, 絡繹於路)"[4]고 기록되어 있다. 또 명나라 조정이 요청에 어떻게 대응했는지는 자세히 전하지만 구원 요청 사신들의 역할은 전쟁의 부수적 장식처럼 간략히 다뤄져 깊이 조명되지 않았다.

사실 원병 요청은 단순한 행위가 아니라 아주 높은 수준의 정치적 예술이라 할 수 있다. 이는 강력한 역량을 갖춘 팀, 감동적인 언어, 전략적인 행동 원칙, 그리고 충분한 물질적 조건이 모두 갖추어져야만 가능하기 때문이다. 정곤수는 북경에 들어서 누구를 만나 무엇을 해야 할지, 어떻게 말해야 할지를 명확히 알고 있어야 했다. 따라서 1592년 의주를 출발하기에 앞서 진행되었던 논의가 특히 중요했다. 조선 군신들은 명나라가 얼마나 많은 군대를 파견해야 할지, 일본군의 병력 규모는 어느 정도인지, 그리고 어떻게 해야 명나라가 문제의 심각성을 인식하고 출병을 결심하게 될지 등 사안을 신중히 검토했다. 이 모든 과정은

---

4 곡응태(谷應泰), 『명사기사본말(明史紀事本末)』, 권62, 「조선 구원(援朝鮮)」, 963쪽.

결코 간단하지 않았다.

결과적으로 명나라가 '이 일이 우리와 관련된 문제'임을 깨닫게 한 것은 매우 성공적인 심리 전략이었다. 도요토미 히데요시는 출병 초기부터 자신의 목적이 '명나라 정복'에 있음을 강조하면서 조선 침공은 명나라를 견제하기 위한 '길잡이'에 불과하다는 점을 내세웠다. 조선은 이를 명나라에 구원을 요청할 가장 효과적인 논리로 삼았다. 선조는 신하들에게 일본군이 요동을 공격하려 한다는 점을 반드시 명나라에 전달하도록 여러 차례 지시했고 정곤수가 북경에 도착해 제출한 문서에서도 이 점을 반복 강조해 중국 측이 일본군에 대해 경계심을 갖도록 했다.

한편, 명나라가 조선에 원병을 보낼 때 가장 큰 고민은 조선의 기대에 부응할 만한 병력 규모였다. 즉, 명나라는 일본군의 실제 투입 병력에 따라 조선이 필요로 하는 원병 규모를 정하겠다는 방침이었다. 병력이 많을수록 유리하다지만 만력제가 칙서에 10만 명 규모의 파병을 선언한 것은 조선을 안심시키기 위한 정치적 제스처에 불과했다. 반면 선조는 5만 명이면 충분하다고 주장하며 10만 대군이 오는 걸 진심으로 바라지 않았다. 그는 신하들보다 훨씬 보수적인 입장이었다. 그러나 당시 승지(承旨)였던 오억령(吳億齡, 1552-1618)은 '병력이 많을수록 유리하다'는 판단 아래, 조선이 원하는 규모를 넘은 명나라 병력을 요동에 주둔시킬 것을 제안했다. 이렇게 하면 조선 전장에서 병력이 부족해질 경우, 요동에 대기 중인 명나라 병력을 즉시 징발하거나 조선에서 장기간 작전으로 피로도가 높은 병력이 휴식이 필요할 때 요동 부대와 서로 교대할 수 있다고 보았다.

그렇다면 조선은 무엇을 기꺼이 분담할 준비가 되어 있었을까? 얼마나 많은 군수 물자와 군량을 감당할 수 있었을까? 예상과 달리 조선은 사실상 아무것도 분담할 준비가 되어 있지 않았다. 선조는 정곤수 등과 논의하며 분명히 "명나라는 반드시 군량을 자부담해야 한다. 우리나라는 지금 황폐해져 식량이 없다.(糧餉並為載來, 我國殘破之餘, 無糧, 可慮也.)"[5]고 말했다. 조선이 아예 식량이 없었던 것은 아니지만 식량 부족은 확실했다. 당시 조선이 실제로 통제하는 영토는 이미 크게 줄어든 상태였다. 정곤수는 "전하께서는 지금 뒤로 한 걸음 물러설 공간조차 없다.(寡君無一步可退地)"[6]고 표현했다. 전쟁으로 혼란스러운 와중에 의주로 옮긴 조정은 각지 의병 동향을 정확히 파악하지 못했고 남은 식량 계산이나 계획적 운송은 더욱 어려웠다. 결국 조선은 식량 보급을 감당할 수 없다는 결론에 이르러 명나라가 반드시 요동이나 산동에서 식량을 자체 운반해 와야 한다고 판단했다. 즉 명나라는 병력뿐 아니라 식량도 함께 제공해야 했다.

이어서 더 세부적인 논의로 넘어가면, 사절단 구성원과 챙겨갈 선물 사안이다. 정사(正使) 인선은 정곤수가 맡는 데 의문이 없었지만 통역관 역시 신중히 고려해야 할 사안이었다. 당시 통역 인원을 '통사(通事)'라 했는데 외국 사무 소통을 담당하는 역할이었다. 선조는 최고의 통사를 선발해 동행시켰는데 이들은 이후 중재 협상에서 매우 중요한 역할을 했다. 그들의 이름은 모두 기억할 가치가 있다. 바로 홍순언(洪

---

5 정곤수, 『부경일록(赴京日錄)』, 355쪽.

6 정곤수, 『백곡집(柏谷集)』, 191-192쪽.

純彦), 홍수언(洪秀彦), 한윤보(韓潤輔) 세 사람이다. 전국적으로 통사 인원이 제한적이었음에도 이번 행차에 세 명을 파견한 것은 상당한 규모로 보아야 한다. 이는 명나라 군대가 조선에 도착하면 번역 및 현지 협력 수요가 급증할 것을 예상한 선제적 조치였다. 통사 직책은 조선 관료 체계에서 지위가 높지 않아 보통 신분이 낮은 '중인(中人)'이 맡았으며 고급 관료들로부터 중요하게 여겨지지도 않았다. 그러나 이 존망의 위기 속에서 바로 이들이 가장 중요한 역할을 맡아 명·조 양측 사무를 연결했다. 이들은 오늘날 잊혀진 공신이라 할 만하다.

사절단의 정사와 통역관 등 인원이 갖춰진 후, 정곤수 일행은 무엇을 준비하고 출발했을까? 통사 홍순언은 '백은 100냥이면 충분할 것'이라고 했는데 이 돈은 '인정'으로 선물하거나 사용하지 않을 경우 조정에 반납해야 하는 공금이었다. 만력 연간은 백은이 대량으로 중국에 유입되던 시기였다. 당시 유럽인들은 아메리카에서 은광을 채굴해 은화를 만들어 중국 상품과 교환했는데 중국의 도자기와 직물은 서양에서 인기가 높아 백은이 대량으로 유통되었다. 그 양이 워낙 많아 명나라는 국가 차원에서 백은을 세금 납부의 법정 화폐로 인정하기도 했다. 그러나 조선은 백은으로 가격을 매기지 않고 그때까지도 실물 화폐를 사용했다. 예컨대 베 같은 실물이 유통되던 상황이었다. 따라서 홍순언이 말한 백은 100냥은 양국에서 전혀 다른 가치 체계를 가지고 있었다. 조선은 은광이 없는 나라로 전란 중에 백은 100냥을 준비하는 것조차 쉽지 않았다. 선조는 깊이 고민한 끝에 이 100냥을 여비로 사용하고 추가로 70냥을 '인정'으로 마련해 연도에서 만날 명나라 관료들에게 나눠주기로 했다.

1592년 의주에서 출발하기에 앞서 진행된 몇 차례 논의가 주목받는 이유는 이러한 논의가 조선이 전쟁 전반에 대해 가진 인식의 전부였다는 것 외에, 정곤수가 명나라와 교섭할 때 공식적 지침과 전략적 기반이 되었기 때문이다. 정곤수의 인식은 앞서 언급한 대로 그 이상도 이하도 아니었다. 나머지는 현장에서의 수행에 달려 있었다. 한편, 선조와 오억령이 명나라의 병력 규모를 두고 진행한 이른바 '심모원려(深謀遠慮)'에 가까운 논의는 일종의 자기 위안에 가까운 수사였다. 왜냐하면 병력 인수의 많고 적음을 결정할 권한은 전혀 그들 손에 있지 않았기 때문이다. 의주에 옮겨 간 이 풍전등화 같은 조정은 간절히 원병을 원했다. 군대 지휘권이 누구에게 가야 할지에 대해서까지 공허한 논의를 벌인 것은 그들이 얼마나 불안했는지를 보여준다. 또한 부득이한 상황에서 구국의 길을 찾고자 했음을 드러내기도 한다. 이제 정곤수가 어떻게 외교적 재능을 발휘해 원병을 데려올지 지켜볼 차례다.

1592, 북경

한양에서 북경까지의 사행 여정은 일반적으로 45일에서 60일 소요되었지만 대개 관광 일정을 많이 포함한 기간이었다. 그러나 정곤수 일행은 급박한 상황이었기에 밤낮으로 달려 약 25일 만에 북경의 숙소 '옥하관(玉河館)'에 도착했다. 이 관사는 원래 '회동관(會同館)'이라 하여 외국 사신들이 북경에서 체류하는 기간 이용하는 숙소였다. 관사 옆에

옥하교(玉河橋)라는 다리가 있어 보통 '옥하관'이라는 이름으로 통했다. 옥하관에 무사히 도착한 정곤수는 즉시 명나라 군사를 총괄하는 병부상서 석성(石星, ?-1599)과 인맥이 있는 사람들을 찾아보고 사후에 연락할 수 있도록 준비를 마쳤다.

모국이 위기에 처했을 때 그 존망을 홀로 짊어져야 하는 책임이 얼마나 무거운지 쉽게 상상이 가지 않는다. 당시 정곤수는 이미 54세였다. 조선 조정에서는 요직을 맡은 대신이지만 명나라에 와서는 모든 체면을 내려놓고 낮은 자세로 명나라의 주요 관료들과 교섭하며 모국을 위해 최대한 지원을 이끌어내야 했다. 그의 심경을 완전히 이해하기는 어렵지만 다행히 그가 사후에 작성한 보고서를 통해서나마 그 절박했던 여정을 엿볼 수 있다.

정곤수는 처음부터 목표가 명확했다. 그는 북경에 도착하자마자 석성을 만나고자 했지만 처음에는 접촉 방법을 찾지 못했다. 다행히 전쟁이 막 시작된 상황에서 석성도 조선 사신으로부터 정보를 얻고자 했다. 그리하여 정곤수가 북경에 도착한 나흘 만에 석성은 관료를 보내 조선 통사와 연락해 상황 파악에 나서려 했다.

정곤수는 계속 낮은 자세를 유지하며 조선 외교 사무를 관장하는 명나라 예부에 특별히 상서를 올려 번잡한 절차를 면제해 달라고 요청했고 예의를 간소화해 지나치게 드러내지 말것을 부탁했다. 동시에 병부에도 글을 보내 조선에 조속히 파병할 것을 요청했다.

정곤수에게는 운이 따라주었다. 혹은 시대가 그를 도왔다고 할 수도 있다. 당시 명나라 조정은 원래 '영하전역(寧夏戰役)'을 처리하느라 바빴는데 정곤수가 북경에 체류하는 동안 그 전쟁은 마침 끝났다. 정곤수의 부사 시윤제(施允濟)가 "영하의 전쟁이 끝나면 명나라는 반드시 왜구 처리에 전념할 것이다.(寧夏賊劉東陽已就擒, 朝廷必專意攻倭)"[7]라고 한 말은 정곤수 일행에게 큰 힘이 되었을 것이다.

정곤수는 석성에게 보낸 편지에 이렇게 썼다. "지금 영하의 적은 무혈로 스스로 멸망해 서쪽을 걱정할 필요가 없게 되었으니 오직 이 왜구만이 천벌을 기다리고 있습니다. 왕사는 전력을 다할 수 있고 당당한 천조의 10만 병력은 어명을 받들어 즉시 출병하기 바랍니다.(今者伏聞寧夏之賊, 兵不血刃, 自就滅亡, 已無西顧之憂 ; 惟此倭寇獨稽天誅, 王師可以專力, 以堂堂天朝十萬兵, 可以朝令而夕發.)"[8]

3일 후, 석성은 정곤수와 부사 시윤제, 통사들을 불러 면담했다. 정곤수 일행은 현장에서 '통곡하며 석성에게 즉시 출병할 것을 간청했다.(痛哭一場, 懇乞兵馬)'[9] 정곤수의 기록에 따르면, 석성도 감동하여 눈물을 흘렸고 마침내 구원을 약속했다.

석성이 출병에 동의한 데에는 여러 이유가 있었다. 첫째, 만력제가 처음부터 조선을 구원하겠다는 방침을 세웠기에 어명을 어길 수 없었다. 둘째, 여러 정보를 종합해 보면 일본의 명나라 공격 의도가 확실하므로 더는 '남의 집안 일'로 볼 수 없었다. 정곤수가 말했듯이, 명나라의 출병 여부는 "조선의 생사뿐이 아닌 중국 변방의 안위와도 밀접히 연관된다.(小邦之存亡, 果決於此舉, 而中國疆場之安危, 亦在此舉.)"[10]는 주장

7 정곤수, 『부경일록(赴京日錄)』, 371쪽.

8 정곤수, 『백곡집(柏谷集)』, 193쪽.

9 정곤수, 『부경일록(赴京日錄)』, 372쪽.

10 정곤수, 『백곡집(柏谷集)』, 194쪽.

은 적중하고 합리적인 판단이었다. 또 선조가 의주에서 특별 지시를 내려 일본군이 곧 중국을 공격할 것이라는 정보를 즉각 전달하도록 한 것도 석성의 마음을 움직였다.

그러나 한 나라의 정치적 결정은 결코 누구에 의해 독단적으로 내려지는 것이 아니었다. 병부상서나 만력제조차 출병 여부를 홀로 결정할 수 없었고 조야의 여론도 살펴야 했다. 정곤수는 다양한 경로를 통해 정보를 수집하며 이처럼 복잡한 정치적 생태를 직접 목격했다.

출병을 반대하는 관료 허홍강(許弘綱, 1554-1638)은 "조선과 일본 두 나라가 싸우면 우리는 국경만 지키면 된다.(兩夷相戰, 中國但當禦之境上)"[11]고 주장했다. 간단히 말해, 반대파는 "우리 본토만 방어하면 되고 조선을 구원할 필요는 없다.(只防中國地方, 不須救朝鮮)"[12]는 입장이었다.

반면, 석성 등 주전파는 조선 문제를 다른 시각으로 바라보았다. 그들은 일본을 국경 밖에서 막는 것이 본토에서 전쟁을 치르는 것보다 피해가 훨씬 적을 것이라고 판단했다. 조선 사무 담당 송응창(宋應昌, 1536-1606)은 조선 국경은 북경으로 통하는 수로와 육로의 주요 관문으로서 '모두 요충지'임을 강조하며 일본이 '명나라에 대한 침공 의도를 가지고 있으므로' "조선에 작은 은혜라도 베풀어 중국의 체통을 지켜야 한다.(彰字小之仁, 以存中國之體)"[13]고 주장했다.

명나라 조정의 논의는 이처럼 양측 사이에서 흔들렸지만 결국 만력

---

11 정곤수, 『백곡집(柏谷集)』, 184쪽.

12 정곤수, 『부경일록(赴京日錄)』, 373쪽.

13 송응창, 「경략 사명 수령 및 칙서 청원 소(初奉經略請敕疏)」, 재인용 : 리광토우(李光濤), 『조선 '임진왜화' 연구(朝鮮'壬辰倭禍'研究)』, 19쪽.

제가 결단을 내려 논란을 잠재웠다.

여기서 주목할 점은 학계에서는 출병 반대 논의를 대체로 경시하는 경향이 있다는 것이다. 즉 출병이 이미 기정사실화되었기 때문에 허홍강 등의 주장을 단순한 플롯 설정으로 보는 시각이 많다. 그러나 정곤수의 기록에 따르면 당시 반대파의 영향력은 결코 작지 않았으며 이로 인해 석성도 무시로 불안해하며 조선 문제 해결을 깊이 걱정했다고 한다. 더욱이 주전파와 반대파의 대립은 1592년에만 국한되지 않고 전쟁 전반에 걸쳐 지속되었다.[14] 정곤수의 시선을 통해 우리는 당시 출병이 '결정되지 않은' 상태에서의 긴장감과 불확실성을 생생히 느낄 수 있다. 특히 반대파가 주전파에게 가한 압력은 예상보다 훨씬 컸다는 점이 놀랍다. 이러한 불확실성은 항상 정곤수의 마음 속에 깊이 자리잡고 있었다. 이러한 이유로 석성이 출병을 거듭 강조했음에도 정곤수는 석성이 출병 날짜를 명확히 밝히지 않는 점에서 중국 군대가 제대로 준비되지 않았음을 읽어냈고 모든 것이 헛수고로 끝날 것이라는 생각마저 품게 되었다.

석성에게는 확고하고 구체적인 출병 시기가 정해져 있지 않았다. 이는 그가 고려해야 할 문제가 조선이 상정한 것보다 훨씬 많고 군대가 출발하기 전에도 여전히 많은 변수가 존재했기 때문이다. 그럼에도 석성은 즉시 처리할 수 있는 현안들을 해결하려 애썼다. 예를 들어, 조선 사신이 무기와 화약을 포함한 '위법품'을 구매할 수 있도록 허용했고

14 일례로 1597년, 유사원(柳思瑗)이 북경에 체류하는 동안에도 이 논쟁은 여전히 존재했다. 유사원, 『문흥군공어록(文興君控于錄)』, 307쪽 참조.

백은을 하사하여 조선 사절단이 귀국길에 필요한 물품을 구입할 수 있게 했다. '병마가 움직이기 전에 양초를 먼저 준비하라'는 말처럼 석성의 세심한 배려는 조선에 대한 신뢰를 굳건히 다지기 위한 것이었으며 이 지속되는 전쟁을 확실히 지원할 것이라는 의도를 보여주기 위함이었다.

정곤수는 모든 기회를 놓치지 않았다. 명나라로부터 위법품 구매를 허락받은 후 귀국길에 즉시 화약과 궁시를 구하기 위해 곳곳을 샅샅이 뒤졌다. 사절단은 조선의 전력에 조금이라도 보탬이 되고자 대량의 군수품을 가지고 돌아왔다. 당시 조선 의주는 '서 있는 막대기마저 닥치는 대로 쓸 만한' 상태로 극히 어려웠다. 요동을 지나며 정곤수는 조선 사무 담당 송응창과의 면담을 특별히 요청했다. 군영에 들어선 그는 장비가 정교하고 부대가 질서정연한 모습을 보고 감탄을 금치 못했다. 면담 자리에서 그는 '선봉군조차 출발하지 않은 채 왜 대군은 아직도 요동에 머물며 조속히 의주로 가지 않는가'라는 의문을 제기했다. 이에 송응창은 이 사안은 군사 기밀에 해당한다며 단지 '대군이 아직 집결 중'이라고만 언급했다. 나아가 그는 "군대의 일은 내가 스스로 판단할 것이다.(进退机宜, 吾自酌量)"[15]라고 덧붙이며 정곤수의 추가 질문을 원천적으로 차단했다. 군사 기밀이라 누설할 수 없다는 답변을 들은 정곤수는 서둘러 의주로 돌아가 사행 임무를 마무리했다.

정곤수 일행의 북경 사행 성과는 기대 이상이었다고 할 수 있다. 요동을 경유할 때 그는 이미 명나라의 요동 주둔군 군관들에게 병력을 조

15 정곤수, 『부경일록(赴京日錄)』, 390쪽.

선에 파견할 것을 간청하는 편지를 보냈고 북경에 도착한 후에도 명나라 각급 관료들과 적극적으로 소통했다. 비록 즉각적인 출병 약속을 얻지는 못했지만 석성이 만나주지 않아 조바심이 컸던 초기 상황과 달리 국면은 점차 호전되기 시작했다. 결국 정곤수는 석성과의 면담을 성사시켜 출병 약속을 이끌어냈다. 후에 이어진 명나라 기타 관료들과의 추가 교섭 과정에서 통사들은 일반적으로 현장 통역을 담당했으며 특정 경우에는 중국 관료들과 직접 소통하는 적극적인 역할을 수행하기도 했다. 이와 같은 상황은 흔히 정곤수가 공식적으로 문제를 제기하면 통사들이 영활하게 대응하는 방식으로 이루어졌다.

누구나 미지의 사안에 대해서는 쉽게 나서기를 주저하기 마련이다. 그러나 정곤수는 뛰어난 외교 능력과 변통성이 강한 대응력으로 사행 임무를 원만히 수행했다. 그의 이번 북경 행차는 명나라로 하여금 '조선'이라는 미지의 상황을 인지하게 하고 이에 따른 병력 동원과 파병을 촉진하는 계기가 되었다.

임진왜란 이후, 끊임없이 이어지는 사신들

정곤수의 북경행 과정을 진지하게 돌아보면 그가 명나라 관료들에게 조선의 상황을 상세히 설명한 데 비해, 그가 얻은 명나라의 정보는 아주 제한적이었다. 그가 모국으로 가져간 것은 병부상서의 출병 약속과 위법품 구매 허가뿐이었다. 역사에 기록될 공신이라지만 그는 자신의 임무가 끝났다고 안도하지 않았고, 국가가 구원받을 것이라고 낙관하지도 않았다. 그는 이 모든 것이 여전히 불확실한 하늘에 달려 있음을 잘 알고 있었다. 석성은 정말 약속을 지킬까? 설령 추진한다 해도 제때에 이루어질 수 있을까?

전쟁은 순탄치 않을 것이 분명했고 명나라가 출병한다 해도 하룻밤 사이에 일본군을 소탕할 수는 없었다. 명나라와 조선 사이에는 정곤수 혼자만으로는 부족했다. 앞으로 7년이나 치러질 이 전쟁에 이제 수많은 사신과 통사들이 대거 동원되어 두 곳을 오가야 했다. 그럼에도 정곤수의 사행 이후 명나라는 이 전쟁의 실체를 더 잘 이해하게 되었고 비교적 명확한 인식을 갖게 되었다. 그러나 애초에 가장 확고했던 사람도 이 전쟁에서 동요할 수 있었고 겉보기에 순조로운 결과도 그 과정은 험난할 수 있었다.

1593년, 이여송이 평양성을 탈환한 지 얼마 되지 않아 선조는 '사은' 명목으로 사절단을 북경에 파견했다. 그러나 조선 사신 정철(鄭澈, 1536-1593)의 북경 방문에서 가장 중요한 임무는 '사의를 전하는 것'이 아니라 여전히 정보를 제공하는 것이었다. 이때는 정곤수가 방문한 지 1년이 지난 시점이었지만 그 300일 동안 조선에는 별다른 변화가 없었다. 오히려 잘못된 정보가 북경과 한양 사이를 오가고 있었다. 명나라가 알고자 했던 핵심은 조선이 얼마나 많은 군량과 군수물자를 부담할 수 있는지, 그리고 일본군의 실제 병력 규모가 어느 정도인지였다. 반면 조선이 절실히 필요로 한 것은 원병이었기에 그들은 어려운 상황을 극력 감추기 위해 식량 부족조차도 허위로 꾸며낼 수 있었다.

1593년, 정곤수는 이여송에게 보낸 편지에서 조선 측이 "군량 수송에 차질을 빚어 대군이 군용품과 식량이 딸린다(移粟無力, 仍致大軍資糧缺乏)"[16]는 사실을 인정하면서 이를 '소방(小邦)의 죄'라고 스스로를 질책했다. 따라서 정철과 명나라 병부 관료들과의 대화도 항상 식량과 군수품 문제를 중심으로 전개될 수밖에 없었다. 명나라 관료들은 '1년이 지났으니 올해 농사 성과는 어떠한가'고 묻곤 했는데 이는 조선이 더 많은 식량 부담을 지기 바라는 의도였다. 이에 정철은 낮은 자세로 어쩔 수 없이 가난을 호소하며 전란으로 백성 대부분이 고향을 떠났으니 한마디로 "농사를 지을 사람이 없다(具盡抛荒)"[17]고 설명했다. 이는 정곤수 이후 조선 사신들의 일관된 변명이었다. 전쟁 말기인 1597년, 조선 사신 유사원(柳思瑗, 1541-1608)도 명나라 예부 관료에게 거의 울부짖듯이 "우리 조선은 병력도 적고 식량도 부족하여 다른 방법이 없소. 오직 천조를 부모처럼 의지할 뿐이요.(小邦兵少糧乏, 计無奈何, 只仰天朝如父母矣.)"[18]라고 탄식했다.

1592년 임진왜란 발발부터 1598년 전쟁이 종결될 때까지 조선 사신들은 정곤수가 성공적으로 활용한 외교적 논리를 거의 그대로 답습했다. 1597년 권협(權悏, 1542-1618)의 기록에 따르면, 북경에 가서 병부에 추가 파병을 요청할 때도 그 역시 정곤수와 동일한 논리를 폈다. 그는 '조선의 군사력이 매우 약하고 무기 창고도 매우 부족하다(軍兵十分單弱, 兵倉十分匱乏)'고 호소하며 명나라가 더 많은 군대를 보내지 않을 경우 "인심이 더 이상 의지할 곳이 없어지고 오랑캐들도 더욱 방자해

16 정곤수, 『백곡집(柏谷集)』, 195쪽.

17 정철, 『정송강연행일기(鄭松江燕行日記)』, 177쪽.

18 유사원, 『문흥군공어록(文興君控于錄)』, 288쪽.

져 조선의 멸망이 눈앞에 닥칠 것(人心更無所恃, 醜賊益肆鴟突, 小邦滅亡之禍立至矣.)"[19]이라고 경고했다. 특히 그는 식량 문제를 거론하며 조선은 여전히 한 톨의 쌀도 남아있지 않은 상황임을 강조했다.

조선 사신들의 '울먹이는 듯한' 원병 요청은 명나라 관료들에게 억지를 부린다는 인상과 함께 조선 관료들은 자신의 소임에 무능력하다는 부정적인 인상까지 남겼다. 이러한 태도는 명나라 관료들을 크게 불쾌하게 만들었다. 결국 명나라가 전력을 다해 돕고자 했음에도, 조선은 번마다 더 많은 지원을 요구하며 조르다가 더 이상 얻을 것이 없을 것 같으면 또 억지를 부리는 형국이었다.

이에 대해 명나라 병부는 유사원에게 보낸 문서에서 "중국은 그동안 결코 자신의 재력과 병력을 들여 외국의 군사 문제를 대신 처리한 적이 없다.(從前未有自費兵餉而代外戍者)"[20]고 직설적으로 불만을 표출했다. 또한 조선의 군신을 크게 꾸짖으며 "전쟁이 발발한 이후로 조선의 군주와 신하들이 반성하고 군량을 비축하며 군대를 훈련했다는 소식을 들은 적이 없다. 일본군이 쳐들어올 때마다 즉각 사신을 보내 원병을 달라고 끊임없이 매달린다.(曾不聞該國君臣痛加振勵, 積餉練兵, 以為預備之計. 乃一經喝, 便自張惶馳報乞哀, 趾錯於道.)"[21]고 책망했다.

일부 명나라 병부 관료들은 조선에 대해 "스스로 군대를 훈련할 줄 모르고 오직 중국의 군대에만 의지하려 하며, 군량을 비축할 줄 모르고, 오직 중국의 군량으로 편의를 보려 한다. 또한 자신들은 편안함을

19 권협, 『석당공연행록(石塘公燕行錄)』, 28쪽.

20 유사원, 『문흥군공어록(文興君控于錄)』, 298쪽.

21 유사원, 『문흥군공어록(文興君控于錄)』, 298쪽.

누리면서 남에게 수고를 맡기고, 자신들은 안전을 누리면서 남을 위험에 빠뜨리려 한다.(不知練兵, 長以中國之兵為兵; 不知積餉, 長以中國之餉為餉; 已享其逸, 而令人居其勞; 已享其安, 而令人蹈其危.)"[22]고 강하게 비판하기도 했다.

병부의 이러한 분노에는 명백한 이유가 있었다. 전쟁 초기, 조선은 원병을 요청하는 과정에서 일본군의 실제 전력을 의도적으로 과소평가하고 조선군의 전과를 과장하여 명나라가 조선을 구원하는 데 드는 비용이 크지 않을 것처럼 보이게 조작했던 것이다. 그러나 실제 상황은 달랐다. 석성은 정철에게 다음과 같이 질문한 적이 있다.

"그사이 각지에서 귀국 군사들이 왜적을 여러 차례 소멸했다고 보고했는데 지금은 어째서 병력이 부족하다고 하는가?(數稱你國軍兵在於各處斬賊甚衆, 到今却說軍兵之少者)"[23]

이는 조선이 많은 전공을 허위로 보고했음을 명확히 보여준다. 조선 사신들은 원병 요청의 성공 가능성을 높이기 위해 일본군의 규모를 일부러 축소해 보고했다. 예를 들어, 정곤수가 북경을 떠난 후 송응창과 석성이 주고받은 서신에서는 다음과 같이 언급되었다.

"조선은 원병 요청이 매우 급박한 상황에서 우리가 일본군이 강하다는 것을 알고 출병을 주저하거나 방해할까 우려하여 적군의 규모를 실제보다 적게, 조선군의 상황을 실제보다 강하게 보고하고 있다. 인정상 이러한 처리는 피하기 어렵다.(夫朝鮮求援甚急, 方慮恐喝中國, 阻饒我

22 유사원, 『문흥군공어록(文興君控于錄)』, 298쪽.

23 정철, 『정송강연행일기(鄭松江燕行日記)』, 194쪽.

師, 以衆作寡, 以弱掩强, 人情大抵然也.)"[24]

요컨대, 조선은 원병 요청을 성공시키기 위해 전략적으로 일본군의 위세를 숨기고 조선군의 성과를 부풀리는 허위 보고를 했던 것이다. 이러한 사실은 명나라 병부의 분노가 단순한 감정적 반응이 아니라 당시 전쟁의 현실과 조선의 허위 보고 사이에 존재한 괴리에서 비롯된 것임을 보여준다.

청병 진주사(請兵陳奏使)의 뒤에 서서

이처럼 복잡한 상황 속에서도 두 나라는 서로 협력하며 전쟁을 완수해 나갔다. 표면적으로 벌어졌던 치열한 논의와 흥정이 어떠했든, 명나라가 조선을 지원하고 일본군을 물리치는 데 전력을 다한다는 근본 방침에는 변함이 없었다. 국제정치의 이해관계상 조선을 구원해야 할 여러 이유를 들 수 있지만 그 조선 땅에서 수많은 백성들이 겪는 생이별과 나라가 위태로워진 절박함은 직접 체험할 수 없다. 정곤수, 정철 등의 사절과 홍순언 같은 통사들의 활동을 살펴보면, 그들이 북경에서 조선 각 요새의 지도를 작성하고 각지 주둔군의 규모와 지형의 험준함을 상세히 보고한 공적이 적지 않음을 알 수 있다. 비록 원병 요청이라는 임무를 수행하기 위해, 상황에 따라 일부 정보를 조정해야 할 때도

24 송응창, 「12월 초3일 석성에게 올린 보고(十二月初三日報石司馬書)」, 재인용 : 리광토우(李光濤), 『조선 '임진왜화' 연구(朝鮮'壬辰倭禍'研究)』, 45-46쪽.

있었지만 이는 그들의 애국심과 절박함에서 비롯된 측면으로, 당시의 맥락 안에서 이해가 가는 부분이다.

명나라와 조선은 이러한 마찰과 조정의 과정을 거치며 서로를 더욱 깊이 이해하게 되었다. 앞서 살펴본 이야기를 통해 우리는 흔히 '순조롭고 우호적'이었다는 양국 관계 논의의 이면에 존재했던 복잡한 양상에 주목해야 할 것이다. 다양한 '불일치'와 조정 과정은 큰 배가 안전하게 항구에 닿기 전까지는 파란이 잇따랐음을 상기시킨다. 그러나 임진왜란 7년 동안 펼쳐진 두 나라의 관계를 단순히 부정적이거나 긍정적인 어느 한쪽 시각만으로 규정짓기는 어렵다. 실제로 이 기간 동안 양국의 외교관들과 군사 지휘부는 진지하게 정보를 교환하고 철저하게 행군 경로와 작전을 계획했다. 명나라 조정의 관리들도 일부 감정이 격해진 순간들을 제외하면 대체로 조선 사절들을 배려하며 그들을 안심시키고 신뢰를 다지려 노력하였다. 결국, 분노와 오해도 있었지만 동정과 인내, 그리고 공동의 목표를 향한 끈질긴 협력도 함께했다. 이렇게 양측의 관계를 다층적으로 바라보는 것이 역사의 실제 모습에 더 가까울 것이다.

병부시랑 이정(李禎)은 권협을 만난 자리에서 일본군의 상황을 물었다. 권협은 답하다가 갑자기 감정이 북받쳐 울음을 터뜨렸다. 이정은 급히 손을 저어 '울지 말라'며 '최근 군사 보고가 모두 안정적이니 안심해도 된다'고 위로했다. 권협이 계속 눈물을 흘리며 추가 병력을 요청하자 이정은 큰 소리로 '우리는 한 가족이다'라고 외치며 즉시 권협의 모든 요청을 받아들였다. 그리고는 오른손으로 주먹을 쥐고 왼손

바닥을 세게 내리치며 "일본군은 도저히 용서할 수 없다!"[25]고 힘주어 말했다.

이정은 중국에서 널리 알려진 역사 인물이 아니다. 하지만 그는 권협이 접촉할 수 있었던 명나라 관료 중에서 고위급에 속했으며 임진왜란 시기 조선과 가장 긴밀히 교류했던 인물이기도 하다. 그 역시 정곤수, 정철, 유사원, 권협과 마찬가지로 전장에서 사라진 '영웅'이자 '잊혀진 공신'이다. 그러나 명나라의 가장 중요한 공식 사료인 『명실록(明實錄)』에서 이정이나 조선 사절들의 흔적을 찾으려 한다면 크게 실망할 것이다. 『명실록』에는 정곤수의 이번 사행에 대해 "조선 배신 정곤수 등은 자신들의 임금이 지금 초야에 머물며 군신 모두 치욕을 치르고 있는 때라 명나라 황제께 연회를 면제해 달라고 청했다……(朝鮮陪臣鄭昆壽等以國王越在草莽, 實主辱臣死之秋, 乞免賜宴會……)"[26]는 기록밖에 보이지 않는다.

조선 사신들은 일기와 보고서를 작성하는 데 심혈을 기울였는데 그 목적은 실무적 필요에 기반한 것이었다. 선조와 전쟁을 주도한 조선 관료들은 이러한 문헌을 통해 명나라의 국정과 동향을 파악하고자 했다. 그러나 조선 사신들이 북경에서 이처럼 상세하게 기록한 내용과는 대조적으로 중국 측 문헌의 기록은 상대적으로 빈약한 편이다. 이는 두 나라가 임진왜란에 부여한 중요도가 실로 천양지차였음을 보여준다. 결국 이 전란은 조선에게는 멸망의 위기도 초래할 수 있는 재앙이었지

25 권협, 『석당공연행록(石塘公燕行錄)』, 28-29쪽.

26 『명신종실록(明神宗實錄)』, 권253, 만력 20년 10월 6일, 임진조.

銓屬言訪用非定自今甲不過密行咨訪于吏科河南道二臣
以報堂官故不自列其名非昔年列而後不列也況考察以各
堂官考語為據又不盡憑訪用乎今請京察年分訪單送科者
不列科臣名送道者不列道臣名不必列刻訪問報可○調山
東海防僉事楊鎬管永平兵備遷繚主兵兼理屯田馬政○朝
鮮陪臣鄭崑壽等以國王越在草莽實主辱臣死之秋乞免賜
宴禮部請照例折給俾得遄歸從之○兵部言近報倭賊欲犯
義州拒敵勢不容緩宜行經略及督撫責令吳惟忠統領南兵
火器手各三千限五日內往遼併發到兵馬及本鎮兵丁一萬
尅日赴義州同朝鮮兵將協力堵勦薊保兩鎮各選精兵五千
宣大各選精兵八千馬步相半擇將統領文到五日即往遼東
聽經略調遣戶部速辦糧料併移文四川巡撫速催劉綎兵馬

정곤수가 명나라에 사신으로 간 기록은 『명신종실록(明神宗實錄)』에 단 몇 마디로 간단하게 언급되어 있다.

만 명나라에게는 단지 '만력 삼대 정벌(萬曆三大征)' 중 하나에 불과했다. 사신들의 시선을 통해 우리는 거대 서사의 영향권에서 벗어나 그들이 직접 체험한 생생한 감정을 복원하고 양국 관료들이 보인 외교적 교섭의 기술과 그 속에서 펼쳐진 미묘한 과정을 이해할 수 있게 될 것이다.

마지막으로 조선 청병사(請兵使)의 입장에서 "제가 이곳에 온 모든 행동이 바로 우리나라의 존망을 결정할 것입니다.(陪臣來此乃小邦存亡之所決)"[27] 혹은 "조선이 멸망하면 요동이 위태로워질 것입니다.(朝鮮亡

27 유사원, 『문흥군공어록(文興君控于錄)』, 311쪽.

則遼左岌岌矣)"[28]와 같은 논조를 되새겨보면, 그들의 간절한 입장과 절박한 심정을 이해해야 함은 물론, 명나라 관료들의 판단과 고민에도 공감하며 함께 헤아려야 할 것이다. 명나라 조정은 비록 출병을 결심했지만 실제로 병력을 파견하는 일은 겉보기처럼 쉽지 않았으며 충분한 준비 없이는 자칫 모든 것이 허사가 될 수 있었다. 예를 들어, 명나라 병부 관료들이 "병력을 보내는 것은 어렵지 않지만 군량을 운반하는 것은 매우 어렵다.(發兵非難, 運糧甚難)"[29]고 직언한 것처럼 조선 현지에서의 군량 조달 문제는 명나라 군대에게 항상 떨쳐버리기 어려운 골칫거리였다.

명나라의 고위 관료인 송응창과 병부상서 석성 등은 사태를 면밀히 파악하고 있었다. 그들은 산해관과 요동 인근에서 군량을 확보해 조선으로 수송하기 위해 힘썼다. 전쟁 초기 10만 병력을 파견한다는 계획은 결코 허세가 아니었으나 문제는 이처럼 대규모 병력을 동원할 경우, 후방의 군수 지원 체계가 이를 감당할 수 있을지 아무도 확신할 수 없었다는 점이다. 조선 사신들의 보고와 송응창, 석성의 서신을 자세히 살펴보면 그들은 병력 규모가 부족할 것을 우려한 적은 없었다. 오히려 문제의 핵심은 언제나 군량 보급에 있었다. 송응창은 석성에게 "당신이 병력이 집결한 뒤 군량 보급이 어려울까 걱정하는 것 역시 제가 이미 보낸 보고서에서 말했던 바입니다.(台下慮兵集而餉難繼, 此正不佞前揭陳其艱難之狀者.)"[30]라고 했다. 또한 송응창이 조선에 보낸 공문에도 "의

28 유사원, 『문흥군공어록(文興君控于錄)』, 340쪽.

29 권협, 『석당공연행록(石塘公燕行錄)』, 31쪽.

30 송응창, 「11월 초4일 석성에게 올린 보고(十一月初四日報石司馬書)」, 재인용 : 리광토우

주와 평양을 따라 실제로 비축된 군량과 초목의 수량, 그리고 그것으로 몇 달 동안 버틸 수 있는지를 반드시 보고하라.(開報義州、平壤沿途實在糧米、草料各若干, 實足幾月之用.)"[31]고 명시되어 있었다.

송응창은 조선이 일본군을 '많은 것을 적게, 강한 것을 약하게' 표현하며 그 실력을 과소평가하고 있음을 잘 알고 있었다. 그는 조선 사신들의 보고를 맹목적으로 믿지 않았고 일본군에 대해서도 자신의 냉철한 판단을 갖고 있었다. 예를 들어, 조선이 "평양의 왜군은 약 1만 명, 한양의 왜군은 2만여 명, 흩어진 병력은 7~8천 명"[32]이라고 주장한 것과 실제 16만 명에 달하는 일본군 규모는 큰 차이를 보였다. 송응창의 눈에 비친 일본군은 "병가의 강세와 약세를 허위적으로 드러내 보이는 전술을 터득했을 뿐만 아니라 모략과 꼼수에도 능해 보통의 적이 아닌(倭奴輩不但得兵家示弱、示强之術, 且有縱橫詭譎之詐, 大非尋常比, 奈何漫然易視之也.)"[33] 강력한 적수였다. 이처럼 전쟁 초기부터 송응창이 현실을 정확히 인지하고 철저히 준비했기에 이여송도 현장에서 보다 침착하게 지휘할 수 있었던 것이다.

명나라는 조선 사신들의 절박한 심리를 이해했을 뿐만 아니라 일본군의 실제 전력도 냉정하게 분석했다. 그들은 영화나 드라마에서처럼

(李光濤), 『조선 '임진왜화' 연구(朝鮮'壬辰倭禍'研究)』, 30쪽.

31 송응창, 「11월17일 조선 교섭 사신 김정목에게 내린 지시(十一月十七日檄朝鮮國差衛獻納、金庭睦)」, 재인용 : 리광토우(李光濤), 『조선 '임진왜화' 연구(朝鮮'壬辰倭禍'研究)』, 40쪽.

32 송응창, 「12월 초3일 석성에게 올린 보고(十二月初三日報石司馬書)」, 재인용 : 리광토우(李光濤), 『조선 '임진왜화' 연구(朝鮮'壬辰倭禍'研究)』, 45쪽.

33 송응창, 「12월 초3일 석성에게 올린 보고(十二月初三日報石司馬書)」, 재인용 : 리광토우(李光濤), 『조선 '임진왜화' 연구(朝鮮'壬辰倭禍'研究)』, 46쪽.

단순히 '천조상국'의 위세만 믿고 감정적으로 출병한 것이 아니라 신중하게 상황을 관찰하고 계산된 행보를 보였다. 명나라 조정의 결정은 마치 승리를 확신하며 망설임 없이 나아간 것이 아니라 내부적 갈등과 고민을 거듭하며 이루어진 것이었다. 역사는 결코 당연히 주어지는 것이 아니다. 정곤수가 북경에서 고군분투하며 외교 교섭을 벌였던 것도, 이여송이 평양성 아래에서 당당히 맞설 수 있었던 것도, 모두 역사의 톱니바퀴를 조금씩 앞으로 움직인 소중한 결과였다. 조선 사신들은 임진왜란에서 핵심적 역할을 수행했다. 명나라 관료들에게 보낸 한 통 한 통의 서신은 오늘날에는 사소해 보일 수 있지만 그 속에는 결코 가볍게 여길 수 없는 역사의 무게가 담겨 있다.

제2장

전쟁이 끝난 후 시작된 노인(魯認)과 강항(姜沆)의 이야기

임진왜란이 조선에 남긴 것은 무엇인가?

그 답을 찾는 일은 우리가 상상하는 것보다 훨씬 어렵다. 전쟁의 유산은 우선 여러 지역과 사람들에게 깊이 얽혀 있으며 시선을 조금만 달리해도 전혀 예상하지 못한 결과에 도달할 수 있다. 또한, 이 전쟁이 남긴 흔적은 세대를 거치며 계승되고 해석되어 오다가, 오늘날에는 점점 멀어진 것처럼 느껴지지만 여전히 우리 곁에서 역사적 존재감을 드러낸다.

요컨대, 이 전쟁은 때로는 한국, 중국, 일본의 국제 정치적 논쟁에서 경각심을 주는 주제로 부각되지만 정치적 이슈가 사그라들면 조용히 모습을 감추기도 한다.

전쟁의 유산을 이해하는 가장 좋은 방법은 전장 한가운데서 각자의 시선과 목소리에 귀를 기울이는 것이다. 어떤 인물, 어떤 사건을 통해 이야기를 엮느냐에 따라 우리가 바라보는 세계도 달라진다. 명나라의 황제, 조선의 수군 장수, 그리고 평양과 명량에서 벌어진 전투의 배경에 잠재하는 온갖 드라마틱한 이야기들은 현재 '현대인의 시선'으로 새롭게 해석되고 있다.

전쟁의 초연 너머를 보기 위해 이 책은 특히 비전형적인 전쟁 인물들에 초점을 맞추었다. 1장에서는 명나라와 조선을 오가던 사신들을 중심에 두고 전쟁 서사 뒤에 숨겨진 작은 세부들을 재발견하고자 했다. 본 장에서는 두 명의 비전형적 인물의 시선을 따라 다시 한 번 전쟁을 돌아보려 한다. 1장에서 사신들이 양국을 오가며 '목격'한 생생한 순간에 초점을 맞췄다면, 본 장에서는 전쟁이 끝난 후 남겨진 흔적과 기억에 더 가까이 접근하여 고난의 세월을 헤치고 고향으로 돌아온 두 인물의 경험을 통해 임진왜란의 역사적 의미를 어떻게 재파악해야 할지 고민해 보려 한다.

이제 그 첫 번째 주인공 노인(魯認, 1566-1622)을 소개한다.

정유재란(丁酉再亂)

노인은 기품이 뛰어나고 풍채가 비범했으며 자유분방하고 개성 넘치는 선비였다. 또한 부모를 극진히 모셔 효자로도 널리 알려져 있었다. 이 두 가지 모습은 그의 인품과 삶에 자연스럽게 스며들어 조화를 이루고 있었다. 1592년 임진왜란이 발발하자 노인 일가와 오랜 친분을 쌓아 온 명장 권율이 직접 편지를 보내 군에 합류해 줄 것을 간청했다. 노인은 주저 없이 일흔이 넘은 아버지께 하직을 고한 뒤 전쟁터로 향했다. 전쟁 내내 노인은 뛰어난 지략으로 큰 공을 세웠고 직접 전선을 누비며 성을 지키는 등 문관과 무관의 능력을 고루 갖춘 모습을 보여주었다.

1597년은 정유년이었다. 그해 9월, 노인은 서른한 살의 나이로 참전한 지 어언 6년째를 맞이하고 있었다. 전황은 여전히 불안정했고 도요토미 히데요시는 부산을 통해 대규모 증원 병력을 파견하고 있는 상태였다. 당시로서는 아무도 이 전쟁이 언제 끝날지 예측할 수 없었다.

전세는 원래 교착 상태에 빠져 있었지만 일본군의 증원과 조선 수군의 방어 작전 실패로 갑자기 일본군이 우세를 점하게 되었다. 일본군은 먼저 한산도에서 조선 수군을 격파한 뒤, 남쪽에서 북쪽으로 진격하며 지금의 경상남도와 전라남도 일대를 초토화시키기에 이르렀다.

노인은 이 소식을 듣고 군대를 떠나 홀로 고향으로 급히 돌아가 부모를 찾았다. 행군 도중 진영을 빠져나온 것은 그를 '기품 있고 자유분방하다'고 평한 후세 기록과 부합한다. 게다가 그는 부모에 대한 효심으로 때로는 유연하게 굽힐 줄도, 단호하게 펼 줄도 아는 인물이었다.

부모를 의령(宜寧, 현 경상남도 의령군)으로 모시고 가던 중, 우연히 한 무리 일본군과 맞닥뜨렸다. 홀로 여러 적을 상대할 수 없음을 알고 그는 온몸으로 부모를 보호하며 적어도 두 노인만은 살려달라고 간청했다. 일본군은 그의 지극한 효성에 감동했는지 뜻밖에도 이들을 무사히 통과시켜 주었다.

부모를 의령에 무사히 모신 뒤, 노인은 명나라 부총병 양원(楊元, ?-1598)이 지키고 있는 남원성(南原城, 현 전라북도 남원시)이 일본군에게 포위당했다는 소식을 듣게 되었다. 그는 홀로 말을 타고 적정을 살피러 길을 나섰다. 사후의 기록을 보면 이는 매우 무모한 행동이었다. 당시 왜군의 병력은 6만 명에 달했으나 성 안에 남아 있던 명·조 연합군은 5천 명도 되지 않았고, 게다가 그가 출발했을 무렵에는 이미 전투가 끝난 상태였다. 다만 그 순간에는 어떤 일이 기다리고 있을지 그 누구도 예측할 수는 없었다.

남원성 가까이에 이르러 막 전투에서 승리한 일본군과 마주쳤다. 양측은 맞닥뜨리자마자 격렬한 전투를 벌였고 노인은 용기백배하여 홀로 적을 상대했다. 싸움을 거듭하며 약 10여 리를 도주하던 중, 한 순간 적을 따돌리고 짙은 안개 속으로 몸을 숨겼다. 이어 계속 말을 몰아 적의 추격을 뿌리치려 했으나 안개 사이로 날아온 화살이 등에 꽂히며 정신을 잃고 쓰러졌다. 깨어났을 때는 배에 실려 이동하는 모습과 방에 안치된 장면만이 희미하게 기억날 뿐이었다. 이로써 그는 일본군의 포로가 되어 조선의 전장에서 멀리 떨어진 '사쓰마(薩摩, 현 일본 규슈)'로 옮겨지게 되었다.

전쟁 초기부터 군에 몸담았던 조선인에게 적군의 포로가 되는 것은 큰 치욕이었으며 대개 즉시 자결하는 것이 당시 흔한 선택이었다. 노인 또한 예외가 아니어서 일본으로 향하는 배 안에서 자결을 결심했다. 그러나 일본군이 그의 손발을 묶어 움직이지 못하게 하자 그는 차선책으로 단식에 들어갔다. 주변에 일본인이 다가오면 거친 욕설을 퍼부으며 저항했는데 이러한 행동은 그의 강직하고 자유로운 성품과 목숨보다 명예를 중시한 태도를 잘 보여주고 있다.

비록 노인은 끝까지 저항하며 비협조적인 태도를 고수했지만 이미 벌어진 현실을 되돌릴 수는 없었다. 그는 결국 일본땅을 밟게 되었고 그곳에서 마주한 풍경은 그의 기억에 깊이 각인되었다. 그는 훗날 이렇게 회고했다.

"시체는 들에 산처럼 쌓여 있고 피는 강을 이루어 흘렀으니 그 처참함은 차마 눈뜨고 볼 수 없었다. 포로가 된 우리나라의 젊은 남녀들은 모두 좋은 집안의 자식들로 그 수가 몇 천, 몇 만 명인지 헤아릴 수조차 없었다.(積屍如山, 流血成川, 慘慘焉不忍見. 至則我國年少男女被俘者, 皆良家士族, 而不知幾千萬計.)"[1]

전쟁이 6년째 이어지면서 노인에 앞서 이미 수많은 조선인들이 일

1 노인, 『금계집(錦溪集)』 권3, 「정유피포(丁酉被俘)」, 196쪽.

본으로 끌려갔다. 노인은 규슈 섬에서 많은 조선인들이 이미 일본식 옷차림으로 바뀌어 있는 모습을 목격했다. 그들은 조선 옷을 그대로 입고 있는 노인을 보자 숨겨왔던 슬픔을 이기지 못하고 길가에서 울음을 터뜨렸다. 참으로 귀로 듣기도 괴롭고 눈으로 보기도 힘든 참담한 광경이었다.

이들처럼 '왜형(倭形)'으로 살아가야 하는가? 노인에게 이것은 차라리 죽음보다 더 참기 어려운 일이었다. 의복은 문화를 상징하는 것이었기에 조선인들은 자신들의 복장이 중국과 가장 유사하다는 점을 자랑스럽게 여겼고 일본인은 오히려 중국의 풍속과 달라 야만적이라고 생각했다.

그렇다면 노인은 죽음만을 선택할 수밖에 없었을까? 그의 눈에 일본인은 추악한 적, 곧 조선의 가장 큰 원수일 뿐이었다. 비록 처음에는 자결하지 못했고 게다가 이미 일본 땅을 밟은 이상, 그의 유일한 소망은 조선으로 돌아가는 것이었다. 다행히 노인은 무안(務安, 현 전라남도 무안군) 출신인 서경춘(徐景春)을 우연히 다시 만나게 되었다. 두 사람은 국내에서도 친구 사이였기에 오랜만의 재회에서 '꼭 고향으로 돌아가야 한다'는 한마디에 긴 시간을 보내며 의기를 모았다. 둘은 간절한 귀향의 희망을 품고 일본에서 탈출할 방도를 함께 모색하기 시작했다.

인내와 기다림

아름다운 꿈을 이루기 위해서는 인내와 기다림이 필요하다. 물론 운 역시 빠질 수 없는 촉매제이다. 친구나 지인도 없고 넉넉한 자금도 없는 노인이 과연 어떻게 조선으로 돌아갈 수 있었을까?

먼저 그는 자신의 재능을 활용해 재산을 모으기 시작했다. 당시 일본은 사무라이를 중심으로 한 신분제 사회였으므로 문학과 글씨에 능한 '유자(儒者)'에게 정치적 영역에서 중요한 역할이 주어질 기회는 많지 않았다. 더구나 일본에는 중국이나 조선과 달리 '문(文)'을 중시하는 과거제도가 없어 문학 인재를 정부 체제에 적극적으로 등용하지도 않았다. 대신 유학 사업은 관심 있는 일부가 맡았는데 그들은 주로 유생이나 승려들이었다.

이들에게 노인은 '한문화'와 '중화 학문'의 귀중한 보물과 같은 존재였다. 한시, 서예, 중국에 대한 깊은 지식 등은 모두 노인을 통해 일본에 소개될 수 있었기 때문이다.

노인의 서예는 특별히 뛰어난 것은 아니었다. 적어도 평가할 만한 가치와 기준을 갖춘 수준은 아니었다는 뜻이다. 그러나 어릴 적부터 과거 시험을 준비하며 글을 읽고 글씨를 쓰는 것이 일상이었기에 조선의 일반 선비 수준만으로도 한학 인구가 드물었던 일본에서는 충분히 사람들의 이목을 끌 수 있었다.

어느 날, 한 일본 승려가 노인에게 한시를 지어 달라고 청했다. 그는 즉석에서 붓을 휘둘러 시를 써 내 곧바로 실력을 인정을 받았다. 그 뒤로 "일본의 젊은 관료들이 자주 부채를 들고 찾아와 시를 부탁했는데 시를 완성해주면 즉시 은전을 건넸다.(自是倭官年少輩往往抱扇乞詩, 詩成書罷, 銀子輒至.)"[2] 이때부터 노인은 자신의 학문과 문장력을 바탕으로 고국으로 돌아가기 위한 자금을 꾸준히 마련하기 시작했다.

그는 이렇게 마련한 자금을 바탕으로 조선어를 아는 몇몇 일본인과 접촉하며 정보도 수집하기 시작했다. 주로 일본 내정 동향을 주시하면서 자신이 보고 들은 내용을 바탕으로 지도까지 제작하여 미래에 대비했다. 이처럼 그는 적극적으로 일본을 파악하는 과정을 통해 탈출에 성공하면 이 정보를 조선 조정에 전달하려 했던 것이다. 요컨대, 그는 비록 자결로 충절을 지키지는 않았지만 밤낮으로 원수를 갚고 치욕을 씻을 그날을 간절히 기다리고 있었던 것이다.

첫 기회는 노인이 일본에 온 지 15개월 만에 찾아왔다. 좌절하지 않고 기회를 엿보던 중, 1599년 정월에 서경춘과 같은 운명을 겪은 조선인 수십 명과 함께 깊은 밤을 틈타 쪽배를 타고 강어구를 빠져나갔다. 그러나 안타깝게도 이 작전은 이미 사전에 발각되어 강어구를 지키던 일본군에게 붙잡혀 실패로 끝났다. 무슨 이유에서인지 이들 수십 명 조선인은 처형되지 않고 본토로 압송되었는데 일본 측은 조선인 포로들의 추가 도주 시도를 막기 위해 이들을 여러 지역으로 분산시켰다. 결국 친구 서경춘은 오오츠죠(大津城, 현 시가 현 오쓰 시[滋賀県 大津市])로 이송되었다. 이번 실패는 노인의 귀국 결심을 여전히 꺾지 못했다. 비록 홀로 남게 되었어도 그는 재시도할 준비가 되어 있었다.

2 노인, 『금계집(錦溪集)』 권3, 「왜굴탐정(倭窟探情)」, 197쪽.

하늘이 내린 순풍 타고 중화로 향하려

일본에 영원히 머무는 삶은 결코 받아들일 수 없는 것이었기에 노인은 온갖 어려움에도 불구하고 밤낮으로 고국으로 돌아갈 기회를 노렸다. 다행히 운이 따른 덕분에 곧 두 번째 기회를 맞이하게 된 노인은 이번만큼은 반드시 그 기회를 다잡겠다는 확신에 차있었다.

한 달 후 노인은 중요한 정보를 입수했다. 명나라 정부가 일본에 사절단을 파견했는데 그 구성원은 주로 복건(福建) 지방 관료들이라는 것이었다. 명나라는 늘 조선의 가장 중요한 전략적 동맹으로, 양국은 조선 전장에서 일본에 맞서 함께 싸운 우방이었다. 노인이 한자를 능숙하게 쓰고 시를 지을 줄 아는 능력 또한 모두 중화문화에서 비롯된 것이었다. 명나라 관료들의 일본 방문은 그에게 정말로 큰 기회였다. 이들을 통해 어쩌면 고국으로 돌아갈 길이 열릴지도 모를 일이었다.

명나라 관료들의 거처를 확인하자 노인은 즉시 그들을 찾아갔다. 똑똑똑, 문이 열리자 진병산(陳屏山)과 이원등(李源登) 두 명의 복건 관료가 눈에 띄었다. 명나라 의관을 입은 이들을 보는 순간, 노인은 마치 고향의 친척을 만난 듯한 친근함을 느꼈다. 양국의 복장이 크게 다르지 않았기에 낯선 일본 땅에서 같은 복장을 한 사람을 만나는 일은 정말 친척을 마주한 것과 같았다.

서로 몇 마디 인사를 나눈 뒤 노인은 자신의 신분을 밝혔다. 그러나 가슴속 깊이 북받쳐 오르는 "저를 데려가 주십시오"라는 말은 끝내 뱉지 못했다. 이유는 매우 단순했다. 과거 탈출을 시도한 적이 있는 노인에게 일본 측은 더욱 경계심을 품고 조선인 포로들의 거처를 따로 분리

했을 뿐 아니라 항상 감시인을 따라붙게 했기 때문이다. 노인이 명나라 관료를 방문했을 때도 시로(四郎)라는 일본인이 그림자처럼 그를 뒤따르고 있었다. 그런 상황에서 속마음을 털어놓는 것은 자칫 또다시 스스로를 위험에 빠뜨릴 뿐이었다.[3]

노인은 이 기회를 충분히 활용하지 못한 듯 하다. 명나라 관료들에게 직접 구원을 요청하지 못했기 때문이다. 문을 나서며 그는 어떤 생각이 오갔을까? 기회를 잡지 못한 아쉬움과 소중한 기회를 허투루 흘렸다는 자책감이 교차했을지도 모른다. 기록만으로는 그의 속마음을 정확히 알 수 없지만 분명한 것은 일본 측이 감시를 붙였음에도 노인과 명나라 관료들 사이의 '소통'은 여전히 이루어졌다는 점이다. 비록 직접적인 대화는 어려웠더라도 그들의 진심은 서로에게 전해졌다. 이를 증명이나 하듯, 방문 다음 날 진병산과 이원등이 직접 노인의 집을 찾아왔다.

그들의 방문은 노인에게 더할 나위 없이 소중한 기회였다. 그는 주저하지 않고 말했다. "저는 두 분과 함께 배를 타고 중화로 가고 싶습니다. 그곳은 저에게 부모와 같은 나라요, 우리나라의 치욕을 씻을 수 있는 길입니다.(願與同舟, 而得到中華父母之國, 以圖敝邦雪復之便.)"[4] 두 명나라 관료는 노인의 인품에 깊이 감탄하였다. 비록 이국 땅에 있으나 뜻을 꺾지 않는 그의 태도에 감동한 나머지, 노인의 요청을 기꺼이 받아들여 귀국하는 날 함께 중국으로 돌아가기로 약속하였다.

---

3 여기서 짚고 넘어가야 할 것은 이번 만남에서 노인과 진평산, 이원등 사이의 소통 방식은 필담으로만 이루어졌다는 사실이다.

4 노인, 『금계집(錦溪集)』 권3, 「화관결약(和館結約)」, 198쪽.

세 사람의 계획은 단순했다. 귀국 일정이 확정되면 노인이 먼저 배에 오르고 함께 복건으로 돌아가는 것이었다. 그러나 이 계획은 일본 측의 대응을 충분히 고려하지 못한 것이었다. 실제로 사쓰마 번(藩)은 선박의 출입을 매우 엄격하게 통제하고 있었는데 일본에 온 사람들이 틈을 타 도주하는 것을 막기 위해 '단체로 입항하고 단체로 출항한다'는 규정을 두고 있었다. 항구에는 항상 수백 명의 일본 병사들이 조총과 일본도를 들고 순찰을 돌고 있었고 모든 선박은 '신원 확인' 절차를 거쳐야만 출항이 허가되었다.

이처럼 험난한 현실 앞에서 진병산이 먼저 포기했다. 그는 노인에게 "일본인들이 반드시 배를 철저히 수색할 것이니 이런 상황에서는 함께 배를 탈 수 없다.(倭必搜船, 勢難同渡)"[5]고 거부의 뜻을 명백히 표했다.

가까스로 찾아왔던 기회는 눈앞에서 사라져 버리고 노인은 또다시 집에 머물며 실패의 쓴맛을 보아야 했다.

기발한 계책

방도는 사람이 생각해 내는 것이니 아무리 어려운 곤경에 처했다 해도 해결책은 반드시 있다.

노인은 결코 포기하지 않았다. 그는 인근에 살고 있는 기효순(奇孝淳), 정동지(鄭東之), 풍석이(風石伊) 세 명의 조선인 포로를 찾았다. 노인

5 노인, 『금계집(錦溪集)』 권3, 「화관결약(和館結約)」, 199쪽.

은 빠르게 그들의 신뢰를 얻었다. 본래 조선의 관리인 데다 또 적잖은 재물을 모아둔 상태라서 술과 음식을 넉넉히 마련해 그들이 배불리 먹을 수 있도록 배려를 아끼지 않았다. 그러고는 자신의 모든 계획을 털어놓으며 이번이 마지막 기회임을 거듭 강조했다.

노인은 명나라 관리들이 항구를 떠나는 날에 맞춰 미리 쪽배를 타고 바다로 나가 그들을 기다리자고 제안했다. 이렇게 하면 일본 측의 수색을 피할 수 있고 무사히 명나라 배에 올라 복건으로 갈 수 있다는 것이었다. 기효순 등 세 사람은 이 제안에 즉시 동의했다. 고향 조선으로 돌아갈 수 있는 길이 열렸다는 생각에 감격하여 그들은 모두 무릎을 꿇고 노인에게 예를 올렸다.

노인은 자신의 저축을 털어 기효순 일행이 식량, 식수, 밥을 짓는 데 필요한 그릇, 그리고 쪽배 한 척을 마련하도록 한 한편, 진병산과 이원 등에게 이 새로운 탈출 계획을 알리며 협력을 요청했다. 노인은 그들에게 이렇게 설명했다.

"나는 몰래 쪽배를 타고 먼저 10리쯤 떨어진 작은 섬에 가서 대기하겠습니다. 일본인들이 여러분의 배를 수색한 뒤, 여러분이 돛을 달고 바다로 나설 때쯤에 중간 수역에서 맞이하여 합류하겠습니다. 이렇듯 기발한 계책이 또 어디 있겠습니까!(我潛乘小艇，先出十里許小島，以待倭奴搜船後，公等掛帆時，迎出中流，追乘貴船，此非奇策乎!)"[6] 두 사람은 이 방법에 동의했고 동행한 주관인 복건 군문(軍門) 임진취(林震就)에게도 보고하여 허락을 받았다.

---

6 노인, 『금계집(錦溪集)』, 권3, 「화관결약(和館結約)」, 199쪽.

약속한 날이 되자, 노인과 기효순 등 네 명의 조선인은 식량 100말, 밥솥 하나, 물통 세 개를 챙겨 쪽배에 올라 몰래 바다로 나섰다. 그들은 진병산과 이원등이 출항하기 하루 전에 출발해 해가 질 무렵 계획에서 지정한 섬에 도착했다. 일행은 그곳에서 이른 아침까지 긴 시간을 기다려야 했다. 예상대로라면 명나라 선박은 다음 날 아침이 되어야 모습을 드러낼 예정이었다.

그날 밤, 네 사람은 배에서 밥을 지어 먹고는 뜬눈으로 밤을 새웠다. 혹시나 일본 측에서 자기들이 사라진 사실을 알아채고 명나라 관료들의 출항 시각을 늦추는 변고가 일어나지 않을까 하는 불안감도 여전했다. 그렇게 조마조마한 마음으로 밤을 견뎌냈다.

다음 날 아침, 명나라 선박이 모습을 드러내자 그들은 말없이 온 힘을 다해 노를 저어 배에 접근했다. 명나라 선박은 노인이 가까이 왔음을 알고 돛을 반쯤 접은 채 일부러 속도를 늦추며 기다렸다. 노인 일행은 재빨리 다가가 배에서 내려온 굵은 밧줄을 붙잡고 한 발 한 발 배에 올랐다. 이렇게 일본을 떠나는 마지막 순간을 맞이했다.

노인이 배에 오르자 진병산과 이원등은 다투어 그의 손을 잡았다.

"진병산과 이원등은 서로 다투어 '당신은 참으로 복이 많은 분입니다!'라며 잔을 건넸다. 기쁨이 가슴을 가득 채워 먹지 않아도 배부른 듯했다.(陳、李爭執公手曰:子命貴矣. 即饋白酒 , 喜氣填胸 , 不食如飽.)"[7]

수많은 고난과 역경 속에서도 결코 포기하지 않았던 노인은 마침내 귀향의 첫걸음을 내디뎠다!

---

7 노인, 『금계집(錦溪集)』, 권3, 「화주동제(華舟同濟)」, 200쪽.

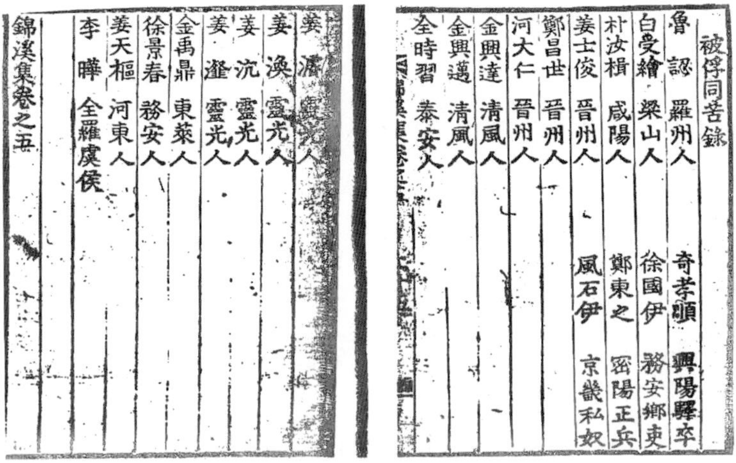

노인의 『금계집(锦溪集)』 중 「피포동고록(被俘同苦录)」
기록된 이름은 무자비한 전쟁 속에서 고통받았던 생명들을 떠올리게 한다.

무사히 복건에 도착한 노인은 현지에서 폭넓은 관심을 받았다. 그가 일본에서 수집해 온 1차 정보는 명나라 정부에게 매우 중요한 것이었다. 또한, 명나라 학자들은 그를 단순한 외국인이 아닌 전장에서 직접 싸운 용사로, 조선을 지원한 명나라의 공적을 상징하는 인물로 여겼다. 매일같이 많은 명나라 사대부들이 그의 거처를 찾아와 시를 지어 달라고 청했고 관료들은 경의를 표하며 백은을 선물하기도 했다.

복건의 무이서원(武夷书院)에 잠시 머문 후, 노인은 북상하여 북경에 도착해 만력제를 알현하였다. 그곳에서 그는 뛰어난 공적을 인정받아 칙서를 하사받았다. 만력제는 또 말 한 필을 하사하며 조속히 고국으로 돌아갈 것을 명했다. 말을 타고 고향을 향해 달려가는 그 길은 긴장과 기쁨이 교차하는 여정이었을 것이다. 그러나 비록 전성의 영광을 안고 돌아왔더라도 그는 부모가 이미 세상을 떠났다는 소식을 접해야 했다. 그 기쁨을 함께 나눌 이를 잃은 영웅의 귀향은 시대가 안겨 준 씁쓸한 비극이었다.

남원(南原)의 또 다른 인물 : 강항(姜沆)

명나라 장수 양원(杨元)이 남원성에서 포위당했다는 소식을 접한 노인이 주저하지 않고 전장으로 달려간 일은 지금까지 언급된 그의 이야기 배경으로 된다. 1597년, 일본군의 갑작스러운 증원으로 한산도에서 조선 수군이 먼저 크게 무너졌고, 이어 일본군의 공격 목표는 남원으로 향했다. 이 소식을 접한 이는 노인만이 아니었다. 당시 군량과 물자를 운반하던 조선 관료 강항(姜沆, 1567-1618)도 남원으로 가는 길에 있었다. 그 역시 이제 곧 극도로 위험한 여정을 시작하게 될 것이다.

강항은 노인보다 한 살 어린 나이였다. 그의 가문은 고려 시대부터 요직을 맡아 온 지방의 유력 가문이었다. 더욱이 강씨 가문은 선비로 이름난 인물이 많이 배출되었는데 강희맹(姜希孟), 강희백(姜希伯), 강석덕(姜硕德) 등은 모두 당대의 저명한 유학자였다.

노인이 무공에 뛰어났다면 강항은 문인으로서 갖추어야 할 모든 조건을 두루 갖춘 인물이었다. 훌륭한 가정환경에서 성장한 그는 어릴 때부터 독서를 즐겼고 타고난 재능과 뛰어난 기억력을 지녔다. 다섯 살에 이미 글을 익혀 쓸 수 있었고, 아홉 살 때는 하룻밤 만에 『맹자』를 통독

할 정도로 신동이라는 평가를 받았다.

만약 1597년의 전란이 없었다면 강항은 조선 조정에서 순탄한 청운의 길을 걸은 뒤, 인생 말년에는 명유(名儒)의 신분으로 고향에 돌아갈 수 있었을 것이다. 그러나 1597년, 남원성의 운명에 휘말리게 된 이가 어찌 강항 한 사람뿐이었겠는가.

1597년, 강항은 분호조 참판(分户曹参判) 이광정(李光庭, 1552-1627)과 함께 후방에서 보급 업무를 담당하고 있었다. 남원성이 함락되자 그토록 혼란스러운 상황 속에서도 그는 상관인 이광정의 안전을 걱정하며 그의 행방을 찾아 나녔다. 하지만 이광정은 이미 전란을 피해 북쪽으로 피신한 상태였다. 주관이 사라지자 강항은 스스로를 위한 계획을 세우기 시작했다. 그는 고향인 영광(靈光, 현 전라남도 영광군)으로 돌아가 관료 김상헌(金尚宪, 1570-1652)과 함께 민중을 모아 의병을 조직하여 일본군의 침략에 맞서기로 했다. 이에 수백 명이 호응해 나섰다.

강항의 본래 계획은 이 수백 명 의병으로 고향을 방어하는 것이었으나 안타깝게도 일본군이 접근한다는 소식이 전해지자 "오합지졸들은 순식간에 뿔뿔이 흩어지고 말았다.(烏合之眾, 一時星散)"[8] 김상헌도 상황이 심상치 않음을 눈치채고 이광정의 뒤를 따라 북쪽으로 떠났다. 김상헌은 안동(安東, 현 경상북도 안동시) 출신이어서 미련 없이 떠날 수 있었지만 영광 출신인 강항은 깊은 괴로움과 좌절감을 느낄 수밖에 없었다.

의병 조직이 무너지자 강항 일가도 어쩔 수 없이 고향을 등져야 했

8 강항, 『간양록(看羊錄)』, 31쪽.

다. 처음에는 육로로 피난을 시도했으나 길목마다 피난민이 몰려 극심한 정체에 부딪혔다. 결국 두 척의 배를 구해 수로를 따라 이동하기로 했다. 그러나 이 길 또한 험난했다. 재산도 버려야 하는 아비로운 상황 속에서 강항 일가 40여 명이 두 척의 배에 꽉 찬 탓으로 "배는 작고 사람은 많아 매우 느리게 나아갈 수밖에 없었다.(船小人夥, 舟行甚遲)"[9] 비상 상황에서 선택의 여지가 없었던 강항에게 배멀미가 심한 아버지를 비롯해 가족 모두 함께할 수 있다는 것은 유일한 위안이었다.

예상치 못한 일은 결국 벌어졌다. 당시 상황이 불분명한 가운데 강항 앞에는 세 가지 선택지가 주어졌다. 첫째, 쪽배를 포기하고 육로로 북쪽을 향하는 것; 둘째, 가까운 흑산도로 들어가 전투가 끝날 때까지 기다리는 것; 셋째, 40여 명의 일가가 흑산도에 주둔하고 있는 이순신 부대에 합류해 목숨을 걸고 싸우는 것이었다. 강항은 형제들과 상의한 끝에 세 번째 방안을 선택해 이순신 군영으로 향하기로 결정했다.

그러나 이 결정을 알게 된 한 조타수는 흑산도에 있는 네 자녀를 하루빨리 데려 내오고 싶은 개인적인 욕심으로 한밤중에 몰래 배의 방향을 흑산도로 돌렸다. 다른 배에 타고 있던 강항이 이를 눈치챘을 때, 아버지가 탄 배는 이미 떠난 뒤였다. 강항은 아버지를 찾아 급히 뒤따랐으나 바람 방향이 좋지 않고 정확한 행선지도 알 수 없어 마치 머리 없는 파리처럼 막막한 심정이었다.

해안을 따라 아버지의 행방을 찾던 어느 날, 짙은 바다 안개 속에서 갑자기 배 한 척이 나타났다. 그것은 일본 수군의 함선이었다. 강항 일

9 강항, 『간양록(看羊錄)』, 31쪽.

행은 일본군과 마주치자 즉시 물속으로 뛰어들었다. 포로가 되어 명예를 더럽히지 않겠다는 각오로 자결을 시도했던 것이다.

강씨 가문 사람들이 바다에 뛰어든 용기는 감동적이나 자결에도 때로는 운이 따라줘야 한다. 당시 그들이 탔던 배는 해안 가까이의 얕은 물에서 맴돌고 있었기에 사망 확률이 높지 않았다. 일본군은 곧장 그들을 건져 올려 꽁꽁 묶었다. 이로써 집단 자결의 시도는 결국 포로가 되는 것으로 끝나고 말았다. 더욱이 막내 아들 강룡과 딸 강애생은 목숨을 잃는 비운을 맞았고 특별히 챙겨 온 어머니의 위패도 바다에 뛰어든 뒤 잃어버려 끝내 찾지 못했다. 전쟁의 비극은 이처럼 참혹하다. 그 속에서 사람에게 주어진 선택지는 많지 않을 뿐만 아니라 무엇을 잃게 될지조차 예측할 수 없게 만든다.

강항은 그렇게 포로가 되어 일본군에 의해 무안현(務安県)으로 끌려갔다. 노인이 목격한 것과 마찬가지로 연도의 상황은 평생 보지 못한 참극이었다. 이곳은 일본군이 마련한 포로 수용지로, "적선 수천 척이 항구를 가득 메웠고 흰 바탕에 붉은 원이 그려진 깃발이 하늘에 펄럭였다. 우리나라 남녀가 무리 지어 뒤섞여 있었고 시체는 산처럼 쌓였으며 사방에서 울부짖는 소리가 하늘을 찌를 듯했다.(賊船數千艘, 充滿海港, 紅白旗照耀天日. 我國男女太半相雜, 兩邊積屍狼藉如山, 哭聲徹天.)"[10]

강항은 이어 단식에 들어갔지만 결과는 노인과 마찬가지로 성공하지 못했다. 쓰시마섬에 발을 디딘 뒤, 먼저 눈에 뜨인 것은 일본인의 옷차림이었다. "옷과 두루마기가 모두 우리나라와 달라, 비로소 다른 세

10 강항, 『간양록(看羊錄)』, 32쪽.

계에 왔음을 깨달았다.(衣巾皆詭制, 始知為他世界也.)"[11] 강항 일행은 단순히 고향 영광을 떠난 것이 아니라 모국을 멀리 뒤로 한 채 일본 땅에 이르렀던 것이다.

귀향에 깃든 아득한 꿈결

강항이 머문 곳은 오늘날의 에히메 현(愛媛県)에 해당한다. 임진왜란이 이미 끝났음에도 그는 어떻게든 조선으로 돌아가려고 애썼다. 한 번은 한 조선인 포로와 협력해 밤중에 탈출을 시도했다. 서쪽으로 도주하다 연도 해안가에서 배를 구해 탈출하려는 계획이었다. 그러나 두 사람은 이역 땅에서 오직 두 발로만 이동하며 아무런 도움도 받을 수 없었으니, 너무나도 순진한 시도였다. 곧 일본 군인들과 마주쳐 별다른 저항 없이 붙잡혔다. 일본 측은 조선인 포로들이 연합할 위험을 경계해 가능한 한 철저한 격리와 감시를 실시했다. 강항 역시 예외가 아니었다. 그의 거처는 요슈(豫州)에서 후시미(伏見, 현 교토부)로 옮겨져 고향 영광과는 점점 더 멀어졌다. 다행히 후시미에는 김우정(金禹鼎), 강사준(姜士俊), 강천추(姜天樞), 정창세(鄭昌世), 그리고 노인의 친구 서경춘(徐景春) 등 많은 조선인 선비들이 있었다. 이들 중 일부는 국내에서 이미 서로 알고 지낸 사이로, 시문을 통해 교류하는 모임을 이루었다. 시를 짓고 글을 쓰는 것은 이들에게 어릴 적부터 힘써 익힌 기술이었다. 조

11 강항, 『간양록(看羊錄)』, 32쪽.

선인 지식인들의 한문학 수준은 일본 관료나 승려들도 시를 배우러 찾아올 정도였다. 특히 강항은 뛰어난 재능을 인정받아 기재로 소문났으므로 부채를 들고 그에게 시를 청하는 일본인이 끊이지 않았다.

일본 유학자 후지와라 세이카(藤原惺窩, 1561-1619)도 이 특별한 인연을 통해 강항을 알게 되었다. 후지와라 세이카는 강항을 깊이 존경하며 그에게서 조선 선비들이 어릴 때부터 심취해 연구하던 주자학을 배웠다. 한 조선인 선비가 포로 신분으로 일본에서 유학을 전파하고 가르치게 된 것 역시 전쟁이 낳은 아이러니였다.

그러나 일본인들과 유학을 논하는 일은 일종의 지적 위안이었을 뿐, 강항의 진정한 소망은 오로지 조선으로 돌아가는 것이었다. 그에게 집으로 돌아간다는 것은 꿈속에서나 볼 수 있는 아득한 일이었지만 결코 포기한 적 없었다. 그러던 중 명나라 관료 모국과(茅國科)와 왕건공(王建功)이 일본을 방문하게 되었다. 이 소식을 접한 강항은 마치 급류에 휩쓸린 사람이 지푸라기라도 잡으려는 심정으로 이 기회를 잡기 위해 필사적으로 노력했다.

'죄인'으로 귀국하다

강항은 명나라 사절이 일본에 왔다는 소식을 듣고 친구 신계리(申繼李)와 함께 그들을 찾아갔다. 두 사람은 일본인을 위해 글을 써 주고 책을 베껴 준 대가로 모아둔 재물을 이용해 문지기를 매수한 뒤, 몰래 명나라 사절의 거처로 들어갔다. 강항도 노인과 마찬가지로 모국과와 왕건공에게 자신을 데려가 달라고 간청했다. 그들은 강항의 처지에 동정을 표하며 지금 어느 대명(大名)의 관할 아래 있는지 묻고, 도쿠가와 이에야스(德川家康, 1543-1616)와 협상해 강항이 조선으로 돌아갈 수 있도록 도움을 주겠다고 약속했다.

그러나 모국과와 왕건공의 약속만으로는 강항의 불안한 마음을 완전히 달랠 수 없었다. 그는 더 확실한 방법을 모색하기 시작했다. 그는 형, 신계리와 임대흥(林大興) 등과 함께 은화 80냥을 모아 배 한 척을 주문하고 이 배를 이용해 고향으로 돌아갈 계획을 세웠다. 그러나 배 무이 공사가 거의 끝날 무렵, 신계리가 실수로 이 계획을 누설하는 바람에 발각되어 모두 다시 억류되는 위기를 맞았다. 일본인들은 강항 형제가 일본어를 하지 못하니 반드시 신계리가 주모자라고 단정했다. 결국 강항 형제는 풀려나 또 한 번 위기를 모면할 수 있었다.

1600년 2월, 일본 측은 강항 등을 석방했다. 이는 명나라 관료들의 끈질긴 외교적 노력의 결과였다. 같은 해 4월, 강항은 후시미를 떠나 쓰시마섬을 거쳐 조선으로 향했고 마침내 5월 19일 부산에 도착했다.[12] 수많은 위기와 좌절 속에서도 결코 포기하지 않고 끊임없이 기회를 노린 끝에 이루어낸 귀국이었다. 그러나 고향에 무사히 도착해 아버지가 무사하다는 소식을 들었음에도 큰 기쁨을 느끼지 못했다. 그는 일본에서의 관찰과 경험을 직접 기록한 문집에 '건차록(巾車錄)'이라는 이름을 붙

12 강항이 일본에서 집필한 편년사는 강항 저, 박종명(朴鍾鳴) 역주, 『간양록 : 조선 유학자의 일본 억류기(看羊錄 : 朝鮮儒者の日本抑留記)』, 297-299쪽 참조.

였다. "'건차'는 고대에 죄인을 태우기 위해 특별히 마련한 수레(夫巾車固罪人之乘)"[13]를 뜻하는데, 조정의 관리로서 처음부터 나라를 위해 죽지 못하고 적군의 포로가 된 것을 평생의 치욕으로 여긴 강항은 스스로 이를 '비겁한 죄(偷生苟活之罪)'[14]라 하며 그 심각성을 드러내기도 했다.

강항을 만나준 자리에서 선조는 몇 마디 칭찬을 남기긴 했으나 충성스러운 영광 태생의 강항을 결국 버렸다. 사관은 선조가 "강항이 일본인에게 항복했으니 무슨 절의가 있겠느냐?(沆向日本人投降, 有什麼節義可言?)"[15]라고 말했다고 분명히 기록했다. 군주의 경멸보다 충신을 더 슬프게 하는 일은 없을 것이다. 게다가 점점 격화되던 조선의 당쟁 속에서 고난을 겪고 돌아온 강항은 더 이상 정무나 정치에 연연하지 않았다. 1602년과 1608년, 두 차례 제수받은 관직도 '죄인'이라는 신분을 이유로 모두 사양했다. 결국 그는 고향 영광으로 돌아가 학당을 열고 제자를 가르치다 생을 마감했다. 만약 전쟁이 없었다면 그는 분명 다른 길을 걸었을 것이다. 그의 학식과 인품으로 영의정에까지 올랐을 가능성도 있었을 것이다. 그러나 시간은 결코 되돌릴 수 없는 법이다.

13 강항, 『간양록(看羊錄)』, 34쪽.

14 강항, 『간양록(看羊錄)』, 16쪽.

15 『조선왕조실록』, 현종 9년 4월 13일, 신사조.

평가에 무엇이 결여되었는가?

노인과 강항의 경험을 통해 임진왜란을 되짚어보면 과거의 거대한 서사 속에 가려졌던 다양한 세부적 사실들이 서서히 드러난다. 마지막으로, 본 장에서는 앞서 살펴본 두 인물의 이야기를 바탕으로, 특별히 주목할 필요가 있다고 느껴지는 지점을 정리해 오늘날 이 전쟁이 동아시아 역사에서 갖는 의미를 성찰해보고자 한다.

노인과 강항의 이야기를 종합해보면 두 사람 모두 조선인으로, 모국 땅에서 일본군에 맞서 싸우다 결국 포로로 일본에 끌려간 공통점이 있다. 이는 우연한 일치처럼 보일 수도 있겠지만 꼭 그렇지만은 않다. 노인은 포로로 잡힌 이들이 모두 '양가사족(良家士族)',[16] 즉 양반[17]이나 우수한 집안 출신임을 지적한다. 강항의 경우에도 일본인들에게 그를 붙잡은 이유를 묻자, "당신은 비단 모자를 쓰고 가볍고 따뜻한 옷을 입고 있었기에 관료로 여겨 끌고 갔다.(以公等着絲笠, 衣輕暖, 認爲官人, 將縛致日本.)"[18]고 설명했다고 기록했다. 이를 통해 일본군은 학식이 높고 신분이 좋은 인물을 기준으로 포로를 선별했고 이 부류의 포로는 처음부터 죽이지 않았음을 알 수 있다. 어찌 보면 오늘날 우리가 그들의 생생한 경험을 전해 들을 수 있는 것도 그들의 높은 문학적 소양 덕분에 소중한 기록이 남겨졌기 때문이다.

---

16 노인, 『금계집(錦溪集)』, 권3, 「정유피포(丁酉被俘)」, 196쪽.

17 '양반'은 조선왕조의 지배 신분 계층, 즉 귀족 계층을 가리킨다. 뒤에 나오는 '중인지가(中人之家)'는 중간 정도의 신분이나 재산을 가진 가문을 의미한다. -필자 주

18 강항, 『간양록(看羊錄)』, 32쪽.

다음으로, 고향으로 돌아가려는 두 사람의 굳은 의지 외에도 그들이 포로 생활에서 보인 생존 방식에 주목할 필요가 있다. 두 사람은 한문을 읽고 쓸 수 있는 능력을 바탕으로 위기 상황에서 실질적인 자원을 마련할 수 있었다. 노인은 이 능력으로 사람들의 마음을 얻어 식량을 구입하며 위기를 극복했고, 강항은 일본 유학자들과 학문을 교류하며 자신의 입지를 다졌다. 여기서 한문과 유학은 전쟁의 적대적 상황 속에서도 양측이 소통할 수 있는 공통의 언어이자 문화적 자본으로, 전쟁의 불길조차도 이를 막을 수 없었다.

마지막으로, 조선인들의 명나라에 대한 신뢰는 아마도 가장 예상치 못한 부분일 것이다. 조선인들은 명나라를 향해 무한한 신뢰를 품고 있었는 바, 명나라 관료들의 일본 방문을 마치 하늘이 내린 기회로 간주했다. 한 번 상상해보라. 포르투갈인이나 필리핀인이 과연 조선인들에게 이와 같은 신뢰를 얻을 수 있었을까?

더 넓은 시각으로 보면 이는 단지 명나라 사람들에 대한 친근감에서 비롯된 것만이 아니다. 주목할 점은 조선인들이 일본에서 생계를 유지하고 심지어 존중받을 수 있었던 기술과 학문 역시 중화 문화에 대한 깊은 학습에서 나왔다는 사실이다. 서예나 유학은 조선에서 독자적으로 발전시킨 전통이어서 중국과는 완전히 동일하지는 않지만 그 공통의 문화적 토대는 막강했다. 이러한 배경 속에서 노인과 강항이 명나라 장수를 '천장(天將)', '천병(天兵)'이라 부르고, 노인이 명나라를 '부모의 나라'로 여겼던 행동은 단순한 외교적 수사가 아닌, 문화적 동질감에서 우러난 진정한 믿음으로 볼 수 있겠다. 그들이 한문화로 빚어진 기술과 학술을 지니고 있었다는 점을 감안할 때, 임진왜란이라는 극한 상황에서 '명나라'는 문화적·정신적 지주로서 결코 가볍게 볼 수 없는 존재였다.

이 전쟁에 무엇인가 빠진 것이 있다면, 그것은 바로 '명나라'의 목소리를 다각도로 조명하는 일일 것이다. 앞서 논의한 바와 같이, 명나라의 '대의(大義)'를 지나치게 미화하거나 단순히 '의로운 군대'로만 규정하는 것은 지양해야 할 태도이다. 문헌에 따르면, 명나라 관료들은 군량 수송과 출병 문제에 대해 조선 사절에게 매우 직설적이고 거침없는 태도를 보이기도 했다. 이와 관해서는 앞에서 이미 논의한 바 있으므로 더 이상 반복하지 않겠다.

더욱이 조선에 파견된 명나라 군대의 군기는 일반적인 상상과는 달리 엄정하지 못했다. 일부 명나라 관료들조차 권협에게 다음과 같이 솔직하게 털어놓았다.

"전에 우리 군대가 당신들 나라에 들어가 백성들을 괴롭힌 것은 매우 혐오스러운 일이다. 당신들 나라 백성들의 처지가 참으로 가련하다.(前者我軍到你國擾害你民, 十分可惡, 你國民生豈不可憐乎?)"[19] 심지어 "명군이 남긴 피해가 일본군보다 더 심각했다(天兵之侵害又不下於倭賊)"[20]는 평가까지 있을 정도였다.

명나라의 전쟁 개입에는 현실적인 이해관계와 전략적 계산이 항상 따랐으며 조선을 향한 강압적인 질책과 간섭도 빈번히 이루어졌다. 이러한 요소들은 조선의 입장에서는 결코 간과할 수 없는 고민거리였다. 따라서 명군이 무상으로 원군을 보냈다는 사실만을 근거로 그들의 행

19 권협, 『석당공연행록(石塘公燕行錄)』, 29쪽.

20 권협, 『석당공연행록(石塘公燕行錄)』, 29쪽.

동을 의로운 것으로만 규정하기보다는, 복합적이고 다양한 역사적 층위를 함께 살펴볼 필요가 있다.

2016년에 만들어진 중한 합작 드라마 <임진왜란 1592>는 '이순신의 군공', '명나라의 대의', 그리고 양국 간 '선린 관계'라는 기존 서사를 자연스럽게 반복했고, 이 세 가지 요소는 또 '항일'이라는 기치 아래 재결집되었다.

현대의 임진왜란 서술에서 '명나라'의 등장은 국제 협력과 우호의 이미지를 반영하는 데 그치지 않고, 그 밖의 역할도 가능할지 물을 수 있다. 보다 분명히 말하자면, 명나라의 시각에서 임진왜란을 어떻게 서술해야 할지 고민해볼 수 있다. 노인과 강항을 비롯해 그들의 귀국에 동조·동행했던 명나라 관료들, 한반도에 주둔했던 명나라 군대…… 그들의 진정한 목소리는 과연 무엇이었을까? 이 문제는 다른 전쟁 사례와의 비교를 통해 더 깊이 논의될 필요가 있다.

그 해, 그들은 함께했다

중국 역사서에서 임진왜란 서술은 의도적 생략과 평가 절하의 양상을 보인다. 청나라 시기 널리 읽힌 민간 역사 교재 『강감역지록(綱鑑易知錄)』은 명나라가 조선에 출병한 사실을 단 한 줄도 언급하지 않았다.[21]

더 이른 시기에 간행된 『명사기사본말(明史紀事本末)』(명나라 역사 관

21 오승권(吳乘權) 등 편, 『강감역지록(綱鑑易知錄)』, 2843-2849쪽.

련 독본)은 이 전쟁을 명나라에 부정적 결과만 초래한 사건으로 규정하며 다음과 같이 평가하고 있다.

"만약 도요토미 히데요시가 병으로 죽지 않았거나 일본군이 물러가지 않았다면 7년 동안 십만 명이 넘는 군사가 전사하고 수천 냥의 금전이 소모되었을 것이며 뒷수습 방안조차 막막했을 것이다. 이를 국법으로 따진다면 누가 책임을 면할 수 있겠는가!(向非關白貫惡病亡, 諸倭揚帆解散, 則七年之間, 喪師十餘萬, 糜金數千鎰, 善後之策, 茫無津涯, 律之國憲, 其何以辭!)"[22]

여기서 '십만 명이 전사했다'는 주장은 명군의 실제 손실 규모를 과장한 것으로, 이는 전쟁의 필요성과 정당성 자체를 의문시하려는 서술 전략의 일환으로 볼 수 있겠다. 요컨대, 『강감역지록』의 공백 처리와 『명사기사본말』의 왜곡된 서술을 통해 볼 때, 임진왜란 이후 백여 년간 명나라가 겪은 변화는 매우 크다고 할 수 있는데 그 과정은 '사르후 전투'(1619)까지 거슬러 올라간다.

1619년, 명나라와 후금(後金, 훗날의 청나라)은 사르후에서 대규모 전투를 벌였다. 명나라는 오랜 기간 여진족과 경쟁해 오던 끝에 이 결정적인 전투를 맞이했다. 명나라는 누르하치(努爾哈赤, 1559-1626)를 토벌하기 위해 조선군 1만 3천 명을 특별 소집했는데 이는 임진왜란 이후 두 나라가 다시 한 번 손을 잡은 역사적 순간이었다. 명군의 총사령관은 양호(楊鎬, ?-1629)였고 임진왜란 당시 조선 원정에 참여했던 유정(劉綎, 1558-1619), 이여백(李如柏, 1553-1620) 등도 합류해 있었다.

22 곡응태(谷應泰), 『명사기사본말(明史紀事本末)』, 권62, 「조선 지원(援朝鮮)」, 980쪽.

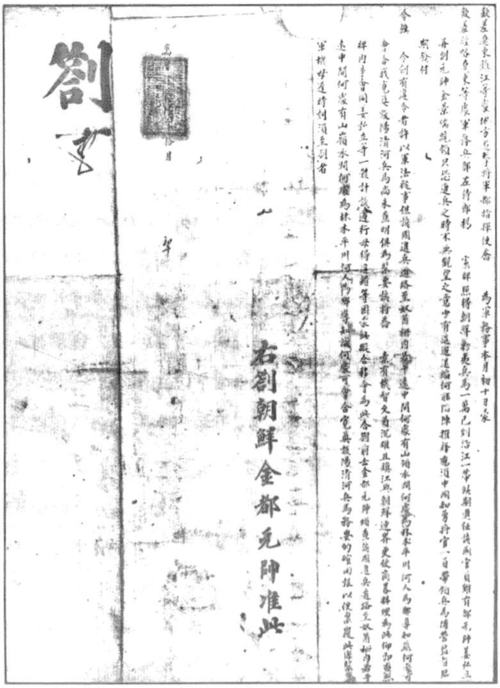
右劄朝鮮金都元帥准此

〈명나라 시기 요동도 지휘사의 공문서(明遼東都指揮使札)〉

(현 한국국사편찬위원회 소장)

이 문서는 명나라 관리가 조선 측에 발행한 공문서로, 1618년에 작성되었다. 이는 '사르후 전투'가 발생하기 바로 전해에 해당한다.

'사르후 전투'는 명과 후금의 판도를 뒤바꾼 결정적 전투로 평가받는다. 명나라는 야전에서 싸울 수 있는 정예 병력을 잃었고 후금은 적은 병력으로 명군을 궤멸하며 최종 승리의 기반을 다졌다. 이 전투를 계기로 임진왜란의 서사는 명청 전쟁의 큰 틀 속으로 흡수되었다

조선 전장에 직접 참전해 전공을 세웠던 명나라 장수들은 몇 년 후 '사르후 전투'에서 참패를 당했다. 청나라 측은 그들을 어떻게 평가했을까? 그들은 조선에서 대승을 거두었지만 사르후에서는 왜 참패를 당

했을까? '그들은 원래 무능한 장수였기에 사르후에서 후금군에 포위당한 것은 천명에 따른 것'이라는 주장도 보인다. 또 '후금의 승리가 의심할 여지없이 확고했다'는 점을 근거로 삼는 해석도 있다. 어쨌거나 이는 결코 이상적인 서사가 아니다. 이 전쟁을 치르고 나서, 조선인들 사이에서 높이 평가되던 양호, 유정, 이여백의 삶은 명청 교체기라는 격랑 속에서 강제로 재구성되어 당대의 관변 세력이 기대하는 이미지로 제시될 수밖에 없었다.

청나라 역사서가 임진왜란에 관심을 두지 않은 데는 여러 이유가 있다. 첫째, 예로부터 중국 사대부들이 지닌 전통적인 역사관은 군주가 영토 확장과 전쟁을 벌이는 것을 경계하며 무력 사용을 자제하고 전쟁을 중단할 것을 권장했다. 명나라 내에서도 조선을 지원해야 한다는 목소리가 있었지만, 역사적 평가에 있어서는 보다 보수적인 태도를 견지했는데 이는 미래 군주에 대한 경고의 의미를 담고 있다. 둘째, 이 전쟁의 중요성은 국가마다 다르다. 당사국인 조선 왕조에게 임진왜란은 국가 존속이 달린 전쟁으로, 실제로 한때 국토 대부분을 잃고 백성들이 유랑하는 참혹한 상황에 처했다. 그래서 사후 추술과 보고가 매우 많다. 노인과 강항의 문헌 기록도 그중 하나다.

반면, 청나라에 이르러 편찬한 『명사기사본말(明史紀事本末)』에서 임진왜란은 대략 한 개 장(章) 분량으로만 기록되어 있다. 이 전쟁은 명나라에 있어 '만력 3대 정벌' 중 하나에 지나지 않으며, 명나라 말기 후금(청)과 치렀던 여러 차례 전쟁에 비하면 더욱 중요성이 떨어진다. 이러한 상황에서 청나라 사람(곡응태)들이 이 전쟁을 서술하는 방식은 자연스럽게 큰 유연성을 지닐 수밖에 없다. 결국 명나라가 남긴 '유산'이 풍부하지 않은 데다 청나라 통치자들도 이미 정권을 장악한 상태에서 청나라의 산해관 '입관'의 합리성까지 고려해야 했기 때문에 임진왜란을 '가벼운' 사건으로 유연하게 조정하는 것은 합리적인 조치였다고 할 수 있다.

명청 교체기 연구로 유명한 역사학자 리광토우(李光濤, 1902-1984) 역시 임진왜란에 대해 깊이 연구한 바 있다. 그는 『조선왕조실록』 등 다양한 조선 시대 사료를 꼼꼼히 검토한 후 "조선 측 기록이 증거로 남아 있어 다행이다. 그렇지 않았더라면 우리는 거의 청나라 때 편찬한 '명사(明史)'에 속았을 것"[23]이라는 의미 깊은 소감을 남겼다. 이 말은 중요한 주석이자 경고로, 만약 청나라의 역사 문헌에만 의존한다면 사람들을 오도할 소지가 큰 것은 청나라가 편찬한 '명사'만은 아니라는 의미를 담고 있다. 한편, 조선은 풍부한 문자 기록을 보존하고 있지만 역시 그 기록만으로는 진실에 완전히 다가설 수는 없다.

요컨대, 청나라는 명나라의 역사를 편찬함에 있어 나름의 정치적·역사적 고려가 있었겠지만, 그렇다고 해서 명·청 시기 문헌이 무가치하다고 단정할 수는 없다. 결국 역사를 이해함에 있어 이분법적인 접근보다는 다양한 자료의 상호 비교와 비판적 검토를 통해 더 복합적이고 균형 잡힌 해석을 모색해야 할 것이다.

최근에는 임진왜란 당시 명군이 조선 땅에서 저지른 비행이 새롭게 한국 학계의 주목을 받고 있다. 이와 더불어 한국의 영상 작품들도 서민 백성은 물론, 조선 국왕의 역할까지 활용해 '조선의 자주성'과 '명나

23 리광토우, 『조선 '임진왜화' 연구(朝鮮'壬辰倭禍'硏究)』, 14쪽.

라로부터의 거리두기'라는 메시지를 선명히 내세우고 있다. 참말로 학문 연구와 국민 정서의 형성은 서로 맞닿아 있는 듯하다.

명나라 장수 양호와 이여백은 한때 조선 전장의 주요 인물이었지만 이제는 부수적인 역할로 전락하거나 흔적도 없이 사라진 경우가 많다. 전쟁 기간 영의정을 지낸 유성룡(柳成龍, 1542-1607)은 임진왜란의 참혹성을 반성하며 전후 『징비록(懲毖錄)』을 저술했다. 이 책에는 '천병(天兵)'에 대한 묘사가 빈번히 등장한다. 그는 명군이 출병해 조선을 구원해준 덕분에 승리할 수 있었다고 인정하며 "그렇지 않았다면 위태로웠을 것(不然則殆矣)"[24]이라고 밝히고 있다.

오늘날 우리가 접하는 임진왜란은 '사르후 전투'라는 시련과 명청 교체라는 역사적 틀, 그리고 조선과 한국의 주체성이 지속적으로 확장되어 온 과정을 거치며 다양한 내용이 압축된 결과물이다. 중국의 역사 문헌에는 앞서 언급한 한계가 존재하지만 세 나라가 얽힌 역사를 온전히 재구성하기 위해서는 어느 한쪽도 배제할 수 없다. 노인과 강항이 명나라 관료들과 협력하는 과정에는 따뜻한 정과 존경이 어려 있었다. 명나라 관료들은 조선 사절단의 안부를 묻는 한편, 보급 부족과 반성 부재의 태도에 대해서는 직설적으로 비판하기도 했다. 이 모든 것은 역사적 사실이다.

만약 청나라 역사서에서 임진왜란의 일부 측면이 누락된 이유를 이해하지 못한다면, 이는 마치 오늘날 사람들이 이여송이 조선에서 용감히 싸운 사실만 기억하고 노인과 강항이 겪은 고통과 비운으로 가득찬

24 유성룡, 『징비록(懲毖錄)』, 161쪽.

경험을 제대로 평가하지 않는 것과 같다. 이 전쟁에 대한 기록은 누구나 모두 편파적인 면이 존재한다.

제3장

황명중화의 종말과 마지막 조천사들

17세기 가장 중요한 '글로벌 뉴스'로 무엇을 꼽을 수 있을까? 미국 프린스턴 대학교 동아시아학과 교수 고백(古柏, Paize Keulemans)은 1644년 명나라의 멸망을 그 답으로 제시한다.[1] 17세기 세계사를 되짚어 보면 명나라는 단순히 아시아 지역에 국한된 나라가 아니라 유럽인들의 시선까지 끌어당긴 중추적 존재였다. 다시 말해, 한때 세계사의 무대를 주름잡았던 왕조가 바로 명나라였다.

'명나라 멸망'이라는 사건의 의미나 원인에 대한 논의는 잠시 뒤로 하기로 하고, 276년에 걸친 명나라 역사 속에서 멸망 직전의 시기가 어떠했는지 되짚어볼 필요가 있다. 만약 오늘날과 같은 완전한 뉴스 보도가 존재했다면 1644년 당시 명나라 말기를 어떤 제목과 시각으로 전했을까? 무엇보다 먼저 기존 인식을 넘어 새로운 각도에서 그 시기를 재조명해야 할 노력이 요구된다.

역사학자 왕판썬(王汎森)은 연구자들이 역사 문제를 탐구할 때 때때로 '사건의 논리'와 '사학자의 논리'를 혼동할 수 있다고 경고했다. 실제로 역사 문헌의 전후 맥락을 분석하면서 우리는 때로 '무지'의 자세로 접근할 필요가 있다. 연구자들이 '역사'에 너무 익숙해진 나머지, 무의식적으로 선입견을 품고 이미 알려진 해석을 뒷받침하는 세부 사항에만 관심을 집중하는 경우가 많기 때문이다.[2]

이 논의의 목적은 '명나라 멸망'이라는 역사적 사실을 뒤집거나 여진

1 고백(古柏, Paize Keulemans), 『열린 세계의 전설 : 네덜란드 희곡, 중국의 소문, 그리고 글로벌 뉴스에 보여진 명나라 멸망(開放世界的傳說 : 作爲荷蘭戲劇、中國傳言和全球新聞的明朝之亡)』, 138쪽.

2 왕판썬, 『집요한 저음 : 역사 사고 방식에 대한 몇 가지 반성(執拗的低音 : 一些歷史思考方式的反思)』.

(만주)인이 산해관에 입관하지 않았다는 주장을 검증하는 데 있지 않다. 이미 지나간 역사를 다시 들여다보고 검토하는 과정에서 모든 선입견을 내려놓고 처음부터 출발한다면 예상치 못한 새로운 발견을 할 수도 있다. 그렇다면 명나라 멸망 이전의 중국은 과연 어떤 모습이었을까?

명나라는 1368년에 건국되어 1644년 숭정제(崇禎帝, 1611-1644)가 경산(景山)에서 스스로 목숨을 끊을 때까지 276년간 존속했다. 현대의 명사(明史) 학자들은 명나라 역사를 '명초', '명중엽', '만명(晩明)' 세 시기로 구분하는데, 특히 만명 시기에 주목하면 당시 서민들의 다채로운 삶과 다양하고 혁신적인 사상 풍조에 놀라게 될 것이다. 각 학자들이 시기를 다소 다르게 설정하긴 하지만 만명의 시작은 대개 가정(嘉靖, 1522-1566)과 만력(萬曆, 1573-1620) 두 시대 사이에 위치한다. 만약 만력 원년인 1573년부터 계산한다면 멸망까지는 불과 71년이 남은 시점이다. 연구자들은 이 시기를 명나라의 번영하고 강성했던 시기로 평가하면서도 동시에 국운이 막바지에 다다랐다는 점에서 묘한 안타까움을 느끼게 하는 시기로 본다.

명나라 말기, 특히 만명 시대는 항상 연구자들의 관심을 끌어왔다. 사실 이 시기에 살았던 인물들 또한 다양한 방식으로 모국의 매력을 느꼈는데 1637년, 송응성(宋應星, 1587-1666)은 다음과 같이 말했다.

"다행히도 극도로 강성한 시대에 태어나 운남의 마차가 요양까지 곧장 달릴 수 있고 남방의 관리와 상인들도 북방을 자유롭게 오갈 수 있으며 만리 밖의 일도 알지 못할 것이 없다.(幸生聖明極盛之世, 滇南車

馬, 縱貫遼陽, 嶺徼宧商, 衡遊薊北. 爲方萬里中, 何事何物不可見見聞聞?)”[3]

이 자신감 넘치는 글을 통해 만명 시대의 발달한 교통과 정보 전달이 그에게 신선한 경험을 제공했음을 알 수 있다. 그는 마치 한 시대의 절정을 목격한 사람처럼, 7년 뒤 닥칠 나라의 쇠망이라는 어두운 그림자를 우리 앞에서 잠시나마 거둬내는 듯하다.

중국 대륙에서 시선을 돌리면 또 일군의 목격자들이 우리의 관심을 충분히 끌 만하다. 그들이 바로 중국에 파견된 조선 사신들이다. 임진왜란의 위급한 시기를 제외하면 조선 사신들은 외교적 관례에 따라 주기적으로 한양과 북경을 빈번히 오갔다. 중국 문화를 깊이 이해했던 이 조선 지식인들은 직접 중국 대륙을 밟으며 목격한 다양한 사건들을 기록했는데 이를 통해 우리는 역사가 명나라에게 열어준 새로운 창을 마주할 수 있다. 이 창을 통해 이방인의 시선으로 만명 사회를 되돌아보고 명나라 멸망이라는 '글로벌 뉴스'가 일어나기 전의 중국을 다시 살펴보는 것도 의미 있는 일이 될 것이다.

조선인들에게 깊은 인상을 남긴 만력 시대가 과연 부패한 정치와 퇴폐적인 풍조가 만연한 어두운 시대였는지, 아니면 송응성이 말한 '극도로 강성했던 시대'였는지에 대해서는 복합적인 평가가 필요하다. 필자가 책에서 답하고자 하는 문제도 바로 이것이다.

조선 사신들의 다양한 '중국 관찰'을 바탕으로 만력 연간부터 청나라 건륭 연간에 이르는 시기를 살펴볼 때 유의해야 할 점은, 당시 자국의 내부 상황에 대해 명나라 사람들 자신조차도 멸망이 코앞에 닥쳤음

---

3 송응성, 『천공개물 서문(天工開物序)』, 23쪽.

을 전혀 예상하지 못했다는 사실이다.

조천(朝天)·조천관(朝天官)

북경행 연도 내내 조헌(趙憲, 1544-1592)은 점점 깊어지는 실망감을 금할 수 없었다. 사절단의 일원으로 '질정관(質正官)'이라는 직책을 맡아 이루어진 이번 중국행도 더욱 아이러니하게만 느껴졌다. 이 해는 1574년, 명나라 만력 2년으로 즉위한 지 얼마 되지 않은 만력제는 겨우 10세에 불과했다. 그러나 명나라 황제가 어린이든 어른이든 조선은 외교 관례에 따라 사절단을 파견해 명나라 황제의 생일을 축하했는데 이를 '성절(聖節)'이라 했다.

이번 사행은 조헌에게는 처음이자 마지막 경험이었다. 다른 사신들과 달리 조헌은 '질정관'이라는 특별한 소임을 맡았다. 이 직무는 본래 '조천관'이라 불렸다. 주된 임무는 명나라에서 배운 지식을 정확히 이해한 뒤 귀국하는 것이었다. 가정 연간 일곱 차례나 중국에 사신으로 다녀온 어숙권(魚叔權)[4]은 질정관에 대해 이렇게 말했다.

"과거 중국으로 가는 사절단에는 별도로 문관 한 명을 붙여 조천관이라 불렀고 후에 질정관으로 이름을 바꿨다. 질정관은 평소 승정원에 어려운 관용어와 지방 속어를 베껴 두라고 지시했고, 이를 모아 두었다가 사행 차로 북경에 갖고 가 서반에게서 주석을 받아 왔다.(舊例于赴京

4 어숙권, 『패관잡기(稗官雜記)』, 61-62쪽.

使臣之行, 別差文官一員隨去, 謂之"朝天官", 後改曰"質正官". 令承政院抄給吏語、方言之未解者, 憑序班草得注釋而來.)"[5]

조선은 건국 이래 국가의 주요 과제로 명나라의 법제 및 제도를 도입하고 그 학술사상을 배우는 데 힘써왔다. 질정관은 이러한 정책을 잘 보여주는 대표적인 사례로, 두 나라를 잇는 문화적 교류가 여전히 활발했음을 단적으로 보여 준다. 조선의 공식 기록물 『조선왕조실록』에 따르면, 질정관에 관한 최초의 기록은 1477년, 즉 명나라 성화(成化) 연간(1465-1487)[6]에 등장한다. 그로부터 조헌이 요동의 공도(遼東貢道)에서 북경을 바라고 말을 달릴 때까지 이 제도는 100년 이상 꾸준히 운영되었다.

조선은 중국 고문헌을 연구하는 한편, 정기적으로 명나라에 사절을 파견해 다양한 지식의 정확성을 검증하고 풀리지 않은 문제에 대한 답을 구했다. 이처럼 두 나라 사이의 긴밀한 교류 관계는 당시 조선도 명확히 규정하기 어려울 정도로 깊고 복잡한 연결 고리를 형성하고 있었다. 조선은 이러한 교류를 통해 스스로 '이이입화(以夷入夏)'를 실현하여 차선의 중화가 되기를 바랐다.

---

5 어숙권, 『패관잡기(稗官雜記)』, 17쪽.

6 질정관에 대한 가장 이른 문헌은 당시 한훈질정관(漢訓質正官)을 지낸 김석원(金錫元)이 조선 국왕에게 올린 보고서로, 『조선왕조실록』의 성종 8년 윤 2월 18일 병진조에 나온다.

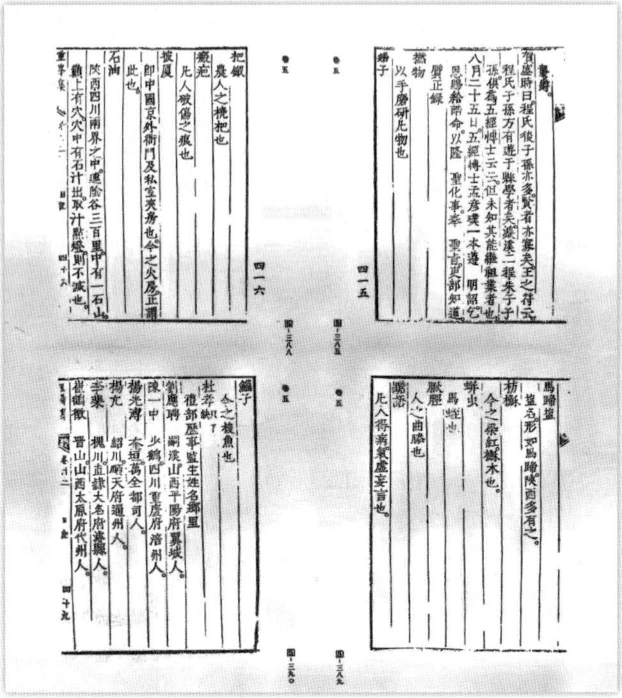

조헌의 『조천일기(朝天日記)』에 수록된 「질정록(質正錄)」
(출처 : 『연행록전집(燕行錄全集)』)
이 책에는 중국의 미지의 사물에 대해 품었던 호기심이 기록되어 있다.

그러나 조헌의 눈에 비친 중국은 그가 기대했던 바와는 거리가 있었다. 이러한 느낌을 받은 이는 그만이 아니었다. 조헌에 앞서 가정 18년(1539) 명나라에 사신으로 다녀온 권발(權撥, 1478-1548)은 예부가 사신들에게 보낸 공문에서 조선을 '이인(夷人)'이라 칭한 것을 발견하고 즉시 이렇게 말했다.

"우리 조선은 중화의 법도를 따라 오랜 세월 이어 왔습니다. 그런데 이번 공문에 '이인'이라는 표현이 있어 매우 불안합니다. 대인께서 이 점을 어떻게 생각하시는지 살펴주십시오.(本國用夏變夷, 有自來矣. 今見

題本有夷人之語, 竊所未安, 望大人酌量何如?)”[7]

이는 조선 사신들이 '중화' 개념에 대해 얼마나 민감하게 반응했는지를 보여준다.

이밖에, 명나라 요동 주민 팽문주(彭文珠)의 시정에 대한 비판은 조헌과 동행한 사신들에게는 큰 충격으로 다가왔으며 그의 완벽한 '중화' 이미지에 금이 실리게 하는 계기로 되었다.

팽문주는 명하에 많은 전답을 소유하고 있었지만 조헌의 관찰에 따르면 그는 오히려 궁색스러워 보이기까지 했다. 조헌은 직설적으로 물었다.

“당신은 많은 땅을 가지고 있는데 왜 이렇게 가난해 보입니까?(你有許多田, 怎麼有窮相乎?)”[8] 이에 팽문주는 관청 탓이라고 역시 직설적으로 답했다. 매년 인두세로 인당 은화 1냥을 징수하는데 식구가 10명이면 10냥을 내야 한다는 것이다.

조헌이 지방관의 잘못을 감찰 체계에 호소해야 한다며 현지 감찰어사가 누구인자 묻자 팽문주는 그 어사는 남방 사람으로 처음 왔을 때는 '마른 만자(瘦蠻子)'였지만 지금은 '뚱뚱한 만자(胖蠻子)'가 되었다고 격분을 금치 못했다. '만자'란 북방인이 남방인을 낮추어 부르는 말로, 이 표현은 어사가 민간 재물을 빨아들여 부를 축적했다는 비난을 담고 있었다.

조헌은 어사가 제 역할을 다하지 못하고 오히려 지방 관리들과 결

7 권발, 『조천록(朝天錄)』, 307쪽.

8 조헌, 『조천일기(朝天日記)』, 149쪽.

탁하여 백성들에게 해를 끼치는 모습을 보면서 명나라 지방 관리들이란 그저 직위만 차지하고 덕조차 잃은 채 백성을 해치는 존재임을 깊이 체감했다.

명나라 관리 체계의 어두운 면을 뼈저리게 느낀 이는 조헌만이 아니었다. 동행한 서장관 허봉(許篈, 1551-1588)도 그중 한 사람이다. 서장관은 사절단 내 고위 관리로서 정사(正使), 부사(副使)와 함께 '삼사(三使)' 또는 '삼대인(三大人)'이라 불렸다. 서장관의 가장 중요한 임무는 사행이 끝난 후 '문견별단(聞見別單)'이라는 보고서를 작성해 조선 국왕에게 올리는 일이었다. 따라서 허봉의 기록은 조헌보다 훨씬 더 상세하며 당시 명나라의 실상을 더욱 구체적으로 드러낸다.

조헌과 마찬가지로 허봉도 북경에 가까워질수록 중국의 실상을 더욱 생생하게 파악하게 되었다. 요동 지방 관리 진언(陳言)은 조선 사절을 여러 차례 갈취했는데 외교 문서를 포장하는 조선지(朝鮮紙, 속칭 경면지)까지 빼앗았다. 허봉의 눈에 진언은 "모습이 사납고 흉악하며 탐욕과 부정을 마음껏 행하는(狀貌獰惡, 貪墨自恣)"[9] 인물로 그 추악함이 이루 말할 수 없었다.

허봉과 필담을 나눈 중국 백성 막위충(莫違忠)도 명나라에는 과중한 세금 외에도 각종 잡역이 많다고 증언했다. 예를 들어, 소나 당나귀를 강제로 무상 제공하거나 관청을 위해 술을 빚게 하며 관마(官馬)를 기르게 하는 등 그 부담이 컸다. "가혹한 세금과 잡역 명목이 너무 많아 가난한 사람들은 자식을 팔아야 할 지경에 이르러 집안이 파탄나는 경

9 허봉, 『조천기(朝天記)』, 72쪽.

우가 많았다.(苛捐雜稅名目之多, 以致窮苦人家典子賣女, 家破人亡.)"[10] 나아가 허봉은 명나라 관청이 "백성들을 어리석다고 여기고 마음대로 그들을 억압한다.(每以黎庶爲蠢蠢, 而侈然以肆於其上)"[11]고 보았다.

명나라 관료들이 공공연하게 뇌물을 요구하는 상황을 목격하고 그는 이렇게 탄식했다.

"그들은 오직 탐욕만 일삼으며 염치를 전혀 고려하지 않는다. 이름은 중국인이지만 사실은 야만인과 다를 바 없다.(此人唯知貪得, 不顧廉恥之如何, 名爲中國, 而其實無異於達〔韃〕子.)"[12] 이는 조선인이 '중화'에 대해 내린 통렬한 비판이었다.[13]

북경에서 조헌을 접대한 중국 관부(館夫)는 "지금의 관리들 중에 돈을 받지 않는 자가 어디 있겠는가?(今之為官者, 寧有不要錢者乎?)"[14]라고 직설적으로 말하기도 했다. 그러나 만력 연간의 중국이 아직 멸망의 끝자락에 이르지는 않았음을 보여주듯, 실제로 진정으로 뇌물을 받지 않는 관리도 있었다.

옛 관례에 따라 사절단은 연도에서 차례대로 관리들에게 선물을 보냈는데 이는 행차의 편의를 도모함과 동시에 조선의 외교적 인맥을 축적하기 위함이었다. 광녕(廣寧, 현 요녕성 북진시[遼寧省 北鎮市])을 지나면

---

10 허봉, 『조천기(朝天記)』, 196쪽.

11 허봉, 『조천기(朝天記)』, 199쪽.

12 허봉, 『조천기(朝天記)』, 84쪽.

13 조선 사신들이 '중화'의 개념을 이용해 명나라를 비판한 문제를 처음으로 주목하고 심도 있게 연구한 학자는 일본의 후마 스스무(夫馬進)이다. 관련 저서로는 『조선연행사와 조선통신사(朝鮮燕行使と朝鮮通信使)』, 『1574년 조선연행사의 '중화'국 비판(一五七四年朝鮮燕行使の"中華"國批判)』이 있다.

14 조헌, 『조천일기(朝天日記)』, 218쪽.

서 관례에 따라 도어사 장학안(張學顏)의 집에 선물을 보냈으나 그는 선물 목록만 받아 자택 외벽에 붙여두었다. 그 위에는 "광녕은 사방이 변방과 맞닿아 있어 조금만 잘못해도 국가의 청백한 명성을 손상시킬 수 있으니 나는 뇌물을 받을 수 없다.(四臨邊陲, 動有淸名, 不敢以賄賂來干.)"[15] 고 씌어 있었다.

비어지휘사(備禦指揮使) 양대열(楊大烈)과 총병관(總兵官) 이성량(李成梁, 1526-1615) 역시 선물을 받지 않았다. 병부직방사 주사(兵部職方司主事)인 배사(裴賜)는 연대와 흰 쌀만 받고 "쌀은 어머니를 봉양하기 위함이고 연대는 문우를 위한 것(米以奉母, 硯備文友)"[16]이라며 나머지 선물은 사양했다.

선물을 거절한 청렴한 관리들뿐만 아니라 관할 지역 백성들에게 존경받는 민본 관리들도 있었다. 조헌 일행이 기주(薊州, 현 천진시[天津市] 인근)의 한 민가에 머물며 주인에게 '좋은 관리'가 있는지 묻자 주인은 청렴하고 부지런하며 백성을 사랑하고 성격이 강직해 부정을 저지르지 않으며 민사에 밝고 결단력 있는 세 명의 지방관을 꼽았다.[17] 조선 사신들이 명나라 관리 체계의 어두운 면을 혹독하게 비판하는 와중에도 관리로서의 '도(道)를 지킨' 이들이 있었음을 기억해야 한다.

15 조헌, 『조천일기(朝天日記)』, 169쪽.

16 조헌, 『조천일기(朝天日記)』, 186-187쪽.

17 역사를 기록하는 중요한 목적 중 하나는 올바른 인생 선택을 하고 이를 실천하기 위해 힘쓴 이들의 이름을 남기는 데 있다. 이러한 훌륭한 관리로는 왕명계(王名桂, 하남 회경부[河南懷慶府] 출신), 왕홍(汪洪, 휘주[徽州] 출신), 마모(馬貌, 대동부[大同府] 출신)를 들 수 있다. 조헌, 『조천일기(朝天日記)』, 198-199쪽.

국방선에서

요동에서 북경까지 이어지는 방어 시설 또한 주목할 만했다. 조선 사신들은 압록강을 건넌 후 인적이 닿지 않는 광활한 대지를 지나며 연도에 우거진 푸른 산들이 선경을 이루고 있음을 보았다. 그러나 중국 국경에 가까워질수록 행정 구역인 '요동도사(遼東都司)'를 중심으로 명나라가 크고 작은 성채와 초소, 보루를 구축는 데 심혈을 기울였음을 목격할 수 있었다. 조선 사신들은 이 풍경 속에 자리 잡은 군사 시설들을 주의 깊게 관찰하지 않을 수 없었다. 이에 대해 조헌은 다음과 같이 평했다.

"요동에서 서쪽으로 가는 연도에는 5리마다 망루가 끊임없이 이어져 있다. 망루 위에는 작은 옥조 건물이 세워져 있고 그 아래에는 간단한 방어 시설이 마련되어 있다. 관례에 따라 다섯 명의 병사와 그 가족이 그곳에 거주하며 각 병사는 월급으로 은화 2전을 받는다. 변방의 성벽이나 봉수대를 지키는 병사에게는 겨울옷이 추가로 지급된다. 명나라가 군력을 기르는 노력과 변방을 수비하는 전략은 참으로 완벽하다고 하겠다!(自遼以西, 五里一台, 相望不絕. 台上構屋, 台下又設小城. 城中例令五丁率家以守之, 丁給月俸銀二錢. 邊牆煙台之軍, 則加給冬衣. 其養兵之勞, 守邊之策, 可謂至矣!)"[18]

명나라가 요동 일대에 세운 방어 시설은 국방상 필수적인 요소로 여겨졌다. 명나라 시대의 대표적인 외부 위협으로는 '북로남왜(北虜南

---

18 조헌, 『조천일기(朝天日記)』, 161-162쪽.

倭)'가 있었는데 '왜'는 일본을 지칭한다. 그들은 주로 동남 해안 지역을 교란했고 조선을 침공하여 만력 연간의 조선 전쟁을 일으켰다. '로'는 몽골을 가리킨다. 원나라가 북쪽으로 물러난 후에도 몽골 세력은 명나라 북쪽 국경을 장기간 위협했다. 조헌 등이 극찬한 요동지방의 군사 보루들은 명나라와 몽골 간의 격렬한 전투의 흔적을 담고 있다.

조선 사신들이 경유한 요동 일대는 후에 여진족이 몽골을 대체하여 명나라의 주요 적으로 등장하면서 명나라와 후금(훗날의 청나라) 간의 최초의 교전지로 되기도 했다. 거듭되는 전쟁 끝에 결국 누르하치가 팔기군을 이끌고 사르후에서 명군을 격파하면서 요동도사(遼東都司)는 완전히 함락되었다.

그러나 명나라가 멸망한 후에도 여전히 견고하게 버티고 있는 곳이 있었다. 조헌은 이 지역에 대해 "군용 물자가 질적으로 우수하고 양적으로 충분하다(軍資器械, 無不精完)"[19]고 평가했는데 이곳이 바로 산해관을 중심으로 형성된 방어선이었다. '천하제일관'이라는 명성을 지닌 산해관은 지세가 험준하고 북경과 가까워 경기 지역 방어를 위한 군사 요충지 역할을 했다.

오늘날 우리는 만력 연간의 중국을 두고 '군사 강국'이라는 표현을 쉽게 떠올리기 어렵다. 그러나 조헌이 본 명나라는 국방을 매우 중시하고 체계적으로 계획하는 나라였다. 그는 북경에 머물 당시, 한밤중에도 군대가 훈련하는 소리를 들을 수 있었다고 기록한다. 나중에 알아보니 '밤에도 성을 지키는 부대가 교대로 훈련을 하고 순찰을 돌며 도둑을

19 조헌, 『조천일기(朝天日記)』, 184쪽.

방비한다(即使是夜晩, 守城部隊亦輪番訓練, 並順便巡視, 以防盜賊)'[20]는 것이었다.

또 매일 아침이면 꼭 포격 소리가 울려 퍼졌는데 이는 명군이 사격장에서 화기(火器) 연습을 하는 소리였다. 조헌은 "군대가 매일 정상적으로 훈련하며 하루도 쉬지 않는데 이는 사기를 유지하고 전투 기술을 잊지 않기 위함(日日如是, 無時或廢, 欲其不忘戰也.)"[21]이라고 평했다. 물론 북경 일대를 순찰하는 부대는 최정예 부대로 전체 군사력의 일부에 불과해 지방 주둔 부대와는 비교가 안된다. 그러나 앞서 언급한 조헌의 기록이 보여주듯, 명나라는 경기 방어는 물론 국방 최전선에도 막대한 자원을 투입하고 있었음을 엿볼 수 있다. 이후 조선에서 일본군과 맞서 싸운 주력 부대 역시 요동에 주둔해 있던 부대였다.

조선 사신들이 명나라의 군사력을 관찰한 내용을 분석할 때 한 가지를 잊어서는 안 된다. 비록 조선과 명나라가 안정적인 외교 관계를 유지했다고는 하나, 이는 조선이 명나라의 움직임에 대해 전혀 경계심을 품지 않았음을 의미하는 것은 아니다. 사실 조선 사신들은 수비병의 수, 장수의 계급, 방어 진형, 군수 물자의 양 등 군사 정보를 세밀하게 탐지했다. 이는 사신 파견의 목적이 단순한 지식 습득에 국한되지 않고 국정 관찰을 위한 것임을 보여준다. 이것이 바로 대국과의 관계에서 조선이 보여준 참모습이었다. 다시 말해, 공경심과 경계심, 우호와 경계가 공존하는 교린의 모습이었던 것이다.

---

20 조헌, 『조천일기(朝天日記)』, 217쪽.

21 조헌, 『조천일기(朝天日記)』, 259쪽.

학술을 둘러싼 화제

'학술'은 조선 사신들이 관심을 기울인 주제로, 조선 지식인들에게는 한 나라의 흥망성쇠를 가늠하는 기준이 되기도 했다. 겉으로는 딱딱해 보일 수 있는 주제지만 사상적 맥락에서 볼 때, 학술은 조선과 명나라가 공감대를 형성할 수 있는 가장 중요한 분야였다. 이 책에 등장하는 조선 사신들은 모두 조선인이었으나 그들이 남긴 사유와 생각의 기록 대부분은 한문으로 작성되었다. 조선 지식인들은 중국어를 구사하지는 못했지만 과거 시험을 준비하기 위해 어릴 때부터 한문을 배웠고 중국 선현들의 유교 경전을 읽었다. 마치 한 중국인이 영어로 산문과 시, 시정 관찰을 능숙하게 쓰는 것처럼 한문은 단순한 도구를 넘어 그들의 문화적 정체성에 깊이 스며든 요소였다. 조선의 지식인들은 한문학 연구에 힘썼고 그것을 재능을 평가하는 기준으로 삼았다.

그렇다면 조선인들이 보는 명나라의 학술 풍향은 어떠했을까? 허봉(許葑)과 같이 명문가 출신으로 문학에 이름을 날린 조선의 재자라면 당연히 중국 지식인들과 공식적으로 겨뤄보고 싶어 했을 것이다. 명나라 초기에는 원나라 제도를 이어받아 과거 시험에 조선인들의 참가를 허용하였고 홍무 4년(1371)에는 조선인이 급제한 사례도 있었다. 그러나 이 제도는 후에 국제정치 문제로 인해 폐지되었다. 허봉은 이에 대해 깊이 아쉬워하며 자신이 참여하지 못한 것을 안타까워했다.[22] 두 나라의 과거는 형식, 시행 횟수, 과목 등에서 차이가 있었지만 연구하는

22 허봉, 『조천기(朝天記)』, 180쪽.

경전이 동일했기에 허봉의 아쉬움은 이해할 만하다. 만약 충분한 준비 시간이 주어졌다면 그는 진짜로 급제할 수도 있었을 것이다. 주목할 점은 조선과 명나라가 학술 경전을 공유하던 이 현상이 명나라 말기에 이르러 점차 도전을 받기 시작했고 허봉과 조헌은 이를 직접 목격했다는 사실이다.

명나라 과거 제도의 '지정 교과서'는 유교 경전에 근본을 두었으며 선별된 경전과 해석 방식에서는 주자 성리학 계통을 따랐다. 그러나 명나라 가정 연간에는 오랫동안 학술을 주도한 주자학이 혼란을 겪었고 왕양명(1472-1529)을 중심으로 한 지식인들이 새로운 사조를 일으켰는데, 이를 간단히 설명하면 '심학'의 부상이라 할 수 있다.

필자는 여기서 만명 사상사에 깊이 관여하거나 학술적·철학적 변별을 시도하지 않겠다. 다만 조선은 명나라의 영향을 받아 건국 이래 확고히 주자학을 지지해왔으며 조선 유학의 대표적 인물인 이황(1501-1570)과 이이(1536-1584)는 주자학을 크게 발전시킨 공로를 인정받아 한국의 1,000원, 5,000원 지폐에 새겨져 있다는 점을 지적하고 싶다.

다시 말해, 조선은 원래부터 명나라 학술 동향에 관심을 가지고 있었으며 이러한 학문을 이해하고 있다는 데 대해 자신감과 자부심을 느꼈다. 이러한 심태를 지닌 조선 사신들은 길에서 만난 명나라 지식인들과 학문을 교류했으나 명나라 학술은 이미 상상을 초월하는 변화를 겪고 있었다. 그들이 만난 명나라의 일부 하층 지식인들은 명나라 조정이 왕양명을 공자묘에 배향하려는 준비를 하고 있다고 전했다. 이는 조선이 철저히 적대시하던 학자에게 노벨상을 수여하는 것과 같은 의미였다.

허봉은 이 문제에 대해 명나라 지식인들과 논쟁을 벌일 기회를 노리고 있었다. 마침 요동 정학서원(正學書院)에 소속된 네 명의 생원과 필담을 나누는 자리가 마련되었다.[23] 허봉은 이 기회를 다잡아 양명학에 대해 엄정한 비판을 제기하였다.

"근래 왕수인의 사설이 매우 유행한다고 들었는데 공자, 맹자, 정이, 주자의 학문이 막혀 통하지 않는다는 말이오. 어찌하여 정통 학문이 망해가고 있는가?!(竊聞近日王守仁之邪說盛行, 孔孟程朱之道, 欝而不明云, 豈道之將亡而然耶?!)"[24]

명나라 생원들의 응답은 조선 사신들을 더욱 분노케 했다. "우리나라 왕양명 선생은 학문이 공자와 맹자에게 뿌리를 두었으니 사설과는 비할 수 없으며 그의 문장과 업적 또한 모두 가히 볼 만하여 근래 사람들이 추앙하고 있다.(本朝陽明老先生, 學宗孔孟, 非邪說害道者比, 且文章功業, 俱有可觀, 為近世所宗.)"[25]

분명히 명나라 생원들은 조선 공사들이 왕양명과 그의 학문을 오해하고 있다고 여겨 이를 명확히 해명하려 했을 것이다. 양측은 여러 차례 논쟁을 벌였으나 결국 상대방의 입장을 꺾지 못했다. 허봉은 그들을 보낸 뒤 이렇게 탄식하였다.

"오늘날 더 이상 주자의 학문을 아는 사람이 없다. 사설이 곳곳에 횡행하고 이단자들이 득세하여 올바른 설이 멸절될 지경에 이르렀으니 나라도 망할 지경에 이르렀다.(今之天下, 不復知有朱子矣. 邪說橫流, 禽

23 이 네 사람은 하성시(賀盛時), 하성수(賀盛壽), 위자강(魏自強), 여충화(呂沖和)이다. 허봉, 『조천기(朝天記)』, 120쪽.

24 허봉, 『조천기(朝天記)』, 121쪽.

25 허봉, 『조천기(朝天記)』, 121쪽.

獸逼人, 彝倫將至於滅絕, 國家將至於淪亡.)"[26]

만력 연간의 학풍에 대한 허봉의 깊은 실망감을 여실히 드러내는 대목이다.

사실 당시 왕양명을 공자묘에 배향하는 문제에 대해 명나라 내에서도 일치된 의견이 없이 오랜 기간 논쟁이 벌어지기도 했다. 이는 반대의 목소리도 적지 않았음을 보여준다.[27] 조헌과 허봉은 명나라 최고 학부인 국자감에서도 몇몇 학생들과 왕양명에 관해 이야기를 나눈 적 있다. 허봉이 "어째서 양명을 추종하는 자들이 이토록 많아 배향까지 하려는가?(何以推崇陽明者衆, 欲擧從祀之典乎?)"고 의혹을 표하자 한 감생이 다음과 같이 답했다.

"이 또한 천하의 통론이 아니니 남방에서는 모두 양명을 존경하지만 북방에서는 그를 배척하므로 배향 문제는 아직 정론이 나지 않았다.(此亦非天下之通論, 南人皆尊陽明, 而北人則排斥之, 故從祀之議今尚未定也.)"[28]

이처럼 왕양명의 공자묘 배향 여부는 만력 2년 시점에도 여전히 미지수였다. 이는 허봉에게는 적지 않은 위로가 되었을 것이다.

조선 지식인들은 명나라의 위엄을 동경하며 북경을 방문했다. 그들에게 국자감과 공자묘 같은 '중화'를 상징하는 장소들은 마치 성지와

---

26 허봉, 『조천기(朝天記)』, 125쪽.

27 이와 관련된 연구로 주홍린(朱鴻林)의 「양명 종사 전례의 논쟁과 좌절(陽明從祀典禮的爭議和挫折)」과 양쩡샌(楊正顯)의 「왕양명 〈연보〉와 종사 공묘 연구(王陽明〈年譜〉與從祀孔廟之研究)」 참조.

28 허봉, 『조천기(朝天記)』, 255-256쪽.

같았다. 조헌 등이 '관복과 관모를 갖추고 가장 정중한 차림으로 국자감을 찾은 것(至國子監, 余等具冠服)'[29]이 바로 그런 마음의 분명한 증거다. 그러나 안타깝게도 국자감의 감생들은 명목상 전국 지식인의 대표주자였음에도 조선 사신에게 좋은 인상을 주지 못했다. 조선 손님들이 선물을 꺼내 놓자 감생들은 체면을 뒤로 한 채 몰려들어 서로 다투며 빼앗았다. 허봉은 이를 이렇게 묘사했다.

"여러 사람이 뒤엉켜 서로 뒤질세라 빼앗는 모습은 질서가 없어 보여 우리의 경멸을 자아냈다.(諸人雜起, 相爭捽奪, 無復倫次, 余等甚鄙之.)"[30]

조헌도 비꼬며 말했다.

"필묵을 주니 무리지어 서로 다투는 모습이 마치 미처 챙기지 못할까 두려워하는 듯하다. 이들이 매일 가르침을 받는다는데 도대체 무엇을 배우는지 모를 일이다.(與以筆墨, 則群聚而角之, 如恐不及. 所謂日日勸講, 而所教者何事?)"[31]

기대가 클수록 실망도 큰 법이다. 허봉은 국자감을 떠난 후 '그곳의 스승들은 강의를 하지 않고 학생들은 마음가짐이 해이하며 관리들은 오직 벼슬만을 생각할 뿐 예의염치(禮義廉恥)를 전혀 알지 못한다'[32]고 통탄하였다. 이것이 바로 만력 연간의 학풍이었다. 이러한 모습은 조선 사신들의 눈에 거의 재앙과 다름없이 비쳐졌다. 이처럼 만력 연간의 중국은 조헌과 허봉의 눈에 혼란으로 가득하여 그들이 기대했던 '중화'와

29 허봉, 『조천기(朝天記)』, 249쪽.

30 허봉, 『조천기(朝天記)』, 258쪽.

31 조헌, 『조천일기(朝天日記)』, 244쪽.

32 허봉, 『조천기(朝天記)』, 260쪽.

는 크게 달랐다. 그렇다면 '만명'을 떠나 '명말'로 접어들면 또 어떤 광경이 펼쳐질까?

마지막 조천(朝天)

김육(金堉, 1580-1658)과 이만영(李晩榮, 1604-1672)은 마지막 조천사였다. 이는 지극한 영예였지만 동시에 한 시대의 비극을 말해주는 것이기도 했다. 명나라는 역사의 무대에서 사라지려 하고 있었다. 두 사람은 숭정 9년(1636)에 출발했는데 이때는 명나라가 멸망하기 불과 10년도 남지 않은 시점이었다. 당시 정세는 만력 연간과 크게 달라져 있었고 요동은 이미 금나라의 손에 넘어간 상태였다. '만력 삼대 정벌'에서 활약했던 용맹한 장수들은 다수 세상을 떠났다. 조선인들에게 익숙한 이여송(李如松), 이여백(李如柏), 양호(楊鎬), 유정(劉綎) 등도 모두 세상을 떠났고, 그 밖의 대부분 장수들은 '명청정혁(明清鼎革)'이라 불린 왕조 교체 전쟁에서 전사했다.

1619년의 '사르후 전투' 이후, 요동 지역이 적군의 손에 넘어가면서 조선 사신들이 이용하던 공도(貢道)는 더 이상 존재하지 않게 되어 결국 해로를 통해 조천할 수밖에 없었다. 이는 매우 위험한 길이었다. 이만영은 이렇게 말했다.

"해로는 험악하여 배가 전복되는 일이 끊이지 않아 사람들은 모두 북경에 사신으로 가는 것을 필사의 길로 여긴다. 따라서 임무가 떨어질 때마다 온갖 방법을 동원해 면하려고 한다.(海涛險惡, 覆沒相尋, 人皆以奉使赴燕為必死之地, 每當差遣, 百歧圖免.)"[33]

이처럼 명나라의 정세가 날로 악화되면서 명말 조선 사신들의 북경행은 위험천만한 일이 되었다. '안전을 기원하기 위해 조선 사신들은 「제용왕문(祭龍王文)」을 작성하고 배 위에서 정기적으로 용왕에게 제사를 지냈다.'[34]

풍랑의 고통을 겪고 무사히 상륙하더라도, 1636년의 명나라는 평온하지 않았다. 조선인이 북경으로 가려면 반드시 만주인들의 침범이 잦은 국경 지대를 통과해야 했다. 과연 어디가 안전했겠는가? 숭정 2년(1629)에 이미 선례가 있었는데 국경 일대에 충분한 병력을 배치해 굳게 지키고 있음에도 황태극(皇太極, 1592-1643)이 포위를 뚫고 직접 북경성 아래까지 진군한 적이 있었다. 1636년에 이르러, 조선 사신들은 과거와 달리 학술 동향이나 민간 풍속에는 관심을 두지 않고 군사 정보에 주목하며 명나라의 운명을 속으로 점쳤다.

'만주(여진)인과 몽골인이 연합해 국경을 침범한다'는 식의 진위를 가려볼 길 없는 소문이 무성했고 때로는 양측이 어디에서 교전했다는 소문도 돌았다. 유일한 현실은 멀리서 우르릉거리는 포격 소리였다. 이만영은 '포성이 때로는 하루 종일 그치지 않았는데 보통 하루가 지나면 어디에서 전투가 벌어졌고 누가 승리했는지 알 수 있었다.(炮擊聲連續不斷, 有時甚至終日不絕, 通常隔一天就得知是何處遭兵, 誰勝誰負.)'[35]고 기록하

33 이만영, 『숭정병자조천록(崇禎丙子朝天錄)』, 71쪽.

34 김육, 『조경일록(朝京日錄)』, 255쪽.

35 이만영, 『숭정병자조천록(崇禎丙子朝天錄)』, 76쪽.

고 있다.

군사 정보는 기밀이었기에 조선 사신들이 쉽게 알아낼 수 없었고 며칠씩 계속되는 포성은 마치 압박 교육 훈련처럼 들리는 이들에게 익숙해졌다.[36] 앞길의 안전을 보장받기 위해 조선 사신들은 온갖 방법을 동원해 정보를 수집했다. 관리를 만난 기회를 틈타 직접 질문하기도 하고 길가에서 글을 아는 중국인을 불러 소문을 모으기도 했다. 이런 불안한 마음은 명말 조천사 특유의 심리 상태였다. 아무도 내일 적군을 만나지 않을 것이라고 장담할 수 없었기 때문이다.

생사를 오가는 전쟁터에서 하늘에는 섬광이 번쩍이고 포성이 울려 퍼져 극한의 긴장 속에 사신들도 밤새 잠을 이루기 어려웠을 것이다. 국경 지대의 백성들도 당연히 큰 고통을 겪었으리라 예상된다. 그러나 실제 상황은 우리가 상상하는 것과는 다르다. 적어도 이만영의 관찰에 따르면 전선 일대 주민들은 이미 전쟁의 소음과 위협에 익숙해져 있었다. 외부에 적군이 출몰하고 성문이 굳게 닫혀 있음에도 '민간인들은 여전히 이곳저곳을 다니며 놀이를 즐겼고 상가들은 평소처럼 영업했으며 인파도 북적였다. 더욱이 사람들의 얼굴에는 두려움의 기색이 없었다.'[37] 전쟁은 사람들의 일상에 크게 영향을 주지 않은 듯했다. 김육

36 포격에 관한 문헌은 매우 많으나 여기서는 한 가지만 인용한다. "관문 안에까지 진격한 적이 영평부에 도달했다는 소문이 돌았고 관문 안에서는 포성이 끊이지 않았다.(聞關內之賊到永平府, 聲自關內而來, 連續不絕.)", 김육(金堉), 『조경일록(朝京日錄)』, 263쪽.

37 "남녀가 곳곳에서 어울려 소리 지르며 공놀이를 하고 있고 시장도 번성하다. 사람들은 안정한 심태로 조금도 두려워하는 기색이 없다. 이는 일상이 이미 전쟁에 익숙해졌고 성을 지키는 일도 이미 만전을 기했기 때문이다.(男女處處遊、呼盧擊球, 市肆繁盛, 人人按堵, 少無驚懼之色. 蓋其習俗狃於兵革, 而守城之具已完備故也.)", 이만영, 『숭정병자조천록(崇禎丙子朝天錄)』, 77쪽.

과 이만영은 함께 통주(通州, 현 북경시)의 높은 지대에 올라 '물자와 식량을 가득 실은 배들이 끊임없이 남북을 오가는 모습을 지켜보았다.'[38] 전쟁이 아무리 기승을 부려도 '상인들은 끊임없이 돼지와 양 등 가축과 군용 물자를 전선으로 운반해 이익을 챙겼기 때문에 산해관 밖에는 물자가 풍족했고 말세의 기운도 크게 느껴지지 않았다.'[39]

명말에는 모순적이고 긴장감 넘치는 장면이 종종 펼쳐졌다. 관문 밖의 의구심과 두려움은 관문 안의 평화로움과 마치 평행세계를 이루는 듯했다. 북경성 안의 군사 훈련은 당시 쇠퇴일로를 걷던 명나라의 실상을 아이러니하게 드러내는 풍경이었다. 김육과 이만영은 북경 체류 기간 교장(教場)을 방문해 명군의 훈련을 참관했다. '북경 서문 밖의 큰 공터에는 기병과 보병 약 1만 명이 정열해 있었다. 햇빛아래 눈부시게 빛나는 창과 검, 번쩍이는 갑옷, 그리고 천지를 진동하는 포성은 장관을 이루었다.'[40] 그러나 북경의 웅장함과 대국의 위엄은 국경 곳곳에서 봉화가 오르는 현실을 감추기엔 부족했다. 조선 사신들이 목격한 풍경은 겉으로는 번화하고 평화로워 보였지만 사실상 명나라의 국력은 이미 돌이킬 수 없이 기울어져 있었다. '국방 최전선의 부대는 정원이 충분하지 않았고 심지어 상인과 정육점 주인까지 끼어들어 전투력이

---

38 김육, 『조경일록(朝京日錄)』, 282쪽.

39 "영원 서쪽에서부터 관문까지 짐을 실은 수레와 말과 양, 돼지를 몰고 와 무역하는 자들이 수백, 수천 명씩 무리를 지어 끊이지 않는다. 남쪽 나룻터에 이르러서는 유채와 과일을 파는 수레가 줄을 잇는다. 따라서 관문 밖의 여덟 성에는 온갖 물건이 가득 쌓여 있다.(自寧遠以西, 路上馱載貨物及羊豬的, 驅來關上貿賣者, 百千為群, 連續於道. 至於南浦, 油菜果物, 貨賣接軫, 故關外八城, 百物填委矣.)", 이만영, 『숭정병자조천록(崇禎丙子朝天錄)』, 80쪽.

40 김육, 『조경일록(朝京日錄)』, 273쪽.

우려되는 지경에 이르렀다.'[41]

이미 조선 지식인들에게 비판받아 오던 명나라 관료집단과 그들의 통치는 더욱 악화되었으며 관리와 환관들의 갈취 행위도 점점 더 노골적으로 변해갔다. 환관들은 조선 통역관이 낸 통행료가 적다는 이유로 공공연히 사람을 때리기도 했는데 결국 은화 10냥을 추가로 강요한 뒤에야 일을 마무리지었다.[42] 명나라 예부상서 강봉원(姜逢元)은 끊임없이 갈취를 강요했는데 자리에서 바로 뇌금을 요구하는 등 부정부패를 서슴지 않았다.

쇠퇴의 기운이 점점 짙어가는 가운데 하늘도 어려운 난제를 내렸다. 이만영은 당시 명나라가 여러 해에 걸쳐 연이은 가뭄을 겪고 있고 특히 그해(1636년) 상황이 가장 심각하다는 것을 보아냈다. '북경 내 각 행정 기관은 가뭄을 극복하고자 스스로 재계하며 술과 고기를 끊었고 민간에서도 이에 맞춰 가축 도살과 음주를 금지하며 곳곳에서 기우제 같은 법회를 열었다.(京城內各行政機關, 為緩解幹旱而努力, 自行齋戒, 不食

41 "순안어사가 대열을 점검하며 알아보니 가게에서 일하던 정육점 주인들까지 모두 행렬에 섞여 있었다. 군정이 이렇게 허술하니 참으로 어이없는 일이다.(巡按御史點閱之時, 坐肆屠沽之輩皆列於行伍間, 軍政虛疏若此之甚, 極可寒心.)", 이만영, 『숭정병자조천록(崇禎丙子朝天錄)』, 78쪽.

42 "앞서 가던 통역관이 맞아 아프다고 외치며 급히 말을 돌려 돌아왔다. 몽둥이를 든 자와 주먹을 휘두르는 자들이 뒤쫓아오니 상황은 매우 위급하고 당황스러웠다. 고삐를 잡아 말을 돌려 다리 곁에 물러나 앉아 알아보니, 통역관들은 아직도 놀란 기색을 감추지 못한 채 숨을 헐떡이며 말했다. '문을 지키는 환관이 예로 지급하는 칼과 종이, 은량이 부족하다며 이런 짓을 저질렀습니다. 이런 일은 전에 없던 일입니다.' (前行譯官被毆呼痛, 忙馬馳回. 棍徒隨後驅逐, 赤挺交揮, 勢極蒼皇. 扣鐙旋馬退出塹橋邊下, 坐問之則譯輩驚目如環, 喘息未定, 答曰 : 守門宦官, 以例給刀子紙束銀兩為不足, 作挐如此, 此前所未有之事.)", 이만영, 『숭정병자조천록(崇禎丙子朝天錄)』, 82쪽.

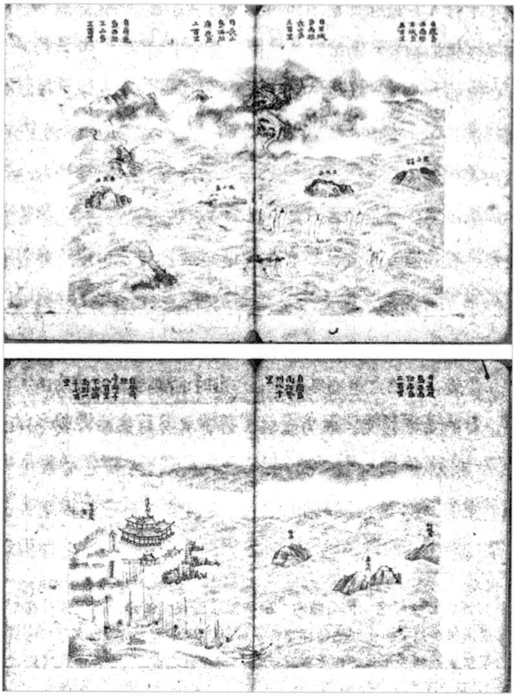

이덕형(李德泂, 1566-1615)의 〈조천도(朝天圖)〉

(현 한국국립중앙박물관 소장)

이 두 그림을 통해 조선 사신들의 해로 여정에는 수려한 풍경과 현실적인 위험이 함께했음을 알 수 있다.

酒肉. 民間亦回應, 禁屠殺牲畜, 禁止飮酒、並四處做起法事.)'[43]

이러한 여러 징후를 접한 김육도 불안해하며 깊은 탄식을 쏟아냈다.

"명나라는 국경 밖에 만주 세력이, 내부에 산적 무리가 창궐한데다 가뭄까지 이렇게 심각한데도 조정의 고관들은 오직 돈만을 탐하니, 천조의 앞일이 걱정스럽다.(外有奴賊, 內有流賊, 天旱如此, 而朝廷大官只是愛

43 이만영, 『숭정병자조천록(崇禎丙子朝天錄)』, 88쪽.

錢, 天朝之事亦可憂也.)”[44]

당시 명나라는 경제적 혼란으로 백성들의 삶이 어려워지자 일부는 봉기하여 농민군을 형성하였는데 가장 유명한 이자성(李自成, 1606-1645)과 장헌충(張獻忠, 1606-1647)을 비롯해 그 수가 매우 많아 조정의 큰 골칫거리가 되었다. 더욱이 관문 밖의 만주 세력까지 동시에 압박을 가해오자 명나라 조정은 사방에서 밀려오는 위협을 홀로 감당하기 어려운 처지에 놓이게 되었다.[45]

한편, 김육과 이만영이 북경에 머무르던 중, 예상치 못한 사건이 벌어졌다. 황태극이 10만 대군을 이끌고 다시 조선을 공격한 것이다. 이 사건을 역사에서 ‘병자호란’이라 한다. 1637년, 조선의 국왕 인조(仁祖, 1595-1649)는 결국 성 밖의 적군을 이기지 못하고 남한산성에서 나와 항복했다. 항복 조건은 극도로 단순하면서도 가혹했다. ‘조선은 명나라와의 관계를 끊고 그 연호를 폐기한 뒤 청나라의 공식 연호를 받들어야 하며 국왕의 아들을 청나라에 인질로 보내야 했다.’[46] 김육이 이 소식을 접했을 때는 이미 모든 일이 끝난 뒤였고 그에게 남은 것은 끝없는 비통함뿐이었다. 자신이 외국에 사신으로 있는 동안 모국이 적국의 침략을 받아 국왕이 굴욕적으로 항복하고 국가의 주권을 제약하는 조약을

---

44 김육, 『조경일록(朝京日錄)』, 310쪽. 명나라 말기 기후 이상에 대해서는 부정민(卜正民, Timothy Brook) 저, 료얜붜(廖彥博) 역, 『제국의 최후 : 기후, 경제, 사회 및 남해를 통해 본 원·명사(掙扎的帝國 : 氣候、經濟、社會與探源南海的元明史)』 중 「제3장 아홉 차례의 재앙(第三章 九劫)」, 97-99쪽 참조.

45 명나라는 이러한 내외 압박이 겹친 상황에서 결국 멸망했다. 만약 단일한 적만 상대했더라면 그 운명이 달라졌을지도 모른다. 이와 관련된 연구는 리광토우(李光濤)의 「건주 여진과 산적이 명나라의 멸망에 끼친 영향(論建州與流賊相因亡明)」 참조.

46 “『조선왕조실록』, 인조 15년 1월 28일, 무진조.

체결했다면 이보다 더 마음 아픈 일이 또 있을까?

마지막 조천행이 이렇게 끝나리라고는 누구도 예상하지 못했다. 명나라와 조선 모두에게 이는 비참하기 그지없는 결말이었다. 양국이 200여 년에 걸친 오랜 교린 역사의 종장에서 함께 불운을 겪었다는 점은 참으로 통탄할 일이다. 더욱 절망적인 것은 조선이 무한한 희망을 걸었던 명나라도 쇠퇴의 흐름을 거스를 수 없어 결국 재기하지 못한 채 멸망의 운명을 면치 못했다는 사실이다. 조선 사신들은 명나라에서 그 찬란했던 시대와 어둠의 시기를 함께 목격했다. 이것이 행운인지 불행인지는 알 수 없지만 어쨌든 중국에 가장 익숙한 이방인이었던 그들은 '명나라의 멸망'이라는 시대적 대격변을 가까이에서 생생히 목도한 증인이 되었던 것이다.

선형 서술로 된 종말의 예언

명나라는 1644년에 멸망했다. 이 객관적 역사 사실을 바탕으로 사학자들은 문헌과 선대 사학자들이 남긴 흔적을 두루 살피며 가장 합리적인 논의를 통해 명나라 해체의 내력을 해석하려 했다. 청나라 사학자들은 명나라의 멸망이 만력 황제의 무능함에서 비롯되었다는 것을 전제로, 명나라 멸망의 시점을 숭정 연간이 아니라 만력 연간으로 보았다.[47] 이 주장의 영향을 받아 우리도 은연중 만력 연간의 각종 혼란상을

47 이와 관련된 연구는 허관뵤우(何冠彪)의 「청나라 관변의 '만력제 책임론'에 관하여(清朝

부각시키는 역사적 증거들을 '발견'하거나 만력 연간이 초래한 명나라의 멸망을 당연한 것으로 받아들이는 데 익숙해졌다.

만약 '전지전능'하고 '예언적'인 인식을 잠시 벗어나 만력 이후의 명나라 역사를 다시 검토한다면 우리는 '어둠 속의 빛'을 조금이라도 찾을 수 있을까? 온 나라가 두려움에 떨며 하루 종일 불안에 시달렸던 그때, 정말 모든 사람들이 직감적으로 나라가 곧 망할 것이라고 생각했을까? 또한 명나라의 위기를 분명하게 목격한 조선 사절단도 이 사실을 공공연히 거론할 수 있었을까?…… 나는 세상에 '선지자'가 설 자리는 없다고 믿고 싶다. 사람은 각기 다른 생활 배경과 지식 수준에 따라 사물을 판단하는 능력도 다르다. 앞뒤가 모순되고 복잡미묘한 이해야말로 정상적인 여론 환경이다.

만력 황제는 좋은 황제였을까? 황런위(黃仁宇)의 『만력 15년(萬曆十五年)』의 영향을 받아 '조회에 나와 정무를 보지 않았다'는 이유로 유명한 이 황제는 실로 해내외에도 널리 알려진 인물이다. 다행히 조헌과 허봉에게는 이 황제의 용안을 직접 볼 수 있는 소중한 기회가 주어졌다. 조헌은 만력제 앞에 무릎을 꿇고 엎드려 공경스럽게 알현했다. 황제는 현장에서 직접 조선 사신들을 위해 연회를 베풀라고 명했다. 조헌은 이에 대해 "만력 황제가 외국인을 위해 친히 성유를 내리는 목소리는 옥처럼 깊고 아름다우며 금처럼 맑고 유창하여 듣자마자 감동하여 눈물이 먼저 흘러내렸다. 태평성대를 기원하는 마음이 삽시에 더욱 간절해졌다.(為外人親降聖諭, 玉質淵秀, 金聲清暢, 一聞沖音, 感涕先零, 太平萬

官方的'明亡於萬曆說')」를 꼽는다.

歲之願, 自此愈切.)”[48]고 기록하고 있다.

허봉 또한 “천위가 아주 가까이서 느껴졌고 용안이 웅장하며 말소리가 맑고 강렬하여 기쁨을 이기지 못했다.(天威甚邇, 龍顔壯大, 語聲鏗然, 不勝歡欣至極.)”[49]고 전한다. 그는 또 ‘조회에 참여하는 내내 대일통의 아름다움을 깊이 느꼈다고 했다.’[50] 이는 두 사람 모두 만력제를 일치되이 추앙했음을 보여준다. 물론 이러한 찬사는 실질적으로 조정을 주관한 장거정(張居正, 1525-1582)에게 일부 돌려야 할 부분이 있지만 조선 사신들의 눈에 비친 것은 만력 황제이면서도 동시에 만력 황제 그 자체만은 아니었다. 이 두 조선인에게 황제는 극도로 먼 존재이면서도 구체적이고 상징적인 존재였다. 만력제를 알현하는 과정은 그들이 배우고 생각한 것을 검증하는 거나 다름없었다. 그들이 목격한 것은 만력 시대의 총체이자 명나라가 가장 매력적으로 보이는 부분으로, 오직 황제를 통해서만 드러날 수 있는 것들이었다.

조헌은 회동관에 도착해 자신의 방에 들어섰을 때, 조정에서 지급한 이불 한 벌이 놓여 있는 것을 보고 명나라가 외국 사신을 예우하는 은덕에 깊이 감동했다. 그날 밤, 그는 그 이불을 그대로 둔 채 사용하지 않았다.[51] 현대인의 시각으로 보면 조헌의 소행은 다소 어색하고 웃길

48 조헌, 『조천일기(朝天日記)』, 223쪽.

49 허봉, 『조천기(朝天記)』, 275쪽.

50 허봉, 『조천기(朝天記)』, 239쪽.

51 “관부가 이불과 요를 가져왔는데 이불은 녹색 문양의 비단으로 만들어졌다. 한 장의 요는 붉은 문양의 비단으로 만들었고 가운데에는 푸른 비단을 사용하였다. 다른 한 장의 요 위에는 비단 담요와 솜 베개를 놓았다. 천조에서 우리나라를 대하는 태도가 지극하여 감히 이 모든 것을 받아들이지 못하고 이불과 요는 말아서 치워두고 담요만 깔았다.(館夫持衾褥來, 衾則以綠文錦製之, 褥一以紅文錦, 用碧錦為中以製. 又有重褥, 置錦毯、棉枕. 天

수도 있다. 그러나 그의 마음을 진정으로 공감하지 못한다면 그가 이불을 사용하지 않았던 동기와 결심을 제대로 이해하기 어려울 것이다. 마치 만력제를 알현하며 느꼈던 감동이 단지 책 속의 기록에만 그친다면 만력 황제는 한 개체로서만 남을 뿐, 시대 전체를 상징하는 의미는 퇴색될 수밖에 없는 것처럼 말이다.

만력 연간에는 백성들을 가혹하게 다루고 세금을 초과 징수하는 탐관오리들이 분명히 존재했다. 그러나 모든 관리가 부패한 것은 아니었다. 뇌물 한 푼 받지 않고 청렴하게 근무하는 관리들도 있었다. 또한, 명말이라는 시대적 상황에서 우리는 '양명심학'을 지지하는 지식인들을 발견할 수 있는 동시에 주자학을 굳게 옹호하며 '양명심학'에 반대하는 이들도 찾아볼 수 있다. 비록 국경 밖에서는 포성이 울려 퍼졌지만 백성들은 성을 견고히 지킬 수 있다는 믿음으로 일상적인 삶을 이어나갔다. 상인들도 끊임없이 오가며 전쟁의 긴박함을 크게 느끼지 못하는 모습이었다. 만력 연간 관료들의 부패와 민생 고통을 증명하는 사료가 수백 가지에 이르지만 이러한 어두운 면만 부각시킨다면 당대 다면적인 현실 속에서 빛났던 긍정적인 측면이 쉽게 가려질 수 있다.

고대에는 기록 자체가 귀족들의 전유물이었는데 이는 종이와 먹, 붓을 구하기 어려웠기 때문이다. 자연스럽게 지식의 전수도 소수에 의존할 수밖에 없었다. 하지만 만력 연간은 출판업이 크게 번성한 황금기로, 문해율이 높아지면서 읽기와 쓰기가 점차 보편화되어 사회적 자원으로 자리 잡았다. 이는 사실상 사학자들에게 무한한 보물을 남겨준 것

朝之所以待我國者至矣, 僭不敢居, 卷而置之, 止鋪毯也.)", 조헌, 『조천일기(朝天日記)』, 218쪽.

으로 된다.[52] 학자들은 고대에서 전해진 모든 정보를 소중히 여기고 진지하게 대하며 이를 '목격'이자 '진실'로 간주한다. 하지만 때로는 특정 현상에 지나치게 집중하거나 '이미 알려진' 결말을 강조하기 위해 나머지 '진실'을 간과하기도 한다. 결말이 같더라도 우리는 여전히 다른 이야기를 할 수 있어야 하지 않을까?

명나라가 멸망하기 14년 전인 1630년, 명나라의 명장 원숭환(袁崇煥, 1584-1630)이 숭정제에 의해 처형당했는데 누군가는 이를 두고 명나라가 스스로 '장성'을 허물어 나라가 망하기 시작했다고 했다. 그러나 같은 해 조선 사신 정두원(鄭斗源, 1581-1642)은 돌아와 조선 국왕에게 다음과 같이 보고했다.

"신이 본국에 있을 때, 북경에서 돌아온 이들을 만나 명나라 상황을 물었더니 매우 우려스럽다는 답을 들었습니다. 그러나 신이 사신 길에 산동을 지나며 보니 수천 리 땅에 주민들이 안정된 생활을 하고 있었고 북경에 도착해 보니 천자의 군대 또한 위엄 있고 기강도 엄숙하였으며 병졸과 군마가 정예하였습니다. 또한 문무 대신들도 모두 능력자들이었습니다.(臣在本國時, 或見自帝京還來者, 問天朝事, 甚可憂. 臣行山東, 數千里地居民妥帖. 及到皇都, 聞天子雄武, 紀律嚴肅, 兵精馬健, 將相得人.)"[53]

김육이 교장(教場)에서 목격한 군대의 웅장한 모습처럼, 이 역시 조선 사신들이 직접 본 진실이었다. 그때는 멸망이 코앞에 다가온 늦가을

52 만명 출판업의 역사적 의미, 특히 출판의 문턱이 낮아지고 상업 출판이 활발히 발전한 문화적 현상에 대해서는 오오키 야스시(大木康)의 『명말 강남의 출판문화(明末江南の出版文化)』 참조.

53 정두원, 『조천기지도(朝天記地圖)』, 206-207쪽.

이었지만 당시에는 누구도 이 거대한 제국의 종말을 예견할 수 없었다. 김육과 이만영이 북경을 떠나 귀국한 지 1년 후인 1637년, 송응성(宋應星)은 오히려 이 시기를 '성명극성지세(聖明極盛之世)'라 극찬하지 않았던가? 명나라는 그렇게 무성한 소문과 추측 속에서 굉음을 울리며 무너져 내렸고 그 후에야 비로소 혼란스럽고 시끄러운 논평들이 쏟아져 나왔다.

제4장

청나라 종말을 기한 은유
: 꽃피기를 기다리는 고목

청나라 시기에 접어들어, 정확히 언제부터인지는 알 수 없으나 연행 공도 가까이에 있는 옥전현(玉田縣, 현 하북성[河北省] 일대)에 신비로운 고목 한 그루가 서있다는 소문이 사신들 사이에서 전해지고 있었다. 이로 인해 그 지역은 '고수참(枯樹站)'이라 불렸다. 비록 말라 죽은 나무로 알려졌지만 실제로 그렇지도 않았다. 강희 51년(1712), 민진원(閔鎭遠, 1664-1736)이 가까이서 직접 살펴보았을 때는 푸른 잎이 무성하게 우거진 모습이었다. 인근 주민들은 여진(청)이 중원에 들어온 후 이 나무는 곧 시들어 죽었다고 믿고 있었다. 또한, 그들은 이 나무가 다시 잎이 무성해지면 "진인이 나타나 이곳에서 패업을 세울 것(眞人當出, 而眞人出則當定鼎於此地)"이라고 여겼다.[1] 이는 곧 진명천자(眞命天子)가 출현하여 천하를 통일할 것이라는 의미였다. 민진원은 한양을 떠난 후 연도에서 자신이 목격한 일들을 되새기며 이와 같은 소문에 공감하지 않을 수 없었다. 그 역시 생기를 되찾은 나무를 '진인'의 출현을 알리는 징후로 보고 이를 통해 청나라가 위기에 처했다고 판단했던 것이다.

1637년, 청나라는 조선을 침공했다. 조선 국왕 인조는 남한산성에서 필사적으로 저항했으나 청나라의 압도적인 철기(鐵騎)부대를 맞아 성을 지키지 못하고 결국 성을 나와 항복했다. 이로 인해 조선은 청나라가 강요한 대로 명나라의 연호 사용을 금지당했으며 명나라와의 모든 관계를 단절해야 했다. 심지어 병력을 파견하여 청나라의 명나라 공격에 협력해야 했다.

1637년은 특별한 의미를 지닌 해였다. 송응성(宋應星)은 이 시기를

1 민진원, 『연행록(燕行錄)』, 82쪽.

'성명극성지세(聖明極盛之世)'라 극찬했고 조선 사신 정두원 또한 명나라를 '천자의 군대가 위엄 있고 기강이 엄숙하며 병졸과 군마가 정예할 뿐만 아니라 문무 대신들도 모두 유능하다'고 평가했다. 뒤늦은 시선으로 보면, 두 사람은 명말의 '낙관파'라 할 수 있다. 그러나 실제로는 얼마 지나지 않아 청나라가 중원에 들어와 명나라를 대체해 중화의 주인이 되었다. 조선은 여러 불만에도 불구하고 정치적 현실을 받아들일 수밖에 없었다. 명나라는 이미 사라졌고 청나라가 새로운 종주국이 되었기 때문이다.

1644년 갑신년은 당시 명나라 지식인들의 입장에서는 비극적인 국변이었다. 황제가 순국하고 이른바 '농민군'과 그들이 '오랑캐'라 여기던 세력이 차례로 자금성에 들어서면서 천하는 더 이상 명나라의 것이 아니게 되었다. 명나라 조정에 충성하던 이들에게 이는 마치 천붕지괴와 같은 변국으로, 세상이 하룻밤 사이에 완전히 바뀌어 공자가 염려했던 '좌임지우(左衽之憂)'가 현실로 되었다. 만주인은 의복뿐 아니라 머리 모양까지 옛 풍습을 바꾸라며 '변발령'을 내렸다. 이에 따라 "머리를 남기려면 머리카락을 남기지 말고 머리카락을 남기려면 머리를 남기지 말라"는 속담까지 생겨났다.

변발령은 중국, 특히 남방 지역에서 민심의 지대한 분노를 불러일으켰다. 현대인이라면 당시 상황을 이해하기 어려울 수 있지만 만약 외국인이 자국의 정치 권력을 장악하고 의복과 머리 모양까지 강제로 바꾸려 든다면, 백성들의 분노가 단순히 옛 왕조에 대한 그리움 때문이 아니라 삶의 방식 자체가 위협받는 데 대한 두려움에서 비롯되었음을 알 수 있을 것이다. 그래서 요동에서 북경을 거쳐 광동, 운남, 귀주에 이르기까지 현지 백성들은 고향과 사회적 가치를 지키기 위해 목숨을 걸고 권력 기관에 맞서 싸웠다. 자신의 존엄을 지키려는 이러한 몸부림은 당시 전쟁 뒤에 가려진 잔혹한 현실이자 왕조 교체기에 누구도 피할 수 없었던 비극적인 상황이었다.[2]

조선은 숭정 황제가 자결하고 명나라가 멸망했다는 소식을 약 한 달 뒤에야 알게 되었고 조정도 청나라가 보낸 서한을 받았다. 서한에는 청나라가 중국을 장악했다는 선언과 함께 그 과정이 간략히 설명되어 있었다. 명나라 멸망 소식에 조선의 군신들은 명나라 지식인들 못지않게 깊은 충격에 빠졌다. 기록에 따르면, 이 소식을 접한 조선 백성은 "하층민에 이르기까지 모두 놀라 눈물을 흘렸다(雖輿台下賤, 莫不驚駭隕淚)"고 한다.[3] 모두가 울부짖으며 어쩔 줄 몰라했던 그날은 조선인들에게도 매우 암울하고 가슴 아픈 날이었다.

그렇다면 조선은 청나라를 어떻게 보았을까? 특히 외교 관례를 이어가며 '중국'에 파견되었던 사절단은 천하를 뒤바꾸고 새로운 시대의 막을 연 그 '중국'을 어떻게 바라보았고 또 스스로를 어떻게 되돌아보았을까? 민진원이 고목에 다가간 그 순간은 이러한 인식을 대략적으로 보여준다. 그 역시 '진인'이 나타나 청나라를 전복하기를 기다리고 있었다는 점에서 그러하다. 또한, 조헌, 허봉, 김육 등이 품었던 동경과 순례, 경멸과 실망이 뒤섞인 명나라는 멸망 이후 어떤 존재가 되었을까?

---

2 명말청초에 대한 연구는 프레더릭 와크먼(Frederic Wakeman, Jr.)의 『홍업 : 청조 개국사(洪業 : 清朝開國史)』와 꾸청(顧誠)의 『남명사(南明史)』 참조.

3 『조선왕조실록』, 인조 22년 5월 7일, 갑오조.

이 모든 이야기를 본 장에서 펼치고자 한다.[4] 이제 청나라 시기의 조선 사신들이 중국을 여행한 기록을 다시 살펴보며 특히 그들이 명나라에 대해 품은 감정과 청나라에 대한 묘사를 통해 고목이 '가지를 펴고 잎이 무성해지는' 깊은 의미를 함께 이해해 보자.

'조천(朝天)'에서 '연행(燕行)'으로

조선의 지식인들은 명나라에 대한 기대를 품고 '중화'를 보고 싶다는 일념으로 북경으로 향하는 사절단에 참여했다. 조헌의 일기 제목은 『조천일기』이며 허봉의 일기 역시 『조천기』라 한다. 이러한 명명 방식에서 조선 사신들의 생각을 엿볼 수 있다. 그들은 명나라에 가는 것을 천조(天朝)를 알현하는 것으로 여겼다. 앞에서 언급했듯이, 그들은 중화 상국(中華上國)에 대해 실망하거나 비판하기도 했지만 대체로 명나라를 '천조'로 인정했고 사행을 곧 '조천'으로 간주했다. 반면, 청나라 시대에 이르러 조선인들은 더 이상 '조천'이라는 용어를 사용하지 않았고 가끔 쓰더라도 그 의미는 완전히 달라졌다. 간단히 말해 '연행(燕行)'이 '조천'을 대체했는데 '연(燕)'은 북경의 옛 이름이다.

---

4 이와 관련된 연구 성과는 아주 풍부하다. 필자의 이 졸저도 선행연구에서 많은 영감을 받았다. 주요 참고 문헌은 다음과 같다. 거조우광(葛兆光), 『이역에 대한 상상 : 조선한문 연행문헌잡기 읽기(想像異域 : 讀李朝朝鮮漢文燕行文獻札記)』, 순워이궈(孫衛國), 『대명의 명호와 소중화의식-조선왕조 '존주사명'문제 연구(1697-1800)(大明旗號與小中華意識-朝鮮王朝尊周思明問題研究[1697-1800])』, 그리고 필자의 졸저 『애틋한 명나라 : 조선사인의 중국 논술과 문화심태(1600-1800)(眷眷明朝 : 朝鮮士人的中國論述與文化心態[1600-1800])』 참조.

1637년, 조선은 청나라에 항복하고 명나라와의 외교 관계를 끊은 뒤, 규정에 따라 청나라 조정에 사절단을 파견하기 시작했다. 조선이 규정을 엄격히 지키며 시기적절하게 이런 외교 의무를 수행한 기록은 쉽게 찾아볼 수 있다. 이를 통해 당시 조선은 겉으로나마 결코 '딴마음'을 품고 있지 않다는 것을 보여주려 했음을 알 수 있다. 조선 조정은 선물을 준비하고 사신을 선발해 여전히 사행 업무를 이어갔는데 겉으로 보기에는 모든 것이 예전과 다름없어 보였다. 비록 제도는 그대로 유지되었고 조선도 청나라의 요구에 부응했지만 그 겉모습 뒤에 가려진 조선 지식인들의 내면 세계와 자의식을 청나라는 완전히 통제할 수 없었다. 우리는 조선이 청나라에 협조한 면모뿐만 아니라 내밀하게는 타협을 거부한 면모도 함께 주목해야 한다. 상반된 것처럼 보이는 이 두 측면은 당시 조선의 대청 관계 속에서 상생하며 공존하고 있었다.

명나라가 멸망하자 조선의 지식인들 중 일부는 과거를 포기하거나 벼슬을 버린 채 집안에 틀어박혔고 또 다른 이들은 깊은 산속으로 피신하여 세상과의 연을 끊은 채 이 충격적인 변혁을 애도했다. 오늘날 우리는 이러한 행동에 담긴 의미와 파장을 이해하기 어려울 수 있다. 수십 년에 걸쳐 국가 고시를 준비해 온 지식인이 '외국'에서 일어난 정치적 격변 때문에 모든 것을 포기한 채 그런 '자세'로 여생을 보내려 했다는 사실을 상상해보라. 이 얼마나 무게감 있는 인생의 결단인가! 현시대에는 자신의 인생 전체를 걸고 이처럼 강렬한 '태도'를 보이는 사람을 거의 찾아보기 어렵다. 그러나 과거에는 실제로 그러한 시대가 존재했다. 조선의 지식인들은 오늘날 쉽게 납득하기 어려운 행동을 통해 자신들의 분노와 슬픔을 표출했던 것이다.

허격(許格, 1607-1690)은 매우 전형적인 사례이다. 그는 성품이 곧고 유능하며 문장에도 뛰어났는데 1637년 당시 막 서른 살로, 전도가 촉망되던 청년이었다. 청군이 조선 인조를 남한산성에 포위했다는 소식을 듣고 급히 의병을 모아 왕을 호위하고자 했다. 그러나 인조가 항복하고 전쟁이 끝났다는 소식을 접하자 시를 지어 애통함을 표했다.

"군신이 비굴하게 숭정제 외면해도 백성은 만력제의 은혜에 다투어 감격하네.(君臣忍屈崇禎膝, 父老爭含萬曆恩.)"

조선의 군신들이 숭정제를 배반했다고 비난하며 조선 백성들에게 만력제의 은혜를 기억하라고 촉구하는 내용이다. 이후 그는 세상과 단절하며 평생 청나라에서 반포한 역서(曆書)를 보지 않았다. 그 역서에는 명나라 연호가 포함되어 있지 않았기 때문이다. 또 누군가 청나라에 사신으로 가게 되자 그는 다음과 같은 시를 보내기도 했다.

"천하에 산이 있어 나는 이미 숨어살고, 세상에 황제 없는데 그대는 누구를 알현하러 가는가?(天下有山吾已遯, 域中無帝子誰朝.)"

이처럼 그의 마음속에서 '애신귀루' 가문은 영원히 중국의 황제가 될 수 없었던 것이다.[5]

---

5 허격의 생애는 주로 김종후가 집필한 행장을 주요 자료로 삼는다. 허격은 조선이 청나라에 복종하자 소백산으로 달려가 북쪽을 바라보며 애통해 울었다.
"한밤에 별 보니 북극성의 존엄 여전하구나. 천지개벽 이래 우주도 몇 번 바뀌었을라니 제왕들 지금은 각자 천하 나누었도다. 군신이 비굴하게 숭정제 외면해도 백성은 만력제의 은혜 다투어 감격하네. 역사에 당대의 일 논하지 말지어다, 공자는 하늘에 이중의 해 있을리 없다 했거늘.(中宵起視眾星繁, 歷歷猶知北極尊. 開闢從來幾宇宙, 帝王今日各乾坤. 君臣忍屈崇禎膝, 父老爭含萬曆恩. 青史莫論當世事, 天無二日仲尼言.)" 그 뒤, 그는 과거 공부를 포기하고 "『춘추』를 읽으며 뜻을 담았고 오랑캐 청나라의 역사를 보지 않았다(常讀春秋以寓志, 不觀胡清曆)"고 하며 "명나라를 언급할 때마다 눈물을 비오듯 쏟았다(語及皇朝事, 淚如雨下)"고 전해진다. 김종후(金鍾厚), 『본암집(本庵集)』, 「창해처사 허공 행장(滄海處士許公行

조선 지식인들이 '명'에 대한 절의를 지키며 평생을 바친 이야기는 듣기에 놀랍지만 허격은 결코 유일무이하거나 특별한 사례가 아니다. 정식(鄭栻, 1683-1746)은 명나라 멸망 40년 후에 태어났지만 그의 행적은 허격과 다르지 않다. 그는 청나라를 혐오하여 '천하 산천을 떠돌다 여생을 마쳤고' 묘비에는 "대명처사정공지묘(大明處士鄭公之墓)"라는 글귀만 새기길 원했다. 비록 그가 세상을 떠난 해는 명나라가 멸망한 지 102년이나 지난 뒤였지만 말이다. 허격과 정식, 이 두 '명나라 처사(大明處士)'의 처절한 모습을 통해 조선 지식인들이 청나라를 얼마나 깊이 증오했고 명나라를 얼마나 그리워했는지 알 수 있다. 나는 항상 '명나라는 멸망한 후에야 비로소 조선에서 진정으로 존재하게 되었다'고 믿고 싶다.

원하든 원하지 않든, 청나라로의 사행은 정치적 임무이자 외교적 예의로 반드시 이행해야 할 공무였다. 일부 지식인들은 사행을 피해 허격이나 정식처럼 산수를 유람하다 문득 굳건한 뜻을 자부하며 "황제 없는 땅에 가 누구를 알현하랴"는 식으로 사행길에 오른 이들을 비판할 수도 있었다. 그러나 다른 이들은 선택의 여지 없이 이미 모든 것이 달라져 버린 북경을 향해 연행 길에 나서야 했다. 아마 그들의 마음도 어느새 달라져 있었으리라. 그들 역시 이렇게 토로했다.

"조천도 이제는 옛 이야기일 뿐, 남은 이들 명나라 그리며 슬퍼하

狀)」, 554-556쪽 참조.

특히 3월 19일은 명나라 유민에게도 중대한 의미를 지닌다. 양조(楊照, 1617-1692)의 <3월 19일>에서는 "이 몸 또한 숭정의 선비요, 태어난 해는 만력년이었어라…… 사무치게 그리운 고국 떠올리니 슬픔은 배로 몰려오네.(身是崇禎士, 生在萬曆年.……故國能無念, 今朝倍愴然.)"라고 읊고 있다. 양조, 『회고당시선(懷古堂詩選)』 44-45쪽 참조.

네.(此路朝天前日事, 遺民思漢至今悲.)”

“지금 걷는 이 길은 더 이상 조천의 길 아니니, 마주치는 모든 것 허무함에 가슴 저미네.(今行非複朝天路, 隨遇空為感舊吟.)”[6]

시대적 격변에 따른 조선 사신들의 내면 심경을 잘 드러내는 이 표현들은 같은 길을 걸어도 마음가짐은 완전히 달라졌음을 보여준다. 이것이 바로 ‘조천’에서 ‘연행’으로의 변화였다. 조선 사신들이 향하는 곳은 여전히 ‘북경’이었으나 더 이상 그들이 우러르던 ‘천조’가 아니었다.

명나라 의관

조선은 제도적으로 명나라를 법의 기준으로 삼고 문화적으로도 중화를 모방하였기에 그들의 옷차림을 자세히 살펴보면 명나라의 영향이 뚜렷이 드러난다. 조선 관복의 의제(衣制)는 명제(明制)를 거의 그대로 따랐으며 조선 지식인들 또한 이에 큰 자부심을 가졌다. 이러한 옷차림은 단순한 물질적 존재를 넘어 조선이 중화 문화를 계승하고 재현했다는 상징으로 자리매김하였다. 이는 명나라의 예의와 의복을 갖추는 것이야말로 ‘소중화(小中華)’라는 칭호에 걸맞은 행위로 간주되었기 때문이다. 한편, 청나라 시기의 『연행록』을 보면 궁정에서 만난 몽골인,

6 이 두 편의 시는 장붜워이(張伯偉)의 「명칭·문헌·방법 - 연행록 연구에 관한 몇 가지 문제(名稱·文獻·方法—關於“燕行錄”研究的若干問題)」, 『연행록 연구논집(“燕行錄”研究論集)』 6쪽에서 인용.

러시아인, 베트남인 등 각국 외국인들의 복식을 지나치게 상세하게 기록했음을 알 수 있다. 이는 조선인들이 자신의 '문화적 유식함'을 과시하려는 심리에서 비롯된 것으로, 명나라 의제를 답습해 왔다는 자부심에 기반한 문화적 우월감의 표현으로 이해할 수 있다.

명나라가 멸망한 후, 조선 사신들이 착용한 명나라 풍의 의관은 중국에서는 보기 드문 광경이자 특별한 의미를 지니는 것이었다. 청나라가 중원에 들어와 연호를 바꾸고 의복을 새롭게 하면서 중국인의 복식과 머리 모양은 더 이상 명나라 제도를 따르지 않게 되었기 때문이다. 명나라를 동경하고 청나라를 적대시하던 조선인들이 명나라 의관을 착용한 채 요동의 공도를 지나 북경에 있는 궁궐에 들어간 것은 역사가 마련한 거대한 아이러니였다. 명나라를 그리워하던 이들이 조선에서 천리 길도 마다하지 않고 중국을 찾아왔으니, 그들은 중화의 특질을 가장 선명하게 드러내는 이방인이 되었다.

1645년 청나라가 산해관을 넘어 온 지 2년째이던 해, 조선은 사절단을 북경에 파견했다. 정사(正使)로는 인조의 아들 이요(李㴭, 1622-1658)였고 서장관은 성이성(成以性, 1599-1664)이었다. 당시 명나라는 아직 남방에서 세력을 유지하고 있었으므로 왕조 교체가 완전히 끝나지 않은 중국은 남북 간 대립이 계속되고 있었다. 청나라는 1644년 최초의 변발령을 반포하여 자신들의 복식을 따르도록 명령했으나 반발이 심해 일단 철회했다. 성이성 일행이 북경으로 가는 도중 청나라가 두 번째 변발령을 내렸다. 그러나 당시 정보 전달 체계가 미흡했던 탓에 요동 지역에서는 '한족 남녀가 여전히 전통 의관을 고수하고 있었음'[7]을 성이성은 확인할 수 있었다. 이는 변발과 복식의 변경이 아직 엄격하게 시행되지 않아 한족들의 복장이 예전 모습 그대로였음을 보여준다.

이 상황은 곧 바뀌었다. 청나라 조정이 변발령을 관철하기 위해 백성들의 봉기와 항쟁을 무릅쓰고 진압한 결과, 더 이상 옛 의관을 고집하는 사람을 찾아볼 수 없게 되었다. 불과 4년 후인 1648년, 서장관 이척연(李惕然, 1591-1663)이 심양을 경유하다 겪은 일은 기이한 경험이라 할 만하다. 그때 한족들은 모두 심양성 밖으로 쫓겨나 길가를 메우고 있었다. 사절단 일행은 그 인파 속을 그대로 지나갔고 한족들은 말없이 그들을 주시하고 있었다. 사절단 구성원들은 모두 일색 명나라 풍 의관으로 정중하게 차려입고 있었다. 양측의 눈길이 마주치자 한족들은 머리 위 변발을 어루만졌다. 모두의 얼굴에는 감개와 부끄러움이 역력했다.[8]

순치 13년(1656), 이요는 두 번째 사행차로 중국에 머물고 있었다. 어느 날 조참(朝參)에 참여한 이요 일행은 정식 조복인 명나라 의관 차림 그대로 자금성을 나섰다. 그는 '명나라 의관을 착용한 사절단을 보자 거리의 백성들이 눈물을 흘리는 광경을 목격했다.'[9] 이에 대해 그는 "화인들이 동방의 의관을 보자 모두 눈물을 흘리지 않는 이가 없었는데 그 정경이 매우 처연하여 동정을 자아낸다.(華人見東方衣冠, 無不含淚, 其情甚戚, 相對慘憐.)"[10]고 기록했다. 이처럼 청나라의 통치가 시작된 지 10여

7 성이성, 『을유연행일기(乙酉燕行日記)』, 67쪽.

8 정창순(鄭昌順) 등, 『동문회고·보편(同文汇考·补编)』, 권1, 7쪽.

9 이요, 『연도기행(燕途紀行)』, 97쪽.

10 이요, 『연도기행(燕途紀行)』, 148쪽.

년이 지났음에도 한족 백성들은 조선 사신들의 복장을 통해 옛 왕조에 대한 그리움을 여전히 드러내고 있었다.

조선 지식인 계층은 당연히 청나라 관복(官服)을 경멸했다. 정조(正祖, 1752-1800)는 이렇게 말했다.

"오랑캐가 중국을 어지럽혀 사해가 비린내 나고 중국 대지의 의관은 모두 짐승의 모피처럼 되고 말았다.(夷狄亂夏, 四海腥膻, 中土衣冠之倫, 盡入於禽獸之域.)"[11]

이는 여진인이 중국을 어지럽혀 문명에서 야만으로 변했고 중화의 복식 제도가 모두 사라져 국민도 야만인의 모습이 되었다는 뜻이다. 의연하고 당당한 정조의 이 말은 중원의 몰락을 통탄하는 것으로, 이는 조선 지식인들의 공통된 인식이기도 했다. 조선의 눈에서 더 높은 단계의 문명을 상징하는 명나라 복식은 이제 조선만의 문화적 특권이 되었다.

이밖에 비록 조선의 공식 사신이 아니더라도 명나라 의관을 착용할 수 있는 이들이 있었다. 조선 사신들은 북경에서 전조(前朝)의 이야기를 다룬 지방극을 통해 배우들이 여전히 명나라식 의관을 입고 공연에 임하고 있음을 발견했다. 1778년(건륭 43년), 이덕무(李德懋, 1741-1793)는 북경에서 연극을 관람하다가 무대 위 배우들의 복장에 명나라식 의관이 섞여 있는 것을 보고 감탄했다.

"잃어버린 예를 이제 민간의 극에서나 찾을 수 있고 한족 관료의 위엄은 모두 배우들 속에 남았구나. 만약 장차 왕이 될 자가 일어난다면 반드시 이를 본받을 것이다. 참으로 가슴 아프다.(禮失而求諸野, 漢官威儀

11 『조선왕조실록』, 정조 3년 2월 14일, 기사조.

盡在戲子, 若有王者起, 必取法於此, 可悲也.)"[12]

이덕무는 명나라의 위엄이 지식인들이 경멸하는 지방 극단 배우들에게만 남아 있다고 보고 장래에 누군가 청나라를 대신할 인물이 나타나면 반드시 의관에서 중화의 법도를 다시 찾을 것이라고 예견했다. 이처럼 그는 더없이 숭앙하던 중화 제도가 하찮게 여겨지는 극단 속에 숨겨져 있다는 사실에 깊은 슬픔과 안타까움을 표했다.

서호수(徐浩修, 1736-1799)도 다음과 같이 기록하고 있다.

"오늘날 천하가 모두 만주 의관을 따르니 오직 연극에만 중화의 제도가 남아 있다. 훗날 누군가 왕으로 일어나면 이를 본받을 것이다.(今天下皆遵滿洲衣冠, 而獨劇演猶存華制, 後有王者必取法於此.)"[13]

보는 바와 같이, 비록 명나라가 멸망한 지 100년이 넘었음에도 이덕무와 서호수는 여전히 명나라 의관에 깊은 관심을 두고 이를 바탕으로 중국을 평가했다. 그들은 과거 명나라의 복식과 제도를 문화적 위엄과 정체성의 중요한 척도로 여겼고 이를 통해 중국과 중화 문화에 대한 평가와 비판적 성찰을 이어갔다. 이처럼 조선 사신들에게 복식은 역사적 의미와 이상을 반영하는 상징으로, 현대인의 인식 범위를 훨씬 넘어서는 가치를 지니고 있었다고 할 수 있다.

---

12 이덕무, 『입연기(入燕記)』, 235쪽.

13 서호수, 『열하기유(熱河紀遊)』, 『연행록전집(燕行錄全集)』, 52책, 441쪽.

'중국'이 없는 곳에서 '중국'을 찾다

청나라의 문화를 명나라에 미치지 못한다고 여기던 시절, 조선 사절들의 중국 방문은 사실상 사라진 명나라에 대한 그리움을 확인하는 성대한 공연과도 같았다. 조선 사신들은 민감한 문화 유물과 역사 유적 현장에서 명나라의 요소를 발견할 수 있을지 눈여겨보았고 일기에는 '명나라 의관은 지금 어디에 있는가?'라는 탄식이 스쳐 지나곤 했다. 이는 청나라 치하에서도 여전히 명나라에 대한 경의와 애정을 표현하는 행위였다. 그들은 사라진 시대의 익숙함을 되살리려 했고 흘러간 시간을 체험하려는 시도를 했던 것이다.

조선 왕자 이요는 사행 길에 평양성을 지나며 임진왜란 당시 참전한 명군 장수들의 영정을 모신 사당(壬辰東征唐將畫像處也)[14]인 '무열사(武烈祠)'가 있음을 떠올렸다. 하지만 당시 청나라 한족들에게는 그 존재가 이미 잊혀져 있었다.

1644년 이후, 조선 사신들은 명나라에 관한 모든 것을 화제로 삼는 것을 청나라 방문의 핵심 목적으로 간주했다. 1645년, 성이성은 한족 고미(高美)에게 천하대란 당시 한족 현인들은 어디로 피신했는지, 북경이 함락될 때 명나라를 위해 절개를 지킨 이가 있는지 물었다. 이는 청나라 치하에서도 명나라에 대한 충정이 남아 있는지 확인하려는 의도였다. 고미가 답하자 성이성은 "그대는 문재가 뛰어났는데 앞으로 과거에 응시할 생각이 있는가(君有如許文才, 此後赴舉耶)"[15]고 덧붙여 물으

14 이요, 『연도기행(燕途紀行)』, 33쪽.

15 성이성, 『을유연행일기(乙酉燕行日記)』, 70쪽.

며 한족들의 마음이 여전히 명나라를 향해 있는지 살피고자 했다. 이는 단순한 정보 수집을 넘어 조선인 스스로 자신의 정체성을 확인하고 '오랑캐의 천하'가 오래가지 못할 것이라는 의지를 다지기 위한 '동지'를 찾는 행위로 해석될 수 있다.

그러나 답변은 실망스러웠다. 고미는 침묵으로 회피했다. 강희 60년(1721), 이의현(李宜顯, 1669-1745)이 명나라 국공(國公) 후예를 자칭한 한족 상옥곤(常玉琨)을 만났을 때도 상황은 마찬가지였다. 상옥곤은 스스로를 명나라 개국공신이자 몽골 격퇴로 유명한 상우춘(常遇春, 1330-1369)의 동생 상유춘(常維春)의 후손이라 밝혔다. 이의현이 "그대는 명나라 자손으로 옛 정이 전혀 없는가(你是明朝人子孫, 獨無思舊之心耶)"고 묻자 상옥곤은 "이미 타인에게 순응했노라(已順他人也)"[16]고 답했다. 당시 이의현의 표정은 상옥곤보다 더 씁쓸했으리라.

고미의 침묵이든 상옥곤의 '순종' 선언이든 모두 조선인들이 기대하던 답복이 아니었다. 강호부(姜浩溥, 1690-1778)가 "한족들은 명나라를 전혀 그리워하지 않는다(全無思大明之意)"[17]고 단정한 것도 무리는 아니었다. 그는 사행 도중 정환(程瑍)이라는 한족과 교류했지만 "변발에 오랑캐 옷 차림이 수치스러워 형제라 부르기 싫었다(嫌其剃髮胡服, 恥與呼弟兄)"[18]고 기록했다. 그의 눈에 '변발'과 '호복'은 야만의 상징이자 명나라에 대한 배신의 증거였다.

강호부는 청나라 영토에 들어서 여진족을 쳐다보지도 않았고 청나

16 이의현, 『경자연행잡식(庚子燕行雜識)』, 187쪽.

17 강호부, 『상봉록(桑蓬錄)』, 『한국한문연행문헌선편(韓國漢文燕行文獻選編)』, 14책, 193쪽.

18 강호부, 『상봉록(桑蓬錄)』, 『한국한문연행문헌선편(韓國漢文燕行文獻選編)』, 14책, 284쪽.

라에서 나온 음식도 거부했다. 일행이 종종 길가에서 불을 피워 현지에서 구한 식재료로 식사를 준비할 때도 그는 여진족의 얼굴만 보아도 '구역질이 난다'고 토로했다. 한번은 저녁식사 때 조선인 요리사가 준비한 돼지고기가 현지에서 구입한 '오랑캐의 것'임을 알고는 '더러워 입에 댈 수 없다며 식사를 거부했다.'[19]

강호부의 감정은 조선 사신들의 보편적인 반응이었다. 그들은 중화의 백성들이 명나라를 그리워하지 않고 여진족과 몽골족에게 순순히 복종하는 사실에 경악했다. 아이러니하게도 스스로를 명나라의 후예라고 여기던 이 조선인들은 이제 청나라 조정 앞에서 머리를 조아려야 했다. 자금성 태화전(太和殿)에 들어서면서 그는 이곳이 명나라 때의 황극전(皇極殿)으로, 천자가 신하들을 접견하던 자리였음을 보아냈다. 무릎을 꿇고 몸을 낮춰 엎드릴 때의 심정을 그는 이렇게 기록했다.

"오랑캐 우두머리가 당당히 그 위에 앉아있는 것만으로도 분노가 치밀어 오르는데, 하물며 줄곧 명나라를 따라 경전을 읽고 의리를 논하며 스스로를 높이 여기던 우리가 어찌 이 지경에 이르렀는가? 이제 그 아래서 머리를 조아리니 옛날과 오늘을 돌아보며 눈물 흘릴 곳조차 없다.(胡酋儼然坐其上已可憤慨, 況我輩以皇明遺民, 平日讀經傳、講義理, 其自視與視彼也何如？而今乃甘心拜稽於下, 俯昂今古, 無地灑涕.)"[20]

강호부는 분명 스스로를 명나라의 유민(遺民)으로 여겼으므로 옹정제를 알현하는 데 깊은 수치심을 느꼈을 것이다. 그만이 아니었다.

---

19 강호부, 『상봉록(桑蓬錄)』, 『한국한문연행문헌선편(韓國漢文燕行文獻選編)』, 14책, 81쪽.

20 강호부, 『상봉록(桑蓬錄)』, 『한국한문연행문헌선편(韓國漢文燕行文獻選編)』, 15책, 91쪽.

1732년, 한덕후(韓德厚, 1680-?)도 황제 앞에서 큰 절을 하며 "우리의 의관과 예의로 개와 양의 뜰에서 무릎을 꿇으니 황명의 전성기가 떠올라 분노와 감회를 억누르기 어렵다.(以我衣冠禮容, 屈膝於犬羊之庭, 追念皇明盛時, 感憤之懷, 自難抑也.)"[21]고 토로했다. 그들에게 명나라의 의관을 한껏 차려입고 오랑캐의 궁궐 아래 엎드리는 것은 참으로 통탄할 만한 일이었을 것이다.

이제 조선 사절들이 '고목이 되살아나 잎이 무성하기를 바라는' 마음에는 특별한 의미가 담겨 있음을 어느 정도 이해할 수 있을 것이다. 이요가 무열사에 대해 간단히 언급한 것도 무심해 보이는 한마디지만 실제로는 의도적인 발언으로 해석할 수 있다.

이와 유사한 사례는 많다. 조선 사신들이 북경으로 가는 어느 관도(官道) 구간에는 작은 관사(館舍)가 있었는데 이덕무는 이곳이 명나라 사신이 조선에 올 때 반드시 들르던 장소임을 잘 알고 있었다. 양국 관리들은 이곳을 시를 주고받는 장소로도 활용해왔다. 관사 옆에는 한 장 정도 높이의 소나무가 서있고 그 아래에는 스무 명 정도 앉을 수 있는 공간도 마련되어 있었다. 이덕무가 안타까워한 것은 이 소나무의 유래를 아는 사람이 점점 줄어 명나라가 멸망한 뒤에는 "아무도 이 소나무를 기억하지 않고 있다(無人識此松)"[22]는 사실이었다.

청나라가 조선에 파견한 사절들은 이 소나무에 얽힌 사연을 알 리 없었지만 조선 선비들은 갖은 방법을 동원해 명나라와 관련된 모든 것

---

21 한덕후, 『연행일록(燕行日錄)』, 243쪽.

22 이덕무, 『입연기(入燕記)』, 209쪽.

을 간직하려 애썼다. 중국 땅을 이동하며 그들은 현판, 비문, 편액 등 명나라의 흔적이 담긴 모든 것에 주의를 기울였다. 특히 요동은 명청 교체기에 전쟁이 벌어진 지역이었기에 조선 사신들은 일부러 옛 전장을 찾아와 명나라 전사자들의 명복을 빌기도 했다. 이의현은 산해관 밖의 송산(松山)과 행산(杏山) 일대에서 만력제가 요동 지역 관리였던 왕성종(王盛宗)·왕평(王平) 부자를 기리기 위해 세운 비석을 발견했다. 그는 비문에서 두 글자가 훼손된 것을 보고 위아래 문맥을 따라 추정하여 그것이 '노추(奴酋)'임을 밝혀냈다. 조선 사신들은 이러한 기록에 주목한 극소수 여행자였으며 명나라의 흔적이 시대의 격랑 속에서 서서히 사라져가는 과정을 목격한 증인이기도 했다.[23]

송산과 행산 일대는 산해관 밖의 중요한 방어 거점으로, 명나라 장수 홍승주(洪承疇, 1593-1665)가 황태극과 맞서 성채의 주도권을 두고 격전을 벌이던 곳이다. 이른바 '송금 전쟁(松錦戰爭)'에서 청군이 대승을 거두었고 홍승주는 청나라에 항복하여 오히려 명나라에 맞서는 처지가 되었다. 1721년, 이의현은 이곳에서 벌어졌던 그 치열한 전투를 여전히 생생하게 기억하고 있었다.

"황태극이 송산과 행산을 얻은 후 파죽지세로 쳐들어와 천하를 휩쓰는 그 기세를 마침내 당할 수 없게 되었다.(松杏之後仍長驅, 席捲天下之勢, 遂至於不可支.)"[24]

옛 전장을 오갔던 청나라 사신들 중 과연 왕조 교체의 역사적 의미

23 이의현, 『경자연행잡식(庚子燕行雜識)』, 188쪽.

24 이의현, 『경자연행잡식(庚子燕行雜識)』, 188쪽.

를 이렇게 바라본 이가 있었을까?

이의현은 산해관 밖 요새에 각별한 애착을 보였다. 여기도 역시 명청 두 나라가 격전을 벌였던 곳으로, 조선에게도 아픈 기억이 서린 곳이었다. 1639년, 황태극이 송산, 행산, 금주(錦州) 일대를 공격하던 당시, 조선은 이미 청군에 복속되어 청나라 조정의 남하 작전을 지원해야 하는 처지였다. 조선 왕자 이요는 송금성 아래에 서서 '청나라가 우리 조선의 수천 정예 포병을 징발해 자기 대신 4~5년간 이곳을 지키도록 하여(清主征吾東數千精炮, 替戍四五年)' 부득이 이 곳에서 명나라와 벌였던 치열한 전투를 회상했다. 그러면서 "조선의 장졸들은 청나라의 위엄에 겁을 먹고 비굴하게 명나라를 적으로 상대해 싸워야 했다. 우리가 수백 년 동안 쌓아온 군사력이 마땅히 써야 할 때 제대로 쓰이지 못하고 오히려 쓰지 말아야 할 곳에 쓰였다.(東方將卒縱怯清人威令, 含羞赴敵. 國家數百年養兵, 未用於當用之時, 反用於不當用之地.)"[25]고 탄식했다. 조선이 길러온 군사력이 명나라를 상대로 동원된 상황에 조선 역시 큰 아픔을 겪었을 것이다. 이요의 눈앞에 펼쳐진 행산보(杏山堡)는 만신창이였고 백성들의 삶도 극도로 피폐해져 있었다. 그 광경을 보며 이요 역시 자책감에 빠졌을 것이다.

25 이요, 『연도기행(燕途紀行)』, 83쪽.

효종의 북벌

조선도 '딴마음'을 품지 않았던 것은 아니다. 오히려 청나라를 공격해 멸망시키려는 계획을 세운 적도 있었다. 그중 가장 유명한 것이 조선 효종(孝宗, 1619-1659)의 북벌 대업이었다. 효종은 인조의 아들이자 이요의 형으로, 심양(瀋陽)에서 인질로 지내며 조선의 화의 의지를 증명해야 했다. 심양에서의 인질 생활은 효종으로 하여금 청나라를 더 잘 이해하게 했지만 청나라 조정을 흠모하게 만들지는 못했다. 귀국 후 그는 반청(反淸) 사상으로 유명한 조선의 지식인들을 모았는데 그중 송시열(宋時烈, 1607-1688)이 대표적 인물이었다.

1659년, 효종은 송시열을 불러 독대한 자리에서 이렇게 말했다.

"지금 오랑캐 세력은 반드시 망할 운명이다. 초대 황제 때는 형제가 많고 인재도 풍부했으며 오직 무력을 숭상했지만 지금은 형제가 거의 다 죽고 쓸 만한 인재도 제대로 쓰이지 못하며 군사력도 점차 해이해지고 있다. 게다가 그자들은 지금 명나라의 법제를 그대로 따르고 있다. 더구나 지금 황제는 주색에 빠져 있어 기세가 오래가지 않을 것이니 이른바 반드시 망할 형세라 할 수 있다. 내가 보기에 천하의 일은 알 수 없는 것이라지만 기회를 놓쳐서는 안 된다. 정예병 10만 명을 길러 기회를 엿보다가 산해관 밖으로 진격하면 중원의 호걸들도 반드시 이 소문을 듣고 일어날 것이고 우리나라 자제 중 오랑캐의 포로가 된 자들도 어찌 우리 편에 서지 않겠는가?(今虜有必亡之形, 前汗時, 兄弟甚衆, 人才亦多, 而專尚武力 ; 今也, 兄弟死亡略盡, 人物皆駑下, 兵事漸弛, 頗效中國法制, 且虜主荒於酒色, 其勢不久, 此所謂必亡之形, 予料之熟矣. 天下事未可知, 正宜無

失其幾, 故欲養精兵十萬人, 俟釁而動, 直抵關外, 則中原豪傑必聞風而起, 吾國子弟之為虜俘者, 亦豈無為我內應乎?)”[26]

이처럼 효종은 청나라의 몰락세는 이미 뚜렷하다고 굳게 믿고 정예병 10만 명을 길러 청나라를 공격한다면, 관내의 중원 호걸들도 반드시 의거에 호응하여 대업이 이루어질 것이라고 확신했다.

그러나 효종은 북벌 대업을 현실로 옮겨보지도 못한 채 그해에 세상을 떠났다. 그의 열정은 마치 유성처럼 순식간에 사라졌다. 그러나 그 유성이 남긴 빛은 수많은 조선인들에게 '우리는 단순히 명나라를 그리워할 뿐만 아니라 청나라를 뒤엎으려는 뜻마저 있음'을 상기시켰다. 비록 이루지 못한 꿈이었지만 강호부는 여진족이 길을 가득 메운 모습을 보며 만약 효종의 북벌이 성공했다면 이 오랑캐들은 중국 땅에서 사라졌을 것이라고 상상했다. 그가 이 상상에 대해 "비록 헛된 망상이지만 꽤 상쾌하다(雖設意妄想, 而頗若爽快矣)"[27]고 고백한 것처럼, 상상만으로도 조선 사신들은 기분을 전환할 수 있었던 것이다. 강호부의 이 솔직한 고백은 연행의 고통과 대비되어 그들이 사행 길에서 겪었던 내면적 갈등을 잘 보여준다.

한덕후도 자신이 오랑캐의 조정에 무릎 꿇어야 하는 상황을 두고 자연스럽게 효종의 북벌을 떠올렸다. 그는 "명나라에 대한 충절과 와신상담의 의지가 해와 별처럼 밝았으니 하늘이 만약 시간을 주셨더라면 이 큰 계획은 실현되었을 것이고 우리가 굳이 이 연행 길을 떠나지

26 성해응(成海應) 등, 『존주회편(尊周彙編)』, 권5, 『황조기년제오(皇朝紀年第五)』, 400-401쪽.
27 강호부, 『상봉록(桑蓬錄)』, 『한국한문연행문헌선편(韓國漢文燕行文獻選編)』, 14책, 202쪽.

않아도 되었을 텐데.(孝廟薪膽大志, 昭乎日星. 皇天假年, 大計終成, 則吾輩今日亦豈有此行.)"[28]라고 탄식했다.

효종의 북벌 일화는 청나라에 대한 혐오를 드러낸 한편, 청나라를 바라보는 조선의 불안하고 위태로운 심리 상태도 잘 보여준다. 논리적으로 추정해 보면, 청나라의 실상을 직접 목격한 조선 사신들은 국내 최고의 중국 전문가답게 청나라 실정을 가장 잘 파악하고 이해해야 했다. 그러나 조선 사신들의 '중국 보고'를 자세히 들여다보면 그들은 실제 상황을 제대로 반영하지 못했음을 알 수 있다.

송시열 영정 (현 한국국립중앙박물관 소장)
명나라에 대한 사모와 추종 성향으로 잘 알려져 있는 송시열은 '사명(思明)'의 대표적 인물로, 효종과도 사제로의 관계가 있었다.

28 한덕후, 『연행일록(燕行日錄)』, 186쪽.

조선 사신들이 청나라 초기의 국세를 명청 교체기의 혼란과 '삼번의 난(三藩之亂)' 같은 변수로 인해 정확하게 판단하지 못했다 하더라도, 전성기로 여겨지는 건륭 연간조차 조선 사신들에게는 언제든 대란이 일어날 수 있는 위기로 보였다는 점이 흥미롭다.

건륭 9년(1744), 영조(英祖, 1694-1776)가 연행사 조현명(趙顯命, 1690-1752)에게 청나라 실정을 묻자 그는 "겉으로는 태평성대처럼 보이지만 내부는 썩어빠져 있습니다. 신이 본 바로는 수십 년 안에 천하에 반드시 대란이 일어날 것입니다.(外似升平, 內實蠱壞, 以臣之見, 不出數十年, 天下必有大亂.)"[29]라고 답했다. 이처럼 그는 중국이 몇 년 내에 반드시 대란 속에 빠질 것이라 확신하고 있었다.

건륭 연간에 중국을 방문한 홍대용(洪大容, 1731-1783)도 청나라 지식인에게 "중국에 재해가 많고 민심이 동요한다는 소문이 있는데 실상이 어떠한가(聞說中國多災異, 民心多動, 未知實狀如何)"[30]고 물었다. 이는 중화 문화를 제대로 이해하지 못하는 오랑캐는 중국을 제대로 통치할 수 없고 따라서 민심이 동요하여 수십 년 안에 반드시 대란이 일어날 것이라는 생각에서 비롯된 질문이었다.

이러한 인식을 바탕으로 조선에게 청나라는 자연스럽게 단점뿐인 존재였다. 심염조(沈念祖, 1734-1783)는 연행에서 귀국한 후 정조와의 대화에서 청나라를 언급하며 이렇게 말했다.

"중화의 만리 강토가 모두 오랑캐의 악취로 가득합니다. 그들이 숭

29 『조선왕조실록』, 영조 19년 10월 27일, 병자조.

30 홍대용·이덕무, 『건정동필담·청비록(乾淨衕筆談·清脾錄)』, 47-48쪽.

송시열의 필묵 (현 한국국립중앙박물관 소장)

상하는 것은 무력으로 성곽을 빼앗는 것이고 중시하는 것은 불교와 이익뿐입니다. 중화의 문물은 완전히 사라져 대성전 복도마저 아이들의 놀이터가 되었고 처마는 무너져 내렸으며 뜰에는 잡초만 무성할 뿐 한 명의 유생도 보이지 않으니 참으로 답답합니다.(萬里中土, 盡入腥膻. 所尚者, 城池、甲兵 ; 所重者, 浮屠、貨利. 華夏文物, 蕩然掃地, 甚至大成殿廊, 便作街童遊戲之場. 簷廡荒頹, 庭草蕪沒, 而未見一介青衿之在傍守護, 見之, 不覺於悒.)"[31] 이처럼 심염조의 눈에 비친 청나라는 문교(文敎)를 홀시하고 무

31 『조선왕조실록』, 정조 2년 7월 9일, 병신조.

력과 이익만을 좇는 '중화도 아니고 중국도 아닌 나라'일 뿐이었다.

요컨대, 조선은 처음에는 청나라 조정의 통치 능력을 얕보았고 이어서 청나라의 모든 면을 비판하다가 결국 중국이 잘하는 문학까지도 공격하게 되었다. 한덕후도 직설적으로 이렇게 말했다.

"길을 가다 만난 지식인들 중 글을 통달한 이는 드물며 혹시 몇몇 뛰어난 공명을 가진 자가 있더라도 모두 어리석고 어리둥절하여 대화할 가치가 없다. 중화의 문화재를 찾을 곳이 없어 사람을 눈물짓게 한다.(一路上認識的讀書人, 通曉文字者並不多見, 或有一二位擁有功名者, 卻都蠢蠢貿貿, 無足與語. 中華文物無地可尋, 足令人釀涕也.)"[32]

조선 사신들의 눈에 청나라 지식인들도 이처럼 무능하게 비쳐졌다. 더욱이 현재의 '중국'에 중국 문화재가 거의 남아 있지 않다는 사실은 조선인들에게 깊은 실망을 안겨주었다. 나아가 조선인들은 청나라의 통치 아래 한족들은 이미 본래의 사명조차 잊었다는 경멸과 함께 "최근에는 만주(여진)인의 문학이 중화보다 더 낫다(近來滿洲文學反勝於中華)"[33]는 생각까지 갖게 되었다.

이처럼 효종의 북벌 계획과 여진인에 대한 선입견, 그리고 청나라에 대한 과도한 경멸은 조선으로 하여금 청나라의 실상을 제대로 직시하지 못하게 했고 합리적인 판단을 어렵게 만들었다. 엄밀히 말해, 이는 비난하기 어려운 역사적 상황이다. 누구나 자신이 이미 갖춘 시각에 얽매이고 나면 고정관념을 형성하기 쉽고, 이로 인해 진실을 놓치기 마

32 한덕후, 『연행일록(燕行日錄)』, 207-208쪽.

33 서호수, 『열하기유(熱河紀遊)』, 『연행록전집(燕行錄全集)』, 52책, 259-260쪽.

련이다. 이러한 현상 역시 인간 본성에서 비롯된 것이라 하겠다.

뿌리를 찾아서 :
만력제와 '명나라에 대한 그리움(思明)'

조선의 '사명(思明)' 뿌리를 찾으려면 만력제를 빼놓을 수 없다. 중국사에서 비판이 많았던 이 태평천자가 조선에서는 명나라에 대한 감정의 중심이 되리라고는 당시 누구도 상상하지 못했을 것이다. 명나라가 멸망하기에 앞서, 임진왜란 때 조선을 구한 공로로 조선은 만력제의 은덕을 '재조지은(再造之恩)'이라 칭송했다. 1644년 이후, 조선에서 널리 퍼진 개인 편찬 역사서 『존주록(尊周錄)』은 전문 한 권 분량으로 그의 은덕을 기록했다. 그 첫머리는 이렇게 시작한다.

"오직 신종황제께서 우리를 돌보신 은혜는 지극하셨다. 천하의 군사와 양식을 보내 일방의 화를 구한 것은 실로 천고에 없던 일이다…… 이는 우리의 왕이 만 번 꺾여도 반드시 중국에 충성할 이유이며, 조선의 모든 생명이 감개하며 그리워하고 죽을 때까지 잊지 못할 바이다. 이 얼마나 위대한가!(惟我神宗皇帝之眷恤我一方者至矣, 盡矣……發天下之兵糧, 拯一方之水火者, 實千古所未有者, 此我昭敬大王所以萬折必東之誠, 而環東土舍生之屬, 亦莫不感慨想念, 沒世不忘者也, 于休盛哉!)"[34] 이 글은 만력제의 은덕을 깊이 감사하며 그가 천하의 병마를 지휘해 조선을 위기에서 구했다는 사실을 강조한다. 나아가 조선 사회는 세대를 이어 영원히 잊

---

34 이태수(李泰壽)·이수이(李壽彝), 『존주록(尊周錄)』, 권2, 30쪽a.

지 못할 이 그리움을 길이 전할 것이라는 확고한 의지도 전하고 있다.

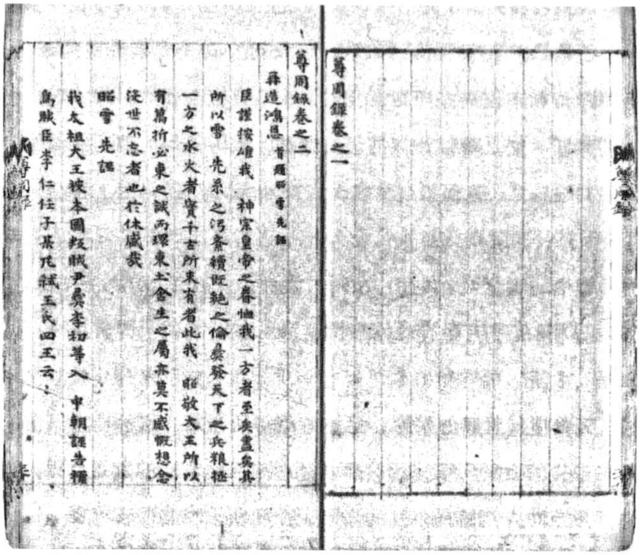
尊周錄卷之一

尊周錄卷之二
彝造鴻恩 有題昭雪先誣
臣謹按雄哉 神宗皇帝之眷恤我一方者至矣盡矣其
所以雪 先系之汚蔑續既絶之倫彝發天下之兵糧拯
一方之水火者實千古所未有者此哉 昭敬大王所以
有萬折必東之誠而環東土含生之屬亦莫不感戴想念
從世不忘者也於休盛哉
昭雪 先誣
我太祖大王被本國叛賊尹彛李初等入 中朝誣告稱
爲賊臣李仁任子某凡弑王氏四王云云

『존주록(尊周錄)』의 일부

(출처 : 와세다대학교 고대 경전 데이터베이스)

만력제는 훌륭한 논의 주제다. 그의 치세 기간 임진왜란이 있었고 명청 교체기의 혼란도 이 시기부터 시작되었다. 이 격변기를 겪은 명나라와 조선의 세대는 대부분 만력 연간에 성장했다. 과장하여 말하자면, 만력제 이후부터 두 나라 사이의 깊은 교류가 본격화되었고, 이는 또 청나라 시대 조선의 '중국 인식'에 대한 심리적 토대를 마련하는 계기가 되었다. 임진왜란이 없었다면 조선의 군신들이 명나라를 그토록 그리워했을지 의문이다.

그러나 역사는 동정만으로는 충분한 이해에 이를 수 없다. 비판적 시각도 필요하다. 조선의 '사명' 정신이 만력제와 임진왜란에서 비롯된 것은 사실이지만 조선 사회가 만력제를 지나치게 미화한 측면도 있다. 이는 부분적으로 역사적 낭만주의에 기인한다. 예를 들어, 심염조가 정조에게 '공자묘 대성전 복도가 아이들의 놀이터로 되었지만 아무도 지키지 않는다'고 전한 것은 청나라 조정이 '유교를 숭상하고 공자를 모신' 사실과는 배치되는 허위적인 진술이다.

또한, 한덕후의 주장대로 청나라의 공자묘가 황폐해지고 유교 풍조가 사라져 칭찬할 만한 점이 없다 하더라도, 우리는 만력 연간에 사신으로 명나라를 방문했던 허봉이 국자감을 비판한 말을 기억해야 한다.

"스승은 명색일 뿐 강의는 뒷전으로 하고 제자들은 민간에 흩어져 있다. 제주와 사업들은 고위 관직을 얻는 데만 관심이 있고 감생과 세공 역시 한 자리라도 더 얻는 것을 영광으로 여긴다. 예의와 염치가 무엇인지조차 모르는 태도다.(師者倚席不講, 為弟子者散處閭閻, 祭酒、司業以驟升大官為念, 監生、歲貢以得添一命為榮. 慢不知禮義廉恥之為何事.)"[35]

만력 15년(1587)에 명나라를 방문한 배삼익(裵三益, 1534-1588)도 국자감에 대해 이렇게 기록했다.

"마을의 천민들이 함부로 들어가고 성묘의 탁자 위에 올라앉는 자도 있다. 소위 유생이라는 자들도 무지하여 우리가 선물 보따리를 풀자마자 다투어 문방구를 구걸하며 이미 얻고도 만족하지 못하는 모습은 중화의 예의를 상징하는 이곳에서 기대하지 못했던 광경이다.(閭閻下賤闌入其中, 聖廟卓上或有超乘踞坐者. 所謂冠儒冠者皆貿貿無知, 有欲得筆墨者, 行

35 허봉, 『조천기(朝天記)』, 260쪽.

囊才解而爭乞不已, 旣或得之而猶求無厭, 殊非所望於中華禮義相先之地也.)”[36]

이는 청나라 시기 조선인들이 비웃던 당대 지식인의 모습과 크게 다르지 않다.

심염조는 또 청나라가 불교를 중시한다는 점을 지적하며 이는 유교를 숭상하는 조선에게는 이단사설이나 다름없다고 말했다. 그러나 그는 허봉이 명나라에 대해 “이단 종교와 해괴한 제사를 숭상하여 마을마다 반드시 한두 곳의 사찰이 있고 많게는 서너 곳도 있는데 이를 묘당이라 부른다(最尚異教淫祀, 每村必有一寺, 或有三四者, 謂之廟堂)”[37]고 놀라워한 사실을 잊은 듯하다. 허봉은 또한 북경성 근처에는 불교 사원과 도교 사원이 많아 명나라를 중화 문물과 예악의 중심지로 보던 기존의 생각이 완전히 바뀌었다고 고백한 바 있다. 만약 심염조의 말이 사실이라면, 명나라 때 조선 사신들은 공공연히 거짓말을 한 것인가? 인간은 흔히 선택적으로 기억하고 동시에 선택적으로 잊기 마련이다. 결국 두 사람의 기록은 모두 진실이라 할 수 있지만 선택된 진실이었을 뿐이다.

황량함에서 번영으로

꽃이 피고 지는 것은 자연 섭리요, 마른 나무에 다시 푸름이 돌아오는 것은 기후 변화의 영향이나 인간의 정성스러운 보살핌 때문일 수도

---

36 배삼익, 『조천록(朝天錄)』, 38-39쪽.

37 허봉, 『조천기(朝天記)』, 481쪽.

있다. 그러나 조선 사신들은 이를 진명천자(眞命天子)가 나타나 청나라를 뒤엎을 징조로 여겼다. 여기까지 쓰다 보니, 민진원이 마른 나무의 예언을 그토록 믿었던 까닭을 어렴풋이 알 것 같다. 그 한 그루 나무는 굴욕과 고통을 견디며 버티던 이들에게 해방의 출구를 마련해 주었고 명나라를 그리워하는 이들에게 '기다려도 좋다'는 위로를 주었기 때문이었으리라. 오늘날 보면 터무니없는 생각으로 여겨질 수 있으나 이는 당시 사람들의 간절한 믿음을 이해하지 못한 탓이다. 그들의 집착은 결코 근거 없는 공허한 이야기가 아니었다.

중국의 전통 권력자들은 '상서로움(祥瑞)'을 매우 중시했다. 천지간의 다양한 기후 변화와 생물의 이변을 하늘이 내린 경고나 칭찬으로 여겼다. 옹정 10년(1732), 한덕후가 북경의 사관(使館)에 머물 때, 산동성 거야현(巨野縣)의 한 집에서 소가 기린을 낳았다는 소식이 전해졌다. 지방 관청은 급히 축하의 글을 작성해 옹정제에게 올렸다. 중국 고대 전설에서 기린은 용만이 낳을 수 있다는 상서로운 짐승으로 알려져 있다. 그러나 한덕후의 생각은 달랐다. 그는 이에 대해 "천지가 뒤바뀌고 중화의 땅이 오랑캐의 냄새로 가득한 이때, 이런 일이 있어서는 안 된다. 소가 낳은 것은 기린이 아니라 재앙일 뿐, 상서로움이 아니다.(當此天地易位, 華夏腥膻之時, 不應有此. 況牛生麟, 災也, 非祥也.)"[38]라고 밝혔다. 이는 한족이 아닌 여진족이 천하를 다스리며 천지의 이치가 어그러졌음을 뜻한다. 즉, 세상이 본래의 도리에서 벗어났기에 상서로움은 오히려 불길한 재앙의 징후가 된다는 논리다.

38 한덕후, 『연행일록(燕行日錄)』, 233쪽.

조선 사신들은 공도를 따라 역사적 순례를 이어가며 명나라에 대해 놀라운 집착을 보여주었다. 1644년부터 보면, 강호부가 중국 땅에서 돼지고기를 거부한 해는 1727년이었고 한덕후가 청나라 조정에 무릎 꿇기를 내심 거부한 해는 1732년이었다. 그들이 태어났을 때는 이미 명나라가 멸망한 지 30여 년이 지난 시점이었다. 30년은 길지도 짧지도 않은 시간이지만 그들의 부친 세대는 1637년의 비극을 겪었고 명나라가 무너지는 순간을 목격한 세대였다. 어려서 부친 세대로부터 전해 들은 이 사변은 그들에게 역사가 아니라 아직 생생한 현실이었다.

연행은 보고 들은 것을 실천해 보는 시금석이었다. 유언비어는 여기서 깨어지면서 하나하나의 진실을 드러내기 시작했다.

하다면 그들은 무엇을 보았을까?

이요는 청나라 군대에게 학살당한 무명 시체가 쌓여 이루어진 만골총(萬骨冢)를 목격했다.[39] 강호부는 고교보(高橋堡)에 이어 참혹한 전투가 벌어졌던 백 여리 송산(松山)-금주(錦州)-행산(杏山) 일대를 경유했다. 1727년, 그는 이곳을 두고 "강곬과 황야에 백골이 널려 있고 맺힌 원한이 흩어지지 않아 처참하고 쓸쓸하다(白骨累累於荒溪野草之間, 冤氣鬱結不散, 淒慘愁寂)"[40]고 기록했다. 게다가 이곳은 도시에서 멀리 떨어져 시체를 수습할 사람조차 없었다. 반면, 한덕후는 백골이나 무명 시체 대신 "무너진 성벽과 부서진 담장, 꺾인 버들과 마른 갈대가 한눈에 쓸쓸하다(崩城敗壁, 斷柳枯葦, 一望蕭然)"[41]고만 적었다. 비록 백골이 도처

39 이요, 『연도기행(燕途纪行)』, 102쪽.

40 강호부, 『상봉록(桑蓬錄)』, 『한국한문연행문헌선편(韓國漢文燕行文獻選編)』, 14책, 203쪽.

41 한덕후, 『연행일록(燕行日錄)』, 199쪽.

에 널린 광경보다는 나았지만 폐허와 인적이 드문 황야는 여전히 쇠락한 시대의 무게를 전하고 있었다. 조선인들이 명나라를 그리워하는 문화적 현상을 평가하기에 앞서, 길가의 이 '풍경'을 간과해서는 안 된다. 이는 마치 기억을 깨우는 장치처럼 명청 교체기의 전쟁 장면과 어쩔 수 없이 휘말렸던 조선의 역사를 생생히 재현하고 있었다.

물론 그들은 더 많은 것을 보았다.

강호부는 영평부(永平府)에 도착하여 이곳을 "민가와 시장이 매우 번성하고 성곽과 누각이 웅장하다(閭閻市肆極殷富, 城郭樓臺亦宏壯)"[42]고 극찬했다. 북경성에 이르러서는 더욱 감탄하며 "시장의 번화함과 백성의 풍요로움이 요동에서 온 이래로 본 적 없는 광경이다. 성 안으로 들어서니 장엄하고 웅장하다. 게다가 생계가 넉넉하고 물자가 풍부하여 좌우에 늘어선 상점들이 성 안팎으로 십여 리 펼쳐져 눈부신 그림과 같다.(市肆之繁華, 人民之殷盛, 自遼東而來所未見也. 既入城, 壯麗魁岸, 生理豪富, 物貨委積, 左右列肆亙十里於城之內外, 炫目如畫圖.)"[43]고 기록했다. 진정 '천하의 장관(天下壯觀)'[44]이라 할 만했다. 요동의 영평부조차 강호부를 놀라게 했으나 수도 북경은 그를 훨씬 뛰어넘어 명나라를 그리워했던 방문객마저 천하에서 가장 아름답고 웅장한 경치라 칭송할 정도였다.

비극의 전장에도 이미 생기가 스며들었다. 건륭 55년(1790), 서호수는 산해관 일대의 옛 전쟁터를 찾았다. 그는 명장 척계광(戚繼光, 1528-1588)과 이성량(李成梁) 등 '오랑캐를 막아낸' 영웅들을 떠올렸지만 "변

42 강호부, 『상봉록(桑蓬錄)』, 『한국한문연행문헌선편(韓國漢文燕行文獻選編)』, 14책, 314쪽.

43 강호부, 『상봉록(桑蓬錄)』, 『한국한문연행문헌선편(韓國漢文燕行文獻選編)』, 14책, 403쪽.

44 강호부, 『상봉록(桑蓬錄)』, 『한국한문연행문헌선편(韓國漢文燕行文獻選編)』, 14책, 409쪽.

방에서 전쟁 소식이 끊긴 지 이미 백여 년이 되어 이제는 농토가 이어지고 마을마다 닭과 개의 울음소리가 들린다. 낮에는 인적 있고 밤에는 평온히 쉴 수 있어 조금도 두려움 없다. 삼위에서 백 번 싸웠던 땅이 모두 즐거운 땅으로 바뀌었으니 이는 역대에 없던 일이다.(邊塵之不警已百餘年, 見今田疇相連, 雞犬相聞, 晝行夜宿, 毫無戒懼. 三衛百戰之地, 悉變為樂土, 此歷代所不能得也.)"[45]라고 고백하지 않을 수 없었다. 피와 눈물로 얼룩졌던 땅에 과거에는 볼 수 없던 번영이 피어나고 있었던 것이다.

쌓여 있던 백골은 의로운 이들에 의해 조금씩 수습되거나 풀숲 사이에서 혹은 땅속에서 썩어 사라졌다. 무너진 궁궐과 성벽도 다시 세워졌고 시장과 거리도 점차 활기를 되찾았다. 백성들은 농사를 지어 수확을 희망하며 모든 것을 새롭게 시작했다.

비극을 상상하는 것은 조선 사신들의 특징이었다. 그들이 목격한 것은 하늘과 땅이 만들어낸 풍경으로, 명나라에 대한 그리움과 열정을 불러일으키기에 충분했다. 그러나 동시에 그들에게는 당시 가장 번영한 도시를 방문할 기회가 주어져 청나라의 전성기를 직접 목도할 수 있었다. 우리는 조선이 청나라를 적대시한 면모에 주목해야 하지만 그 속에 적의만이 아닌 다른 감정도 함께 담겨 있었음을 알아야 한다.

조선 사신들은 분명 더 많은 것을 보았다. 그러기에 어느 날 이덕무가 청나라 사신이 마른 소나무를 알아보지 못한다고 감탄했던 것처럼, 조선 사신들 역시 마른 나무에서 새 가지가 돋아나는 의미를 점차 잊어가게 된 것이다.

45　서호수, 『열하기유(熱河紀遊)』, 『연행록전집(燕行錄全集)』, 51책, 387-388쪽.

제5장

연행은 곧 세계
: 18세기 중국의 굴기

임매(任邁, 1711-1779)의 초상은 1777년, 즉 건륭 42년 조선의 정조가 즉위한 이듬해에 완성되었다. 단순한 구도와 섬세하면서도 깔끔한 필치로 그려진 이 초상화는 조선 화가 한정래(韓廷來)의 손에서 나왔다. 임매와 한정래에 대한 문헌 기록은 많지 않지만 이 그림에는 나름 유래가 담겨 있다.

먼저 임매가 머리에 쓴 '폭건(幅巾)'과 '망건(網巾)'을 살펴보자. 이 착용 방식은 사실 명나라에서 유래한 것으로, 명나라 지식인들 사이에서 유행하던 것이었다. 앞선 논의를 이어가자면, 조선인들이 명나라 풍의 의관에 익숙해진 것은 은연중에 '청나라 멸망의 은유'를 키워내는 데 기여한 셈이다. 결국 청나라는 변발을 엄격히 시행했기 때문에 백성들은 머리를 정리하기 위해 '망건'을 쓸 필요가 없었다. 요컨대, 이 그림을 통해 드러나는 두 나라 사람들의 서로 다른 겉모습에서, 청나라는 이미 조선이 이상적으로 여겼던 '중국'이 아니었음을 알 수 있다.

명나라 풍의 의관이 조선에서 널리 퍼진 것은 감동적인 '사명(思明)' 이야기로 쉽게 형상화될 수 있다. 그들은 명나라를 사랑했기에 변함없이 평생 착용했다. 앞서 언급했듯이, 명나라 복장은 단순히 물질적인 존재가 아니라 두 나라의 역사가 담겨져 있고 조선 지식인의 사상과 문화가 구현되어 있는 대상이었다. 그러나 이것이 오늘날 이 초상을 바라보는 유일한 방식은 아니다. 나는 이 복장을 '조선식'으로 이해하는 것을 더 선호한다. 조선은 '중화'의 생활 방식과 학술 사상을 흡수했으며 그 결과는 그림 속 모습을 통해 구체적으로 드러나 있다. 따라서 조선을 중화 문화를 흡수하여 탁월한 성과를 이룬 '주장'으로 이해하는 것이 더 적절할 것이다. 명나라 시기 조천사들이 천조상국(天朝上國)을 격렬히 비판한 것은 조선이 '중화'라는 사다리를 타고 힘차게 위로 올라가고 있음을 강조하기 위한 것이었다. 이러한 맥락에서 쇠퇴기에 접어든 명나라는 조선에게 경쟁자일 뿐, 문명의 우열을 가늠하는 유일한 기준이 아니었다.

임매(任邁) 초상(1777년작)
(현 한국국립중앙박물관 소장)

임매의 초상을 다시 살펴보자. 만약 폭건, 망건, 심의(深衣), 그리고 책상 위의 조선 서적이 모두 진정한 '조선 제품'이라면, 이 장의 주제인 '연행은 곧 세계 : 18세기의 중국 굴기'에서 주목할 점은 무엇일까? 그림 속에서 유일하게 조선 장인이 만들지 않은 것은 아마도 책상 위의 안경일 것이다. 이 안경은 청나라 때 중국에서 온 것이다.

이 안경이 눈에 띄는 이유는 청나라의 몰락을 암시하는 은유가 사대부 사이에 널리 퍼져 있었고 청나라를 '오랑캐'로 멸시하는 분위기가 만연했음에도, '중국'이라는 존재는 여전히 홍수나 맹수처럼 조선을 압도했다는 사실을 상기시키기 때문이다. 조선 연행사들이 청나라의 선비들과 학문을 교류하고 중국의 정치 상황과 학술 동향에 관한 보고서를 가져오는 것과 동시에, 각종 상품과 물품도 조선으로 유입되었다. 임매의 책상 위에 놓인 이러한 물건들은 비록 청나라에 대한 경멸과 위기의식이 존재했어도 중국과의 지속적인 교류와 그 영향에서 벗어날 수 없었던 18세기 조선의 현실을 보여준다.

'청나라 멸망의 은유'와 '사명(思明)'을 바탕으로 조선 사신들은 청나라 시대의 중국을 주로 부정적으로 기록했다. 그러나 이것으로 북경 사행의 전부를 해석할 수 없다. 이 장에서 전하고자 하는 핵심은 사신들이 비록 청나라를 증오하며 길에서 '사명'의 비가를 불렀지만 '중국의 굴기'라는 이 거스를 수 없는 현실 앞에서는 속수무책이었다는 점이다.

중국의 굴기는 청나라의 상업적 번영과 백성들의 풍요로움이 조선인들의 기억에 깊이 새겨진 결과일 뿐만 아니라 하층민부터 사대부에 이르기까지 다양한 계층의 조선인들이 청나라 시대의 중국에서 새롭게 발견한 것들을 '물류'와 '기술' 측면에서 관찰하고 받아들인 과정이기도 하다. 즉, 연행이란 단순히 '중국에 가면 세계를 본다'는 의미뿐만 아니라 조선 사신들이 중국에 대한 이해를 점차 넓혀가면서 동시에 자신의 정체성을 재발견하는 심오한 경험이었다는 것이다.

요컨대, 조선 사절단의 의식적·무의식적 행보 속에서 청나라와 조선을 연결하는 관계망은 점차 탄탄해졌고 이를 통해 새로운 상호작용과 이야기가 전개되었다.

잊혀진 사신들

어릴 때부터 중화의 학문을 익힌 조선 지식인들에게 사신의 신분으로 직접 중국을 방문할 수 있다는 것은 매우 행운스러운 경험이었다. 그래서 연행이 일생에 몇 번 오지 않는 중대한 행사로 여겨진 것은 당연한 일이다. 실제로 지금까지 소개된 조선 사신들은 전쟁 등 특별한 경우를 제외하면 대부분 일생에 단 한 번만 중국을 갈 기회를 얻었다. 기회가 흔치 않았기에 그들은 보고 들은 것을 꼼꼼히 길게 기록하였다. 만약 연행이 흔한 여행이었다면 현재 전해지는 문헌도 이렇게 방대하고 상세하지 않았을 것이다.

하지만 운명의 여신은 일부 조선 사신들에게 특별한 혜택을 주었다. 이정귀(李廷龜, 1564-1635)는 무려 네 차례나 명나라에 사신으로 다녀왔고, 앞서 언급된 어숙권(魚叔權)은 일곱 차례나 연행을 다녀온 것을 자랑스러워했다.[1] 시문에 능했던 이들 사대부 문인들은 뛰어난 문장력으로 생생한 중국 정보를 오늘날까지 전해지는 귀중한 기록으로 남겼으며 이로 인해 당시 중국 문제 전문가로 인정받기도 했다.

하지만 이런 평가에도 불구하고 방대한 사절단 규모에 비해 기록을 남긴 소수 인물의 시야는 제한적이라 할 수밖에 없다. 따라서 그들

1 어숙권, 『패관잡기(稗官雜記)』, 61쪽.

을 사절단 전체로 확대 해석해서는 안 되며 사절단의 다른 구성원들 또한 간과해서는 안 된다. 강희 51년(1712) 민진원의 기록에 따르면, 그해 사절단은 총 225명으로 구성되었다.[2] 구체적으로 정사, 부사, 서장관 등 주요 관리 3명을 제외하면, 행정과 서무(庶務)를 담당한 수행원이 약 30명이었고 나머지 190여 명은 하인이었다. 역관과 통사는 양반이 아닌 중인 출신으로, 사행에서 중요한 역할을 했음에도 종종 간과되기 쉬운 존재였다.

조선 연행사 문헌을 읽을 때는 두 가지 시각이 필요하다. 하나는 사신들의 언행을 꼼꼼히 관찰하는 것이고, 다른 하나는 사절단 소속 마부와 하인들의 언행에도 주의를 기울이는 것이다. 즉, 우리는 중국과 조선 사이를 오갔던 사상과 문화의 흐름을 살펴야 할 뿐만 아니라 다양한 물품들이 어떻게 임매의 서재에까지 놓이게 되었는지도 주목해야 한다. 이처럼 보이는 것과 보이지 않는 것 사이의 상호작용을 종합적으로 이해하는 동시에, 하인들의 역할을 통해 사신들의 경험을 더욱 풍부하게 재구성해야 할 것이다.

부귀는 위험 속에서 구한다

숭정 9년(1636), 마지막 조천사 이만영(李晩榮)은 출발을 앞두고 흉미로운 일을 겪었다. 당시는 늦가을철이었다. 요동 육로가 이미 여진인

2 민진원, 「사행길에 보노라(行中座目)」, 『연행록(燕行錄)』, 18쪽.

에게 넘어가 버린 탓에 사절단은 어쩔 수 없이 해로를 통해 사행길을 떠나야 했다. 명나라 말기의 이 해상 길은 결코 순탄하지 않았다. 이만영의 자조 섞인 말에서 그 험난함을 엿볼 수 있다. 그는 배가 전복되었다는 소식이 끊이지 않아 당시 사람들은 사행길을 '죽으러 가는 길'로 여긴다고 했다.

이만영이 사명을 받았을 때는 과거에 급제한 지 겨우 8개월, 공식 관직에 임명된 지는 단 4개월밖에 안된 시점이었다. 그의 친지들은 부지런히 공부한 대가로 이런 운명을 맞게 되었다며 슬퍼했다.

그러나 누구나 비관적인 것은 아니었다. 오히려 적지 않은 사람들이 부러워하기도 했다. 관례에 따라 서장관 이만영은 군관과 노자(奴子) 각 한 명씩 선발해 동행시킬 수 있었는데 이들의 임무는 이만영을 돌보거나 말을 관리하는 정도였다. 이만영은 집에 장정도 없었고 군관으로 함께 갈 가까운 친구도 없어 고민하고 있었다.

어느 날 퇴근 후 집에 돌아온 이만영은 책상 위에 커다란 보따리가 놓여 있는 것을 발견했다. 처음에는 어린애 옷인 줄 알고 옮기려 했으나 무게가 상당해 들 수 없었다. 풀어보니 안에는 은 120냥과 베 20필이 들어 있었다. 이는 위험한 기회를 사려는 누군가가 바치는 뇌물이었다.

알고 보니 주씨 성을 가진 한 가문이 노자의 신분으로 동참하기를 원해 이만영을 매수하려고 뇌물까지 아끼지 않았던 것이다. 주씨 가문은 명나라에서 중국산 물품을 사와 고향에서 판매하면 '천금같은 재산'을 벌 수 있다고 믿고 있었다. 그러나 이만영은 이 뜻밖의 재물을 거절하고 오히려 문밖으로 내쫓았다. 이에 주씨는 누군가 이미 더 좋은 조건을 제시한 것으로 오해하며 아쉬워했다.[3] 이만영이 이 일을 특별히 기록한 것은 자신의 청렴함을 증명함과 동시에 당시의 풍조를 풍자하려는 의도도 있었다. 여기서 주목할 점은 주씨가 말한 '천금같은 재산'이나 이만영의 허씨 친구가 농담삼아 '벼락부자로 되는 길'이라고 한 데서 알 수 있듯이, 위험을 무릅쓰고 사행길에 나서려 한 사람들이 적지 않았다는 사실이다.

주씨 가문이 이만영에게 먹이려 한 뇌물은 당시 가격으로 은 200냥 상당으로 추정된다. 그러나 사행 길이 이루어진다면 수배에 이르는 수익을 기대할 수 있었으니 이는 실로 폭리라 하겠다. 이만영의 이 일화는 연행의 또 다른 모습을 보여준다. 위험천만했던 당시의 사행 길도 주저 없이 따라나서 목숨을 걸고 일확천금을 노리는 이들이 있었으니, '부귀는 위험 속에서 구한다'는 속담도 결코 빈말이 아니었음이 증명된다.

이러한 측면에서 보면, 연행은 실로 거대한 상업적 기회이자 엄청난 규모를 갖춘 상단의 정기적인 행보로, 이정귀나 어숙권처럼 여러 차례 사행 임무를 수행했던 이들의 경험조차 그 의미가 퇴색할 것 같다. 사행단 내부에는 이익만을 위해 훨씬 더 빈번하게 중국을 오갔던 이들이 있었으니, 그들은 스스로 노자가 되기를 마다하지 않은 '하인', 군관의 신분을 빌린 '상인', 중국 상인들과의 연락을 담당한 '역관'이었다. 이들 역시 잊혀진 '중국 전문가'이다.

보다시피, 이만영과 주씨 가문은 연행 자체를 바라보는 시각부터 다르다. 이만영에게 연행은 '사대'와 '조천'의 공적 사명이었다면, 주씨

---

3 이 일화에 대해서는 이만영의 『숭정병자조천록(崇禎丙子朝天錄)』 서문 참조.

가문에게는 이익을 좇는 '장사'에 불과했다. 이러한 시각의 차이는 조선 사절단 내부에도 그대로 반영되어 연행의 의미를 두고 '공적 의무'와 '사적 이익'이라는 두 가지 프레임이 공존하게 했다. 이만영의 경험은 결코 특수한 사례가 아니라 청나라 시대 전반, 특히 태평성대라 불리던 건륭 연간에 두드러지게 확대된 보편적 양상이었다.

우리는 상반된 이 두 시각을 함께 조망할 때에야 비로소 사행의 또 다른 의미를 더욱 선명하게 이해할 수 있다. 그럼 이제부터 건륭 시대에 주목하여 두 사행단 구성원의 시선을 빌려 그때 이루어진 사행 현장을 들여다보자.

중국제조

건륭 45년(1780), 청나라는 건륭제(1711-1799)를 위해 칠순 잔치를 성대히 마련했다. 조선도 사절단을 꾸려 북경으로 가 축하 인사를 전했는데 정사는 박명원(朴明源, 1725-1790)이 맡았다. 어릴 때부터 중국을 직접 보고 싶어했던 박명원의 당제 박지원(朴趾源, 1737-1805)도 이 절호의 기회를 놓치지 않고 자제군관(子弟軍官) 신분으로 동행했다. 당시 43세였던 박지원은 당대 드문 천재로, 이미 조선에서 명성을 떨치고 있었다. 젊은 시절 학문에 크게 힘쓰지 않았으나 뒤늦게 분발해 폭넓은 독서로 고전을 통달했을 뿐만 아니라 군사·농학·화폐 등 다양한 분야에 정통했고 천문지리에도 밝았다. 서른 살 무렵에는 이덕무(李德懋), 유득공(柳

得恭, 1748-1807), 박제가(朴齊家, 1750-1818), 이서구(李書九, 1754-1825) 등 조선의 동년배 재자들이 그의 재능을 흠모해 그의 문하에 들어왔다.[4]

박지원은 전통적인 지식인과 달리 실용적인 학문을 중시하며 허황된 태도를 비판했다. 그는 또 당대에 상당한 위상을 지닌 문학가로, 탁월한 문장력과 소설 창작 능력을 갖추었다. 이러한 배경으로 박지원은 독특한 시각과 섬세한 서술로 오늘날 특별한 연행기록으로 정평이 난 『열하일기(熱河日記)』를 집필했다. 그는 이 작품에서 하인, 마부, 역관 등 평범한 일꾼들의 모습을 세밀히 묘사했는데 이는 많은 사신들이 간과한 대상이었다. 예를 들어 가산(嘉山, 현 평안북도 박천군 일대) 출신 득룡(得龍)처럼 양국 국경 근처에 거주하며 지리적 이점을 살려 국경 무역을 주요 생업으로 삼던 이들도 박지원은 놓치지 않았다. 국경 근처는 득룡과 같은 이들에게는 이점이었지만 때로는 중국인이 국경을 넘거나 중국에서 내란이 일어나면 조선으로 피신하는 일도 있었다. 득룡의 할아버지는 명나라 유민(遺民)에게 한어(漢語)를 배웠다고 전해지며, 이후 그의 가문은 이 기술을 대대로 전수했다.

14세부터 북경을 드나들기 시작한 득룡은 집안 대대로 전해지는 한어 실력 덕분에 사절단 내에서 한어에 가장 능통한 인물이었다. 사행의 모든 크고 작은 일은 그가 없이는 진행될 수 없었다. 조선 정부는 득룡을 중용하면서도 경계하여 매번 사절단 출발 전 반드시 그의 가족을 '안치'함으로써 도망가지 못하게 했다. 그가 얼마나 유능했는지를 단적

---

4 박지원의 생애에 대해서는 『연암집(燕巖集)』에 수록된 이응익(李應翼)의 「본전(本傳)」 참조; 주루이핑(朱瑞平)이 점교한 『열하일기(熱河日記)』의 「점교설명(點校說明)」참조.

으로 보여주는 사례라 하겠다. 1780년, 박지원 등이 연행길에 오를 때 득룡은 이미 40여 년 째 연행에 참여하고 있었지만 출신 탓에 과거 응시에 나갈 수 없어 신분은 여전히 '마두(馬頭)'라는 직위에 머물렀다. 마두는 마부들을 관리하는 우두머리였다.[5] 득룡은 이 장에서 주목할 만한 인물의 전형이다. 그는 한어 실력을 바탕으로 많은 청나라 친구를 사귀었는데 그 중에는 관료도 있었다. 그럼에도 불구하고 그는 낮은 신분과 글솜씨의 결여 및 여러 조건의 미달로 사절단에서 묻혀 살아야 했다.

득룡은 소수가 아니었다. 그는 단지 특히 두드러진 '하인' 중 한 명일 뿐이었다. 다른 예로, 선천(宣川, 현 평안북도 선천군) 출신인 대종(戴宗)도 북경에 예닐곱 차례 다녀온 경력이 있었다.[6] 이들 국경 지역 주민들에게 사절단의 일부 구성원은 낯익은 얼굴이었다. 그들의 눈에 이 낯익은 얼굴들의 일상은 국경을 오가는 일이었다. 따라서 득룡과 대종 같은 이들에게 연행은 단지 삶의 일부일 뿐, 정치적이거나 사상적인 깊이는 없었다. 연행은 국가와 외교를 위한 봉사였지만 사절단의 일부 '낯익은 얼굴'에게는 '이만영에게 뇌물을 바쳐서라도 수행하여 천금의 재산을 얻고자 하는' 절호의 기회였다.

박지원은 사절단이 국경 책문(柵門)에 가까워지자 마두와 역관 등 사절단 하위직 일꾼들이 현지 청나라 사람들과 열정적으로 악수하며 안부를 묻는 모습을 지적한다. 청나라 사람들은 그들이 길에서 무사했는지, 날씨는 어땠는지, 언제 돌아가는지, 심지어 가족의 안부까지 물

5 박지원, 『열하일기』, 7-8쪽; 130-131쪽.

6 박지원, 『열하일기』, 14쪽.

으며 서로의 깊은 교분을 과시했다.

'낯익은 얼굴'들은 득룡이나 대종과 마찬가지로 거의 의주(義州) 출신으로, 해마다 중국을 오갔다. 박지원의 눈에 그들은 '중국의 사정에 매우 밝은' 사람들이었으며 청나라 사람들도 이들을 조선인과는 다르게 불렀다. 사절단 체계에서 득룡은 마두라는 신분이었기에 양반 출신인 박지원과는 비교할 수 없었지만 청나라 사람들의 시선은 달랐다. 그들은 흔히 득룡을 '상공(相公)'이라 불렀는데 이는 중국어에서 상대방에 대한 존칭에 해당한다. 관례에 따라 조선 사신들은 은을 사비로 준비해 연도에서 무역을 할 수 있었다. 일부 지식인들은 이 자금을 마련하지 못해 자신이 지참할 수 있는 은의 '할당량'을 관심 있는 상인에게 넘기기도 했다. 이러한 상인들의 목적은 '주씨 가문'처럼 무역을 통해 부를 이루려는 데 있었다. 송도(현 개성)나 평양에 있는 상인들은 할당량을 사들였지만 대부분 직접 연행에 참여하지 않고 다시 마두와 역관에게 위탁하는 경우가 많았다. 이러한 이익을 중심으로 맺어진 네트워크에 사절단 구성원 모두가 얽혀 있었다.

박지원이 이들에 대해 "연행을 마치 시장 거래처럼 여기고 북경 시장의 상인들과 뒤엉켜 있어 은의 교환과 가격의 등락이 모두 그들의 손에 달려 있다(視燕如門庭, 與燕市裨販連腸互肚, 兌發低仰都在其手)"[7]고 묘사한 것은 결코 과장이 아니었다. 그의 추산에 따르면, 한 차례 사행에서 구성원들이 준비한 은은 10만 냥을 넘었는데[8] 10년이면 100만 냥

---

7 박지원, 『열하일기』, 9쪽.

8 청나라 관료의 봉급을 참고하면 10만 냥이 얼마나 큰 금액인지 실감할 수 있다. 건륭조에 간행된 「흠정대청회전칙례(欽定大清會典則例)」 중 '호부의 북경 문무백관 봉록에 관

에 달한다. 이는 청나라 시기 중국에서도 매우 큰 규모의 자산이었다. 박지원이 안타까워한 것은 이 중 대부분이 청나라 점포에 가볍게 허비되었다는 사실이다. 예를 들어, '중후소(中後所, 현 요녕성 수중현[遼寧省 綏中縣])'에 자리한 세 곳의 모자 상점은 각각 30~50개의 공방 규모에 100명이 넘는 인력을 고용해 조선 사람들이 선호하는 털모자를 전문적으로 생산하고 있었다. 사절단이 이곳을 지나며 먼저 상점에 주문을 하고 돌아오는 길에 물건을 받아 가는 것은 오랫동안 이어져 온 관행이었다. 이 세 상점은 조선 전국의 털모자 시장을 장악해 박지원도 '우리나라에서 쓰는 털모자는 모두 여기서 나온다'고 말할 정도였다. 조선인을 위해 특별히 양산되는 이 중국산[9] 모자는 사실상 중국 굴기의 한 단면이었다.

제일 장관(壯觀)

우리는 1780년 사행에서 또 다른 이야기를 발견할 수 있다. 이러한 일화의 주인공들은 이념적으로 득룡이나 대종과 같은 부류의 사절단 구성원들과 대립면에 서있는 듯하다. 비록 하나의 중국이지만 시간과 시대를 표현하는 방식부터 서로 다르다. 박지원이 태어난 1737년은 명

한 기록(戶部, 俸餉上, 在京文武各官俸祿)'에 따르면, 북경에 있는 문무 각 관료의 봉급 중, 정1품과 종1품은 모두 연간 은 180냥이었다. 정1품 관료의 연봉이 고작 180냥에 불과했으니 10만 냥이라는 금액이 얼마나 막대한 규모인지 알 수 있다.

9 박지원, 『열하일기』, 80-81쪽.

나라 멸망으로부터 이미 100년이 지난 때였고, 그가 사신으로 떠난 시점은 136년이 지난 뒤였다. 그러나 『열하일기』 서문의 첫 단락에서부터 박지원은 특별히 기년 단위로 '삼경자(三庚子)'를 쓴 이유를 설명하고 있다.

잘 알려진 바와 같이, 중국에서는 전통적으로 '연호'로 시간과 시대를 기록했다. 만력(萬曆), 강희(康熙), 건륭(乾隆) 등은 모두 당시 조정에서 반포한 연호였다. 하지만 『열하일기』에서 '삼경자'로 시간과 시대를 표기한 것은 박지원이 개인 작품에서 청나라의 연호인 '건륭'을 사용하지 않으려는 의도를 담고 있어 깊은 의미가 있다고 볼 수 있다.

일반적으로 숭정제 주유검(朱由檢)을 명나라의 마지막 황제로 간주한다. '삼경자'란 '숭정 기원부터 세 번째 경자년'이라는 뜻이다. 중국은 고대에 천간지지(天干地支)를 사용해 기년을 기록했다. 천간은 '갑(甲), 을(乙), 병(丙), 정(丁), 무(戊), 기(己), 경(庚), 신(辛), 임(壬), 계(癸)'로, 지지는 '자(子), 축(丑), 인(寅), 묘(卯), 진(辰), 사(巳), 오(午), 미(未), 신(申), 유(酉), 술(戌), 해(亥)'로 이루어지는데 두 부류에서 각각 하나씩 골라 번갈아 쌍을 이룬다. 학계에서 명나라의 멸망을 초래한 사변을 '갑신변(甲申之變)'이라 칭하는 이유는 숭정 17년(1644)이 '갑신년'이기 때문이다.

박지원을 비롯한 조선 지식인들의 의식 속에는 언제나 명나라는 멸망했지만 완전히 사라지지 않았다는 인식이 자리하고 있었다. 조선은 압록강을 경계로 삼아 "오직 선왕의 제도를 지키고 있으니 이는 명나라 황실이 압록강 동쪽에 여전히 존재함을 의미한다. 비록 힘이 부족해 오랑캐를 물리쳐 중원을 회복하지 못하고 있지만 모두 숭정을 존중하며 중국을 보존하고 있다.(獨守先王[明朝]之制度, 是明明室猶存於鴨水以東

也. 雖力不足以攘除戎狄、肅清中原, 以光復先王之舊, 然皆能尊崇禎以存中國也.)"[10]고 여겼다. 요컨대, 박지원은 '삼경자'로 명나라 기년을 이어가는 것을 통해 '사명(思明)' 입장을 선언하려 했던 것이다.

박지원은 동행한 노자 장복(張福)에게 중국에서 살고 싶은지 물었다. 이에 장복은 "중국은 오랑캐의 나라입니다. 소인은 원하지 않습니다.(中國, 胡也, 小人不願.)"[11]라고 대답했다. 조선의 노비조차도 자신의 모국을 청나라에 비해 문명 상국(上國)으로 여겼던 셈이다. 만약 청나라 사람이 이 사실을 알게 된다면 어떤 생각을 할지 궁금해진다. 장복의 이 직설적인 대답은 청나라에 대한 당시 조선인들의 보편적인 인식이었다.

박지원은 연행을 동경하는 조선인들에 대한 묘사에서 그들은 사신을 만나면 꼭 '중국에서 가장 장관인 경치는 무엇인가?'라고 묻는다고 했다. 이에 대한 대답은 각양각색이었다. 어떤 이는 요동의 끝없이 펼쳐진 들판을 꼽았고 또 어떤 이는 산해관이나 노구교(盧溝橋) 같은 건축물에 매료되었다고 했다. 또 어떤 이는 북경의 도서 시장인 유리창(琉璃廠)의 번성을 언급하며 책을 사랑하는 마음을 드러내기도 했다. 하지만 그와 동시에 '볼 만한 것이 없다'고 하는 이도 있었다. 즉, 중국에는 감동적인 경치는 물론, 딱히 볼 만한 것도 없다는 것이다.

'중국에 볼 만한 것이 없다'는 말은 특별한 의미를 담고 있다. 이렇게 주장하는 사행 경력자들은 청나라 황제와 관료가 모두 변발을 하고 호복(胡服)을 입기 때문에 비록 그들의 공덕이 하(夏)·상(商)·주(周) 삼대

10 박지원, 『열하일기』, 1쪽.

11 박지원, 『열하일기』, 10쪽.

의 성세에 필적할 만하고 부강함이 진(秦)·한(漢) 두 왕조에 견줄만 하다 해도, '변발'이 가져다준 악영향을 상쇄할 수 없다고 여겼다. 그들은 더욱 강조하여 말했다. "한 번 변발을 하면 오랑캐가 되는 것이니 오랑캐는 개와 양과 다를 바 없다. 우리가 개와 양에게 무슨 볼 만한 것이 있겠는가?(一剃髮則胡虜也, 胡虜則犬羊也. 吾于犬羊也何觀焉?)"[12]

비록 '사명' 사상이 백 년이나 흘렀음에도 박지원은 조선은 임진왜란 당시 만력제가 왜란을 평정하기 위해 군대를 파견한 은덕을 기억하고 있다고 했다. "조선 사람은 발꿈치부터 머리카락까지 온몸이 재조의 은혜로 이루어졌다(東民之踵頂毛髮, 莫非再造之恩也)"[13]는 말이 그 심경을 잘 나타낸다.

이것이야말로 '청나라 멸망의 은유'에 담긴 두 가지 핵심이다. 하나는 명나라를 그리워하며 재조의 은혜를 결코 잊지 않았던 것, 다른 하나는 청나라에 대한 적대감을 견지하며 '반드시 명나라를 위해 복수하리라'는 갈망을 버리지 않았던 것이다. 믿기 어려울 수 있으나 1644년 이후로도 '존주양이론(尊周攘夷論)'을 신봉한 조선 지식인들은 "뜻이 높고 의지는 흔들림 없어 백 년이 지났어도 마음가짐은 눈썹 하나 까딱하지 않았노라(磊落相望, 百年如一日, 可謂盛矣.)"[14]고 당당히 자부했다.

바로 이러한 신념을 품은 지식인들이 청나라에 대해 전혀 반대되는 생각을 가진 득룡이나 대종과 함께 사행의 길에 올라 동일한 중국을 직접 경험했던 것이다.

---

12 박지원, 『열하일기』, 60-61쪽.

13 박지원, 『열하일기』, 60-61쪽.

14 박지원, 『열하일기』, 60-61쪽.

사라진 명세서

'사명'의 일념으로 사행길에 오른 사신들은 연도에서 명승고적을 돌아보고 북경성에서 청나라 황제를 알현했으며 유리창에서는 상인이나 지식인들과 교류했다. 이 모든 행위의 궁극적 목적은 '문화적 모국'을 다시 찾기 위함이었다. 그들에게 마두나 역관은 사절단의 무역을 주도하거나 조종해 자신의 이익만 채우고 국가에 손해를 끼치는 '소인'에 불과했다. 그러나 대규모로 중국 상품을 수입하는 핵심 인물은 역관이나 문장력이 뛰어난 사절단 구성원이 아니었다. 사절단이 작성한 수입품 명세서를 보면 무역이 사절단의 주된 임무가 아니었음을 알 수 있다. 사절단 지식인들이 관심을 가진 것은 책, 그림, 골동품, 명문이 새겨진 동기(銅器)나 비석 등 문인의 품격이 담긴 문화 상품이었다. 이들이 가끔 언급한 소수의 '속물(俗物)'은 연도에서 중국 관료에게 줄 선물에 불과했다. 또한 중국 정부가 사절단에 하사하는 선물을 '하정(下程)'이라 했다.

사절단은 출발에 앞서, 관례에 따라 연행로에서 나눠줄 선물을 준비하고 관련 명세서인 예단(禮單)을 작성했다. 예단의 지급 대상은 하층 병사와 호행 장관부터 북경의 중앙 관료들까지 다양했다.[15] '하정'은 청나라가 조선 사신을 대접하기 위해 제공되는 각종 음식, 사료와 비품을 뜻하는데 일반적으로 장작·쌀·소금·간장· 식초·차 등 북경 숙소 생활에 필수적인 품목이 포함되었다. 『통문관지(通文館志)』에는 "순치 연

15 예단(禮單)에 관해서는 『연행록(燕行錄)』 외 『통문관지(通文館志)』, 권3 중 「연로각처예단(沿路各處禮單)」, 188-197쪽 참조.

간 이후 호부는 양식을, 공부는 장작·마초·기명을, 광록사는 각종 요리를 공급했다.(順治以後, 戶部供糧料, 工部供柴炭、馬草、器皿, 光祿寺供各樣饌物.)"[16]고 기록되어 있다.

사절단이 준비한 선물은 대체로 조선지(朝鮮紙)·부채·은장도(銀粧刀)·신발 등 지역 특색을 띤 토산품들로, 앞서 언급된 '털모자'나 '안경'과는 거리가 멀다. 그러나 오히려 이 같은 점이 '사행은 본질상 무역을 목적으로 한 여행이며 바로 이러한 품목을 교역하기 위한 것'이라는 오해를 불러오기도 했다.

그러나 이 두 부류의 명세서를 사행 무역 그 자체와 동일시할 수는 없다. 득룡과 대종이 거래 명세서를 보유했으리라 추측하는 근거는 충분하다. 그 내용은 매번 거래한 물품의 상세 내역이었을 것이다. 하지만 지금까지 확인된 바에 따르면, 건륭 연간의 연행 기록에는 이러한 명세서와 유사한 문서가 남아 있지 않다. 결국 득룡과 대종은 문인 사대부가 아니었기 때문에 개인 문집이나 수필집을 남길 수 없었다. 결론적으로, 그들이 기록한 장부는 분명히 존재했으나 고증할 방법은 묘연하다는 것이다. 이러한 역사 속에 숨겨진 문자 기록을 일단 '사라진 명세서'라 부르자. 비록 존재했으리라는 추론에 의존해야 하고, 여러 이유로 아직 세상에 알려지지 않고 있지만 추적 과정 역시 역사 연구의 낭만적인 부분이 아니겠는가? 마치 결정적인 한 장의 사진이 빠져 있어 아쉬움을 남기지만 완전히 방법이 없는 것은 아니다

사실 우리는 간접적인 방법을 통해서도 이 '사라진 명세서'의 세부

---

16 『통문관지(通文館志)』, 권3, 「입경하정(入京下程)」, 165-168쪽.

내용을 유추해 볼 수 있다. 중후소(中後所)에 자리한 세 곳의 모자 가게를 기억하는가? 박지원은 조선의 모자 시장은 이 세 가게에 의해 사실상 독점되었다고 말했다. 이들 가게는 각자 백여 명에 달하는 인력을 거느리고 밤낮으로 작업했으니 그 생산량이 결코 적지 않았을 것이며 이 많은 물량을 조선으로 운반하는 일 또한 쉽지 않았을 것이다. 모자는 중요한 무역 품목임이 분명함에도 불구하고 정작 공식 기록의 목록에서는 빠져있는 경우가 많다. 주의 깊게 살펴보면, 이처럼 기록에 제대로 남겨지지 않은 공백들이 더 많이 발견된다. 건륭 52년(1787), 조선의 변경 방위와 조공 무역을 총괄하는 부서인 비변사(備邊司)는 사절단 구성원이 반드시 지켜야 할 규정을 목록 형태로 정리한 「재거사목(賷去事目)」을 제시했다. 여기에는 국가 기밀 유출 방지, 상관 지시 준수 등 일반적인 규정 외에도 주목할 만한 특별 조항들이 포함되어 있었다. 예를 들어, 독특한 문양이 있는 포목 구매를 금지하거나 인삼을 중국으로 반출하여 판매하는 것을 엄금하는 내용 등이 그것이다.[17]

인삼은 희귀한 약재일 뿐만 아니라 높은 가치로 인해 화폐를 대신할 수 있어 중국 민간 거래에서도 사용되었다. 조선 정부가 사신들에게 인삼 휴대를 금지한 이유는 명확했다. 조선 내에서도 인삼 공급이 충분하지 않은 상황에서 이 중요한 자원이 외부로 과도하게 유출되는 것을 막고자 함이었다.

인삼을 선물로 활용하는 것은 동시에 조선의 국력을 나타내는 수단이기도 했다. 일본 등에 보내는 외교적 선물을 준비할 경우에도 인삼은

17 「재거사목(賷去事目)」은 『조선왕조실록』 정조 11년 10월 10일 갑진조에 실려 있다.

중요한 위치를 차지했다. 이는 인삼이 단순한 상품을 넘어 국가 전략과 연결된 주요 물자였음을 보여준다.[18]

한편, 독특한 문양이 있는 포목도 금지 품목에 포함된 점이 주목할 만하다. 이는 조선이 중국으로부터 이 품목을 대량으로 수입했기 때문인 것으로 보인다. 청나라 시기 중국에서 포목은 은과는 달리 주요 통화 수단이 아니었고 국가 안보와 직접 관련된 물품도 아니었다. 따라서 무역 상황이 심각하게 악화되어 정부가 개입해야 할 필요가 없는 한, 관련 관청에서 포목 수출을 특별 규제할 가능성은 높지 않다.

중국산 금지령–목포·사치품·기타 상품 (禁紋·禁奢·禁中國貨物)

조선이 중국과의 무역을 통해 얻는 이익은 점차 악화되어 내부 안정에까지 심각한 영향을 미쳤다. 우선, 명나라 만력 연간부터 백은이 대량으로 중국에 유입되어 관청의 세금 납부에까지 도입되면서 통용 화폐 기능을 하게 되었다. 이러한 상황은 청나라 시대에 와서도 큰 변화 없이 계속되었다. 조선은 본래 백은을 사용하지 않았지만 사행 무역에 참여하면서 어쩔 수 없이 백은의 소용돌이에 휘말리게 되었다.

18 조선 왕조의 인삼 통제 및 일본과의 외교 관계에 관해서는 야마모토 스스무(山本進)의 『대청제국과 조선경제 : 개발·화폐·신용(大清帝国と朝鮮経済 : 開発·貨幣·信用)』 제3장 「평안도 강계부의 인삼 정책(平安道江界府における蔘政)」과 제4장 「북방 개척 정책의 전개(北辺充実政策の展開)」 참조.

임매 초상화에 등장하는 심의(深衣)는 조선에서 재단하고 봉제된 것으로 추정되나 그 원단과 안경은 중국에서 유입된 것일 가능성이 더 크다. 조선과 청나라 간 무역은 포목이 가장 큰 비중을 차지했고 그 다음으로는 '중국제조'를 뜻하는 속칭 '당물(唐物)'이라 불린 다양한 상품들이 있었다. 강희 연간부터 조선 정부는 중국산 문양 포목의 수입을 제한하려는 논의를 벌였는데 이를 '금문령(禁紋令)'이라 한다. 당시 화려한 문양과 부드러운 질감의 포목 사용은 신분을 넘어선 사치 행위로 여겨졌을 뿐만 아니라 국가 경제에 미치는 부정적 영향 또한 만만치 않았다.

백은과 포목이 맞물려 결국 조선의 재정은 위기에 빠지게 되었다. 박지원은 세 곳의 모자 가게를 보고 "천 년 동안 썩지 않는 은으로 겨우 세 해만 쓰고 버려질 모자를 바꾸다니! 산에서 한정되어 채굴되는 귀한 자원을 한 번 가면 돌아오지 못할 먼 곳으로 보내다니! 어찌 이런 생각을 못하는가! (以千年不壞之銀, 易三冬弊棄之帽 ; 以采山有限之物, 輸一往不返之地, 何其不思之甚也!)"[19]라고 개탄했다. 이처럼 그는 조선 사람들이 영원히 썩지 않는 백은을 낭비해서라도 사용 기한이 짧은 잡화를 사들이는 것을 매우 어리석은 행위로 보았다. 그의 친구 홍대용 역시 이 문제를 지적하며 "우리가 쓸모 있는 은을 북경에서 쓸모없는 잡화를 사는 데 쓰고 있다니 이 어찌 우습지 않겠는가!(我們以有用之銀子, 買京裡無用的雜貨, 豈不可笑?)"[20]고 예리하게 지적했다. 당시 조선은 은을 두고 채굴 기술과 매장량의 한계에 직면해 있었기에 두 사람 모두 백은의

19 박지원, 『열하일기』, 81쪽.

20 홍대용, 『담헌연기(湛軒燕記)』, 264쪽.

유출이 국가 경제에 미칠 부정적 영향을 우려했던 것이다. 이러한 우려는 결코 근거가 없는 것이 아니었다. 박지원 시대에 조선은 이미 '중국 제조'의 물결에 휩쓸려 수입 상품이 하늘을 덮고 땅을 가득 메울 지경이였다.

만약 임매의 서재에서 우리의 시선이 그가 마주한 책상에만 머무르지 않는다면 더 많은 중국산 상품을 발견할 수 있을 것이다. 조선 관료 한용탁(韓用鐸, 1759-1817)은 정조에게 조선 사대부의 서재에는 "붓과 벼루 같은 필기구, 향로와 항아리 같은 기물들이 좌우에 진열되어 있는데 모두 중국에서 온 것(筆硯爐罐之類, 陳列左右者, 無非唐物)"[21]이라고 보고했다. 이처럼 일상적으로 사용하는 문방사보(文房四寶)와 서재 양옆에 진열된 각종 문물들은 모두 중국산이었다. 당시 조선의 지식인들만 중국 제품을 선호한 것은 아니었다. 상업의 힘은 계급과 인식을 넘어 모든 가정의 문을 두드린 뒤 자연스럽게 식탁과 서재로 스며들었다.

사절단의 마두와 역관 중 교역에 능한 자들의 목표는 꼭 고급 상품만이 아니었다. 종종 서화와 금석문이 고가에 거래되기는 했으나 이는 소수의 상행위였을 뿐, 득룡과 같은 인물들은 오히려 조선 전국을 상대로 통 큰 장사를 꾀했다. 금문령의 규정에서 그들의 행위를 엿볼 수 있다. 애초에는 부유한 가문과 고위 관료, 명부(命婦, 왕후의 측근 여성) 등 제한된 계층만이 중국산 물품을 선호했고 금지 대상도 그들이었다. 그러나 점차 일반 백성들까지 화려한 문양의 포목을 결혼식 의복으로 선택하는 등 중국산 물품은 전국에 퍼져 나가기 시작했다. "전국 풍속이

21 『조선왕조실록』, 정조 18년 7월 22일, 정미조.

본토산 물건을 귀하게 여기지 않고 반드시 중국산 물건을 귀하게 여긴다.(全國習俗不貴土產, 必貴華物)"는 말에서 중국산 상품이 미친 영향력을 확인할 수 있다.[22]

중국산 목포와 사치품에 대한 금지령은 전국에 시행되었으나 기대했던 효과를 거두지 못했다. 그 이유는 크게 두 가지 측면에서 해석된다. 우선, 조선 사절단의 관리 계층은 사행 무역에 직접 참여하는 데는 소극적이었고 이익을 챙기려는 의도도 적었다. 유가 경전의 영향으로 상업적인 일에 대한 관심과 전문지식이 부족했던 그들은 사절단 내에서 암암리에 벌어지는 상행위에 대한 단속에도 별다른 열의를 보이지 않았다. 이러한 상황에서 무역의 실제 공간과 주도권은 마두, 역관, 그리고 동행한 상인들에게 넘어갔다. 정부가 엄격한 규제를 시도했더라도 조정은 멀리 떨어져 있어 실질적인 통제가 어려웠으며 규제를 회피하는 방법도 항상 존재했다. 예를 들어, 금문령을 위반하는 자가 있으면 역관과 상인을 참수해 그 모습을 공개하라는 강경한 처벌 규정이 있었음에도 중국산 물건들이 쏟아져 들어오는 현상을 막지 못했다.

---

22 이 부분에 대한 논의는 주로 장존무(張存武)의 『청한 종번 무역 : 1637-1894(淸韓宗藩貿易 : 1637-1894)』 70-78쪽을 참조하였다. 또한, 이러한 상황은 명나라 말기부터 이미 나타났음을 지적해야 한다. 『조선왕조실록』에는 가정 연간의 다음과 같은 기록이 있다. "근래에 여러 후궁과 권세가문에서 중국산 상품을 사들이려 다투는데 단지 의복으로 쓰기 위함뿐만 아니라 이익을 취하려는 목적도 있어 마치 상인과 같다.(近來諸宮, 權貴之家, 爭貿華物, 非特為服飾之用, 亦以牟利, 有同商賈.)" 여기서 말하는 중국산 상품 역시 포목임이 분명하다. 출처 : 『조선왕조실록』, 명종 12년 1월 23일, 정축조.

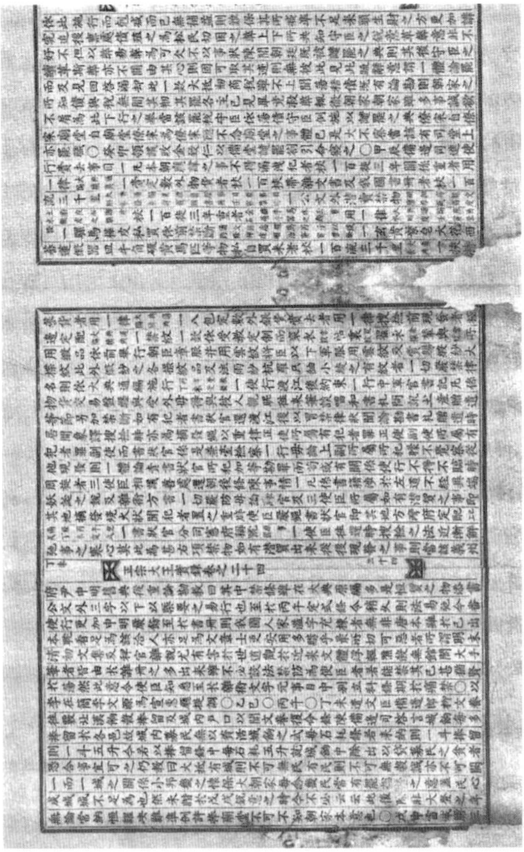

『조선왕조실록』에 게재된 사치품 금지령(오른쪽에서 왼쪽으로 열람)

중국이 조선을 위해 맞춤형 상업 모델을 개발했다는 점은 금지령이 효과를 내지 못한 또 다른 중요한 이유였다. 중국산 모자는 전체 무역품 중 빙산의 일각에 불과했다. 홍대용은 북경으로 향하는 사행 기간 동안, '국가적 차원에서의 거래든 사적인 거래든 거의 모든 교역은 중국의 정씨와 황씨 두 가문에 의해 독점되었다. 특히 부유한 정씨 가문의 당주 정세태(鄭世泰)는 조선 고객의 취향을 잘 파악해 장인들더러 조선 스타일로 상품을 양산하도록 한 뒤, 도매 가격 우세를 빌어 독점적인 장사를 하고 있다.'[23]고 지적했다.

또한, 조선의 중국에 대한 경제적 의존은 위로부터 아래로 촘촘히 엮어진 경제망이기도 했다. 박지원을 접대한 민가는 "만약 귀국의 사행이 없었다면 생계가 끊어졌을 것(若非貴國使行時, 都沒了生涯)"[24]이라고 말했다. 이처럼 원하든 원하지 않든 두 나라는 이미 서로 같은 배에 올라탄 상태였다.

청나라 본받기(北學中國)

박지원의 시선을 통해 우리는 연행 구성원의 두 가지 얼굴을 읽을 수 있다. 하나는 명령을 받고 출사하는 관리와 군관에 관한 것으로, 이들의 주요 임무는 중국의 내외 정세를 은밀히 조사하고 학술 동향을 탐구하는 데 있었다. 다른 하나는 무역을 통한 부를 축적할 목적으로 사행에 참여한 마두와 역관, 그리고 수행 상인들이다. 서로 다른 신분의 이 두 무리는 같은 목적지를 향해 나란히 걸었지만 바라는 목적은 현격히 달랐다.

앞서 살펴본 바와 같이, 명나라가 멸망한 이후 조선 지식인들은 '애신귀루' 가문을 중국의 정통 통치자로 보지 않았다. 오히려 이들을 오

---

23 홍대용, 『담헌연기(湛軒燕記)』, 114-116쪽.

24 박지원, 『열하일기』, 21쪽.

랑캐 역적으로, 중화를 혼란에 빠뜨리고 성기(聖器)를 빼앗은 도적으로 여겼다. 그들은 청나라의 연호를 거부하며 개인적으로 숭정 연호를 고수하기도 했다. 사절단 지식인들은 연행록을 통해 명나라 왕실의 위대한 업적을 기리는 한편, 세상이 점점 타락해 가는 것에 대한 안타까움과 사라진 명나라 의관에 대한 그리움을 드러내기도 했다.

반면, 사절단 내에서 상대적으로 주목받지 못했던 마두와 역관, 그리고 상인들은 이러한 엄격한 유교적 의식과 규범에 얽매여 있지 않았다. 박지원과 홍대용의 기록에 따르면, 이들은 매년 중국을 오가며 현지 사정에 밝은 이점을 활용해 사행 무역을 주도했다. 특히 14세 때부터 중국을 오간 득룡과 같은 인물은 1780년경 40대가 되면서 연행에 없어서는 안 될 핵심 인물로 자리 잡았다. 득룡은 청나라 백성들로부터 '상공(相公)'이라는 존칭을 받았지만 사절단 내에서는 단지 마두이자 하인에 불과했다.

요컨대, 득룡이나 대종과 같은 마두와 역관들이 청나라 상인이나 관리들과 형제처럼 가까운 관계를 유지할 수 있었던 까닭은 연행이 그들에게는 일상적인 업무였을 뿐, 인문과 학술을 탐구하는 정치적 사명이 아니었기 때문이다.

바로 이처럼 신분과 목적이 다른 두 집단을 세심하게 관찰한 박지원의 독특한 시각은 '중국'이라는 공간이 지닌 내재적 모순과 복잡성을 독자들에게 깊이 있게 전달해준다.

보다시피, 중조 관계를 연구하는 학자들이 박지원의 『열하일기』를 한결같이 높이 평가하는 이유는 그가 섬세하고 생생한 필치로 중국의 인문 풍경을 기록한 동시에, '과연 이것이 옳은가?'라는 날카로운 의문을 교묘하게 던져주고 있기 때문이다.

분명한 것은 박지원 역시 당시의 현실에 대해 깊은 불만을 품고 있었다는 점이다. 그는 겉으로 드러난 중국 풍경을 기록하면서도 그 이면에 조선 사회에 대한 깊은 이야기와 성찰을 담아내고자 했다. 박지원은 두 가지 시각을 겸비하여 중국을 바라보았다. 한편으로는 명나라에 대한 그리움을 이해하며 조선 지식인들의 심정에 공감했고, 다른 한편으로는 실용적인 '속무(俗務)'에 주목하여 민생에 이로운 기물과 기술을 습득하려 했다. 이러한 독특한 이념은 그로 하여금 새로운 시선으로 중국을 재발견하게 했다.

박지원이 처음 국경 책문(柵門)에 들어섰을 때, 이곳은 청나라의 동쪽 변방에 불과해 심양이나 북경에 견줄 만큼 번화하지는 못했다. 그러나 그는 이 가난한 지역도 민가가 깨끗하게 정리되어 있고 장작이 가지런히 쌓여 있는 정경을 눈여겨보았다.[25] 또한 중국의 건물들이 대부분 벽돌로 지어진 것을 보고는 연도에서 장인들이 벽돌 가마를 구축하고 벽돌을 굽는 방법에 대해 관심을 기울였다. 그는 중국의 벽돌은 "고르고 균일하며 네모 반듯하여 집을 쌓을 때 힘은 덜 들고 효능은 배가 된다(齊勻方正, 力省功倍)"[26]고 칭찬했다.

또한 청나라에서 화물 운반에 사용되던 대차(大車)와 독륜차(獨輪車)의 형식이 가볍고 효율적이라는 점에 주목하여 "중국은 재물이 풍부하고 원활히 유통되고 있는데 무역이 활발한 것은 모두 수레의 이점 덕분

---

25 박지원, 『열하일기』, 12쪽.

26 박지원, 『열하일기』, 19쪽.

(中國之貨財殷富, 不滯一方, 流行貿遷, 皆用車之利也.)"[27]이라고 감탄하기도 했다.

박지원은 벽돌 굽는 방법과 수레 제도에 주목한 최초의 조선 사신은 아니었지만 가장 포괄적으로 관찰하고 큰 영향을 끼친 인물임은 분명하다.

『열하일기』에서 조선 지식인들이 중국의 '장관(壯觀)' 경치에 대해 논의하는 장면을 살펴보면, '볼 만한 것이 없다'고 당당히 선언하며 청나라는 진정한 중국이 아니므로 언급할 가치조차 없다고 주장하는 사대부들에게 박지원은 '상사(上士)'라는 이름을 달아 주었다.

아이러니하게도 박지원 자신이 '하사(下士)'의 입장에서 했던 말은 240여 년이 지난 지금도 깊은 공감을 자아낸다. "나는 하사로서 청나라의 장관은 기와에, 화장실에 있다고 말하고 싶다.(余下士也, 曰壯觀在瓦礫, 曰壯觀在糞壤.)"[28] 이처럼 박지원은 중국의 인상적인 대상을 기와와 벽돌 같은 일상적인 건축 자재, 그리고 분뇨 처리와 같은 실용적인 도시 계획에서 찾았으며, 이러한 실용적 세부 사항들이야말로 국가의 진정한 위대함을 보여준다고 여겼다.

박지원은 조선 사대부들이 명나라를 그리워하고 청나라를 원망하는 마음을 충분히 이해하고 있었지만 여전히 다음과 같이 강조했다. "천하를 다스리는 자로서 백성에게 이롭고 국가에 도움이 된다면 비록 그 제도가 오랑캐에게서 비롯된 것이라 할지라도 반드시 받아들이고

27 박지원, 『열하일기』, 65쪽.

28 박지원, 『열하일기』, 61쪽.

본받아야 한다.(為天下者, 苟利於民而厚於國, 雖其法之或出於夷狄, 固將取而則之.)"[29] 이처럼 청나라를 대하는 그의 태도는 분명히 달랐다.

박지원은 『열하일기』 서문에서 숭정 연호를 사용한 이유를 해석하는 한편, 조선이 명나라 제도를 지켜 '중국'의 정통성을 압록강 동쪽에 보존해야 한다고 주장했다. 그러나 그는 이러한 입장과 동시에 청나라를 적극적으로 인정하는 모습도 보였다. "만방이 한 임금을 공경하니 천지는 청나라요, 해와 달은 건륭이다.(萬方共尊一帝, 天地是大清, 日月是乾隆.)"[30]라고 감회를 표하거나 "지금 청나라가 천하를 다스린 지 겨우 4대에 불과하지만 문무가 완비되고 태평성세가 백 년을 이어져 사해가 평안하다. 이는 한나라와 당나라 시대에도 보기 드문 일이다.(今清之御宇才四世, 而莫不文武壽考, 升平百年, 四海寧謐, 此漢、唐之所無也.)"[31]라고 한 것은 그가 청나라를 단순한 정치적 실체가 아닌 중화 문명의 정통을 계승한 왕조로 인식했음을 보여준다.

이처럼 박지원 세대에 이르러 '중국'에 대한 인식은 기존의 경멸에서 벗어나 직시하는 방향에서 재발견되기 시작했다. 박지원은 청나라에게도 배울 점이 있음을 주장하며 백성에게 실제 이익이 된다면 비록 당시 많은 이들이 경멸하던 여진족의 것이라 할지라도 적극적으로 모방하고 흡수해야 한다고 강조했다. 그의 이러한 사고를 자극한 배경에 대해서는 다음 장에서 자세히 다루겠다. 이에 앞서 언급해야 할 것은 18세기 조선을 가득 메운 대량의 중국 상품은 신중히 고려해야 할 중

29 박지원, 『열하일기』, 61쪽.

30 박지원, 『열하일기』, 146쪽.

31 박지원, 『열하일기』, 101쪽.

요한 단서라는 것이다. 조선이 중국산 물품에 열광했던 이유는 단순히 가격이 싸서만이 아니었다. 질적으로 우수한 서화와 금석문, 일상용품, 심지어 임매의 책상 위에 놓인 안경에 이르기까지 모두 '중국제조'를 사용할 수밖에 없었던 것은 이를 대체할 만한 것이 마땅히 없었기 때문이다.

이처럼 책과 포목 등 다양한 상품을 앞세운 청나라는 문화와 상업을 겸비한 무역 강국으로서 조선에 기존의 '중화' 개념과는 다른 새로운 '중국' 이미지를 효과적으로 각인시켜 나갔다. 박지원이 중국을 바라보는 시각을 '사명(思明)'의 추상적 충의에서 '북학'의 실용적 태도로 전환하고, 그로부터 적극적으로 배울 것을 역설한 배경에는 그가 마주했던 생생한 물질문명의 현장이 있었다.

박지원과 홍대용을 비롯한 조선의 지식인들은 역사적으로 '북학파'로 불린다. 그들은 『맹자』「등문공 상(滕文公 上)」에 나오는 "진량은 초나라 사람이었으나 주공단과 중니의 도를 좋아하여 북쪽 중원의 문화를 배웠다.(陳良, 楚產也, 悅周公、仲尼之道, 北學於中國.)"는 고사를 인용하여 백여 년 간 명나라를 순수하고 정통한 문화로만 바라보는 이 풍조를 과감히 바꿔야 한다고 역설했다.

두 조선 사신이 함께 연주한 이 서곡은 중국 대륙에서 불어온 새로운 문명의 회오리바람을 타고 혼란한 기존 질서 속에서도 한결같은 방향으로 울려퍼져 나갔다.

제6장

조선의 '중국사 난제'
: 중화냐 조선이냐

'사명(思明)'의 애수가 조선을 휩쓸던 시절, 조선 지식인들은 명나라가 멸망한 지 백 년이 넘었음에도 '황명중화'라는 과거에 머물러 있었다. 그들은 '오랑캐는 백 년의 운이 없다'는 굳은 믿음으로 청나라가 위기에 처해 있다고 여겼다. 나아가 스스로를 중화 문화의 계승자처럼 여기며 명나라 왕실의 기치를 높이 들고 그 문화를 압록강 동쪽에서 고수하는 것으로 '중화'가 망하지 않았음을 증명하려 애썼다.

그렇다면 이 모든 것은 어떻게 막을 내렸을까? 오늘날 한반도에서 명나라나 중화 정통성에 대한 그리움은 거의 찾아보기 어렵다. 만력제 때의 조선 전쟁과 '사명'에 관한 이야기는 이제 사람들의 관심에서 멀어져 오직 고색 창연한 문헌 속에만 남아 있을 뿐이다. 그 시대를 '사명'의 시대라 한다면, 그 열기가 최고조에 달했던 순간보다는 오히려 곡이 끝나고 관객이 흩어지는 마지막 장면이 더 깊이 와닿는다.

역사의 원동력이 무엇인지에 대한 탐구는 조선이 명나라를 그리워하던 시절을 돌아볼 때 특히 의미 깊은 질문이 된다. 역사를 이루는 것은 단지 정치·경제라는 웅장한 구조나 사상가들의 담론에만 국한되지 않는다. 때로는 약간의 우연과 행운이 필요하며 시대의 흐름과 인위적인 개입 또한 함께 작용한다. 결국 역사를 만드는 주체는 사람이다. 아무리 보잘것없는 존재라 할지라도 역사의 거대한 수레바퀴를 움직이는 데 한 몫 할 수 있다. 이것이야말로 연구자에게 주는 낭만이자 인간이 지닌 가치가 아닐까.

명나라에 대한 간절한 그리움의 고리를 끊은 이는 결코 청나라를 좋아한 조선인이 아니었다. 오히려 명나라에 대한 뜨거운 열의와 경외심으로 가득 찬 인물이었다. 1765년, 조선의 선비 홍대용이 연행길에 오르면서 이야기는 본격적으로 시작된다. 그의 중국 체험은 전설같지만 결국 시대가 빚어낸 필연이기도 하다.

이 장에서는 홍대용과 중국 유생들 사이의 교류를 살펴보고 그가 북경에서 경험한 흥미로운 일화를 통해 시대 변천의 흐름을 따라가 보려 한다. 18세기 조선 사회에서는 숭정·만력 연호를 사용해 연도를 표기한다거나 청나라의 역서(曆書)를 평생 거부하는 등 '사명'의 흔적이 곳곳에서 드러난다. 이는 '중화의 부활'을 믿었던 모순되고 착잡한 심리가 뒤섞인 시대적 풍경이었다. 따라서 우리는 다양한 목소리에 세심히 귀를 기울여야 비로소 '사명'의 참된 모습을 볼 수 있을 것이다.

이제 한 차례 우연한 만남에서 이야기를 시작하겠다. 외로운 조선의 선비 홍대용은 천리길을 넘어 중국에 와서야 생애의 절친인 엄성(嚴誠)을 만났다. 이는 문화 교류사에 길이 남을 아름다운 이야기이자 시대를 가를 수 있는 역사적 사건이었다.

안경 한 틀

건륭 31년(1766) 정월 26일, 조선 사신 이기성(李基聖)[1]은 북경 유리창(琉璃廠) 거리를 걷다가 두 행인이 쓴 안경에 시선이 머물렀다. 시력

1 일부 문헌에는 '李基成'으로 되어 있다. 여기서는 일본 학자 후마 스스무(夫馬進)의 "'李基成'으로 적은 것은 홍대용의 오필"이라는 견해를 수용하기로 한다. 홍대용 저, 후마 스스무 역주, 『건정필담(乾淨筆譚)1』, 176쪽.

이 나쁜 지인을 위해 진품 안경을 구하려던 그는 망설이지 않고 다가가 고가를 지불해서라도 양도받고자 했다. 청나라 상인들에게 속아 가짜를 살까 우려했기 때문이었다. 중국어를 모르는 이기성은 급히 먹을 갈아 거친 종이에 뜻을 적어 소통을 시도했다.

뜻밖의 이 거래 제의에 항주 출신들인 엄성(嚴誠, 1732-1767)과 반정균(潘庭筠, 1742-?)은 당황하지 않고 오히려 담담했다. 엄성은 이기성이 거금을 제시하며 안경 거래를 청하자 주저 없이 안경을 벗어 건네며 "그대의 지인도 아마 나와 같은 병을 앓는 이겠으니 어찌 하찮은 안경을 아껴 팔기까지 하리오?(求於君者, 想是與我同病者也. 吾何愛一鏡? 何用言賣?)"라고 종이에 적어 보였다. 말없이 자리를 뜨는 두 사람의 뒷모습을 바라보며 이기성은 어쩔 바를 몰라 잠시 허탈감에 빠졌다. 무료로 안경을 받은 것이 부담스러웠던 이기성은 곧장 두 사람을 따라가 '농담이니 안경을 되돌려주겠다'고 사정했다. 그러자 엄성과 반정균은 '하잘것없는 물건에 그리 집착하는가'라며 불쾌한 기색을 드러냈다. 결국 이기성은 두 사람의 성명과 내력을 대강 묻고는 안경을 품에 안은 채 사관(使館)으로 돌아왔다.[2]

2 이 부분은 주문조(朱文藻) 편, 『일하제금합집(日下題襟合集)』, 457쪽 ; 홍대용·이덕무 저, 광잰싱(鄺健行) 점교, 『건정동필담·청비록(乾淨衕筆談·淸脾錄)』, 3쪽 참조.

천하의 기인을 사귀고 싶다

이기성의 기이한 만남은 사절단 내에서 화제로 되었다. 당시 사절단에 함께했던 홍대용이라 하는 선비는 비록 이 만남의 직접적인 당사자는 아니었지만 엄성의 초연하고 탈속적인 태도에 큰 호기심을 품게 되었다. 사절단에서 홍대용이 맡은 자제군관 직무는 명목상 군사 견습 신분으로, 일행 중에서는 비교적 한직에 속했기에 중국 견학에 집중할 시간적 여유가 있었다. 게다가 국내에서조차 가까운 친구가 많지 않았던 홍대용의 청나라 방문에는 중원의 풍경을 감상하고 '천하의 기인'을 사귀려는[3] 순수한 목적이 담겨 있었다.

홍대용의 이러한 소원은 당시 조선 지식인들의 일반적인 정서와는 달랐다. 사절단 성원들 대부분은 명나라가 다시 일어나 여진족을 몰아내길 바랐을 뿐 청나라의 지식인을 사귀는 것을 여행의 주된 목적으로 삼지 않았던 것이다.

홍대용의 자는 덕보(德保), 호는 담헌(湛軒)으로, 남양의 명문가에서 태어났다. 가문은 대대로 조정의 요직을 맡아온 전형적인 양반 가문이었다. 1765년, 숙부 홍억(洪檍, 1722-1809)이 서장관으로 임명되어 사절단에 참여하면서 홍대용도 자제군관 자격으로 동행할 수 있었던 것이다.

홍대용을 이해하려면 두 가지 측면을 고려해야 한다. 첫째, 전통 유학의 영향 아래 다양한 서적을 두루 읽은 그에 대해 엄성도 "중국의 서

3 홍대용·이덕무 저, 쾅잰싱(鄺健行) 점교, 『건정동필담·청비록(乾淨衕筆談·清脾錄)』, 9쪽, 13쪽.

적을 두루 섭렵하지 않은 것이 없었다(中國之書, 無不遍讀)”[4]고 극찬했을 정도였다. 둘째, 주자학에 깊이 귀의해 내면적 절제와 신중함을 갖춘 홍대용은 평소 말수가 적었으며 평생 시를 짓지 않고 학문에만 전념했던 인물이다.

홍대용(왼쪽), 홍억(오른쪽)

(『일하제금합집(日下題襟合集)』, 출처 : 북경대학교 도서관 소장 조선판 『한적선본췌편(漢籍善本萃編)』)

홍대용은 남양 사족 출신임에도 30세가 넘도록 벼슬길에 오르지 않고 평민으로 남기를 원했다. 또한, 유학 경전 외에 천문과 역산(曆算)에도 깊은 관심을 가지고 자택에서 천문 기기를 제작하여 하늘을 관측

4 주문조(朱文藻) 편, 『일하제금합집(日下題襟合集)』, 462쪽.

하기도 했다. 그가 열중했던 과학과 실학은 전통 사대부들이 잡다한 것으로 치부하던 분야였기에 친구가 거의 없었던 이유를 짐작케 한다. 주변의 양반 자제들이 일찍 관직에 진출한 반면, 그는 하루 종일 집에서 하늘을 관찰하는 데 집착했기에 논란을 일으키기도 했다. 본래 억눌린 성격에 고집과 불만이 더해져 자신의 사상을 적극적으로 펼치기보다는 참고 견디면서도 이해받기를 원했다. 이러한 모순된 성격이 바로 홍대용을 매력적인 인물로 만든 핵심이다.[5]

조선 지식인들과 달리 홍대용은 연행을 앞두고 '오래전부터 중국 방문을 염원하며 번역서를 읽고 언어를 수년간 연마했다(宿有一遊之志, 略見譯語諸書, 習其語有年矣.)'고 스스로 밝힌 바 있다. 이처럼 그의 연행은 단순한 충동적 행동이 아닌 장기적 준비의 결과였다. 그러나 책으로 배운 언어와 현실은 괴리가 컸다. 중국에 들어선 후 그는 '일상 대화도 전혀 이해하지 못했다(雖尋常行語, 全未解聽)'고 고백했지만 국내에서 쌓은 기초 지식으로 여정 내내 중국어 연습 기회를 찾아 마침내 북경에 도착했을 때는 '발음이 훨씬 유창해졌다.(音韶益熟)'[6] 뛰어난 언어 능력은 홍대용이 중국인들과 교류할 때 촉매제 역할을 했으며 말을 필담으로 전환하는 데 걸리는 시간을 줄여 쌍방 소통을 긴밀하게 만들었다.

5 후마 스스무(夫馬進) 역시 홍대용의 인격적 매력이 엄성과 천애지기로서의 인연을 가능케 했다고 평가한다. 홍대용 저, 후마 스스무 역주, 『건정필담(乾浄筆譚)1』, 251쪽 참조.

6 홍대용, 『담헌연기(湛軒燕記)』, 242쪽.

천애지기

이기성은 후덕한 사람이었다. 엄성과 반정균을 늘 마음에 두고 있던 그는 당시 문인들의 풍습에 따라 안경에 대한 보답으로 문방구와 서예 작품을 선물하려 했다. 자신이 갖고온 선물용품이 부족했으므로 홍대용에게 사정하여 장만할 수 있었다. 며칠간의 탐문 끝에 두 중국인의 거처를 확인한 이기성은 그곳을 방문해 선물을 건넸으며 엄성과 반정균도 답례품을 주며 호의를 나타냈다. 이기성은 돌아와 홍대용에게 "반드시 뛰어난 학식을 가졌으니 절대 놓치지 말라(必有過人之才學, 切勿錯過)"[7]고 권했다. 천하의 기인을 만나고자 했던 홍대용은 이기성이 가져온 두 중국인이 과거 준비용으로 쓴 정교한 문장을 보고 더욱 흥미를 느꼈다. 결국 김재행(金在行, 1721-1789)[8]과 함께 그들을 방문했다.

이 특별한 만남의 필담 내용은 지면 관계로 자세히 소개할 수 없으나 조선인 홍대용과 김재행이 중국인 엄성, 반정균과 나눈 교류 전반에는 진정성이 깊이 스며 있었음을 알 수 있다. 문금(門禁)으로 인해 사절단의 외출이 엄격히 통제되는 상황에서도 홍대용은 밤샘 필담을 계획하며 적극적으로 재회를 추진했다. 그들은 단순한 대화를 넘어, 목숨을 걸고 서로 만나기를 갈망했다. 무릎을 맞대고 유학 경전의 옳고 그름을

---

7 홍대용·이덕무 저, 쾅잰싱(鄺健行) 점교, 『건정동필담·청비록(乾淨衕筆談·淸脾錄)』, 4쪽.

8 김재행, 자는 평중(平仲), 호는 양허(養虛)로 안동김씨 가문의 서자 출신이다. 후마 스스무(夫馬進)는 『안동김씨대동보(安東金氏大同譜)』를 근거로 그의 생졸년을 1718-1789년으로 추정했으나 『일하제금합집(日下題襟合集)』 중의 기록과 엄성이 1766년 교류 당시 김재행의 나이를 45세로 명시한 점을 고려하면 정확한 생년은 1721년으로 판단된다. 이 논증에 관해서는 홍대용 저, 후마 스스무 역주의 『건정필담(乾净筆譚)1』, 177-178쪽 참조.

논쟁하는가 하면 서로의 인품을 격려하며 진심을 나누었다. 중간중간 터지는 재치 있는 이야기에 폭소를 터뜨리며 마치 오래된 친구처럼 진솔하게 교류하는 모습은 당시 사대부들의 교유 전형을 훨씬 뛰어넘는 진정성을 보여 주었다.

김재행의 모습

(『일하제금합집(日下題襟合集)』, 출처 : 북경대학교 도서관 소장 조선판 『한적선본췌편(漢籍善本萃編)』)

엄성은 "김·홍 두 분이 자주 숙소를 찾아와 종일 담론하는데 마주 앉아 붓을 들면 종이가 눈처럼 쌓였다(金、洪二君頻來寓舍, 每談競日. 對

席操管, 落紙如飛)"고 하면서 한 차례 필담에 쓰는 종이가 "7~8매 혹은 10여 매에 달했다(盡七八紙, 或十餘紙)"고 회상했다. 또 현장 분위기에 대해서는 "오랜 친구들이 모처럼 즐겁게 모인 것과 같은 대화(相見歡然如舊識)"[9]가 이어졌다고 했다. 매일 만나지 못했던 그들은 서신을 주고받으며 소통을 이어갔다. 김재행은 엄성에게 "돌아와도 마음이 사로잡혀 새벽까지 잠들지 못했다(歸來耿耿, 達宵不能寐)"[10]고 고백했다. 홍대용은 더욱 절절하게 "고요한 숙소에서 마음이 찢어지듯 아프고 잠자리에 들어도 어둠 속에서 두 형님과 마주 앉아 담소하는 모습이 떠올라 새벽에 깨서 다시 잠들 수 없었다.(悄坐孤館, 寸心如割, 夜則就枕合眼. 闇闇之中, 忽若二兄在坐談笑不覺, 蹶然醒來, 殆達朝不能成睡.)"[11]고 털어놓았다. 그는 심지어 "내세에 한 나라에서 형제이자 스승이자 벗이 되어 미완의 인연을 마무리하자(來世同生一國, 為弟為兄, 為師為友, 以卒此未了之緣.)"[12]는 약속까지 남기며 깊은 우정을 확인했다.

모든 만남에는 반드시 이별이 따르게 마련이다. 반정균은 이별을 앞두고 눈물을 쏟았고 김재행은 "천하에 이별보다 괴로운 정은 없다(天下最苦之情, 莫如別離)"[13]고 탄식했다. 지기를 만난 기쁨이 클수록 이별의 고통도 배가되는 듯하다. 홍대용은 "이렇게 헤어지려니 차라리 처음부터 만나지 않았더라면 좋았을 것이다(終歸一別, 不如初不相逢)"라고 하며

9 주문조(朱文藻) 편, 『일하제금합집(日下題襟合集)』, 461-463쪽.

10 주문조(朱文藻) 편, 『일하제금합집(日下題襟合集)』, 476쪽.

11 주문조(朱文藻) 편, 『일하제금합집(日下題襟合集)』, 497쪽.

12 주문조(朱文藻) 편, 『일하제금합집(日下題襟合集)』, 498쪽.

13 주문조(朱文藻) 편, 『일하제금합집(日下題襟合集)』, 479쪽.

아쉬움을 드러냈고 엄성은 "창조주가 어찌 다시는 만나지 못할 이들을 굳이 만나게 했단 말인가(造物者亦何苦撥弄此終身不再見之人)"[14]라고 하며 울분을 토로했다. 현대인들은 이런 감정을 잊은 듯하지만 한 번 헤어지면 다시 만나기 어려웠던 옛날을 배경으로 홍대용과 엄성의 우정은 여전히 빛을 발한다.

그러나 천 리 길도 우정을 끊지는 못했다. 잇따라 북경에 파견된 조선 사절단에는 여러 차례 사행길에 오른 이들이 있었다. 양측은 이들을 통해 항주로 서신을 주고받으며 교류를 이어갔다. 홍대용 일행이 귀국한 후에도 엄성은 여러 차례 편지를 보내 "산악이 만리 구름처럼 펼쳐져 지기와 학문을 나누지 못하는 것이 안타깝다(恨雲山萬里, 不能與知己共相切劘)"[15]는 심정을 전했다. 이렇게 지기에 대한 그리움은 시간이 지나도 전혀 희미해지지 않았다. 또한, 1767년 홍대용에게 보낸 편지에서는 "이별 후 그대를 생각할 때마다 간장이 무너지는 듯하다(訣別以來, 每一念及, 肝腸崩摧)"[16]고 깊은 그리움을 토로하기도 했다. 홍대용 역시 "온갖 희비가 마치 꿈속 일처럼 허무하다(種種悲歡, 殆若一場夢事)"[17]고 하며 엄성과 반정균에 대한 미련을 담은 글을 보내기도 했다. 그러나 이미 천리 길이 막혀 더 이상 만날 수 없는 것은 엄연한 현실이었다.

1766년 북경에서의 우연한 만남은 엄성과 홍대용의 우정을 죽음을 초월한 우정으로 이어지도록 했다. 임종 직전, 엄성은 '혀가 굳어 말을

14 주문조(朱文藻) 편, 『일하제금합집(日下題襟合集)』, 489쪽.
15 주문조(朱文藻) 편, 『일하제금합집(日下題襟合集)』, 485쪽.
16 주문조(朱文藻) 편, 『일하제금합집(日下題襟合集)』, 553쪽.
17 주문조(朱文藻) 편, 『일하제금합집(日下題襟合集)』, 531쪽.

할 수 없고 손이 떨리고 숨도 가쁜 상태'에서도 친구인 주문조(朱文藻, 1737-1806)를 불러 홍대용의 편지를 꺼내 읽게 했다. 간신히 편지를 들고 눈물을 흘리던 그는 종이에 묻은 먹내를 맡으며 마지막 순간까지 조선 친구를 그리워했다.[18]

엄성의 사망 소식은 홍대용에게 하늘이 무너지는 듯한 큰 비보였다. 그는 엄성의 아버지께 쓴 편지에서 "오장이 찢어지고 하늘이 원망스럽고 산과 바다가 막혀 다시 만날 수 없음이 애통하다.(五內崩裂, 悠悠蒼天, 此何忍哉! 山海隔遠, 面訴無日.)"[19]고 토로했다. 이처럼 세월도 그들의 끈끈한 우정에 패하고 만 것이다. 실시간 통신이나 SNS가 없던 시대, 그들은 지기가 보낸 단 한 통의 편지에도 목숨을 걸 만큼 아름답고 경건한 우정을 맺었다. 그러나 이 일화가 지닌 역사적 의미와 그 섬세한 뉘앙스를 제대로 이해하려면 홍대용을 그의 시대적 배경과 멀리 떨어진 거리에서 객관적으로 바라볼 필요가 있다. 홍대용과 엄성 등이 쌓은 깊은 우정은 시대의 격랑 속에서 더욱 빛나고 있다. 또한 그 시기 조선은 새로운 역사적 전환점을 맞이하고 있었기에 이들의 우정은 단순한 개인적 관계를 넘어 한 시대의 변화를 상징적으로 보여주는 사례이기도 하다.

18 주문조(朱文藻) 편, 『일하제금합집(日下題襟合集)』, 446-447쪽.

19 홍대용, 『담헌서·외집(湛軒書·外集)』, 권1, 「엄씨 아버님께 보내는 편지(與嚴老伯書)」, 117쪽.

우정에서 비롯된 논전

엄성과 홍대용의 교유는 더 큰 역사적 서사 속에서 그 의미를 재조명해볼 필요가 있다. 두 사람의 진정성 넘치는 교류는 실로 감탄을 자아낸다. 이 천애지기 일화의 핵심은 '형제'로 호칭하며 죽마고우가 된 점에 있다. 홍대용이 "천지는 부모이니 동포 사이에 화이의 차별이 무슨 의미가 있겠는가(天地為一大父母, 同胞何間於華夷)"[20]라고 선언한 것은 청나라를 오랑캐로 보던 조선 지식인 사회의 금기를 넘어선 발언이었다. 앞서 논의한 바와 같이 조선인에게 '화이'는 '자아'와 '타자'를 구분하는 핵심 개념이었다. 박지원이 하인 장복(張福)에게 '청나라에서 태어나고 싶은가'고 묻자 "중국은 오랑캐의 나라이니 원치 않습니다.(中國, 胡也, 小人不願.)"[21]라는 대답이 나온 것을 상기하라. 당시에는 천민조차 화이관념에 깊이 물들어 있던 시대였다.

연행에서 귀국한 후 자신의 견문을 책으로 펴내는 것은 당시 조선 지식인 사회에서 흔한 일로, 홍대용 역시 그러한 계획을 품고 필담 초고를 꼼꼼히 정리해 두었다. 그러나 그가 써 내려간 '아름다운 이야기'는 곧바로 조선 지식인들의 공격 대상이 되었다. 그가 북경에 머물던 시절 엄성 등에게 친구 김종후(金鍾厚, 1721-1780)를 "공부가 정밀하고 식견이 통달하며 문장도 뛰어나 세간의 기대가 크다(功課精篤, 見識通敏, 文詞亦高妙, 時望甚重.)"[22]고 소개했지만 귀국 후 김종후는 홍대용을 가

---

20 주문조(朱文藻) 편, 『일하제금합집(日下題襟合集)』, 522쪽.

21 박지원, 『열하일기』, 10쪽.

22 홍대용·이덕무, 『건정동필담·청비록(乾淨衕筆談·清脾錄)』, 70쪽.

장 혹독하게 꾸짖었다.

홍대용이 중국 친구들을 존중한 반면 김종후는 '머리 깎은 과거 응시생'이라는 표현으로 엄성 등을 경멸했다. 나아가 홍대용이 오랑캐와 무소불담하며 형제까지 칭하는 모습을 보고 경악했다. 청나라 과거에 응시한 이들은 청나라의 지배에 복종한 자요, 명나라와 중국 문화를 망각한 배신자라는 것이 김종후의 입장이었다. 홍대용의 반박 서신이 아무리 논리를 펼쳐도 김종후는 "차라리 동이의 천민이 될지언정 그들의 귀족은 되지 않겠다(甯甘為東夷之賤, 而不願為彼之貴也)"[23]는 한 마디로 일축했다. 조선의 '오랑캐'로 남을지언정 청나라와는 어떠한 관계도 맺고 싶지 않다는 심경의 발로라 하겠다. 이처럼 홍대용이 처한 사회에서 이 우정을 평가하는 잣대의 가혹함은 조선의 '사명' 신념이 얼마나 확고했는지를 단적으로 보여준다.

조선 지식인들의 홍대용에 대한 비난은 크게 세 갈래로 요약된다. 첫째, 청나라 사람은 오랑캐이므로 그들과 형제를 칭하는 것은 절대 불가하다는 입장이다. 둘째, 청나라 사람들은 필담에서 명나라를 그리워하는 뜻이 전혀 없고 이미 청나라 과거에 응시한 경력도 있으니 그 자체로 '오랑캐'와 다름없다는 점이었다. 셋째, 홍대용이 그들과 필담할 때 숭정이나 만력 같은 명나라 연호 대신 청나라 연호를 사용한 것은 명나라에 대한 큰 불경이라는 것이다. 이 시점은 1766년으로, 명나라가 멸망한 지 122년이란 세월이 흘렀지만 조선의 엘리트들의 사고는 여전히 1644년에 머물러 있는 듯했다. 홍대용을 둘러싼 이 일화는 1766년

---

23 김종후, 『본암집(本庵集)』, 권3, 「홍대용에게 답하며(答洪德保)」, 381쪽.

당시의 조선은 여전히 사무치는 '사명'의 분위기에서 헤어나오지 못하고 있었음을 단적으로 보여준다.

필자는 양측의 논쟁에 개입해 시비를 가리려는 뜻이 전혀 없다. 다만 이 우정에서 비롯된 논쟁을 통해 조선 지식계가 '청나라는 곧 오랑캐'라는 논리를 얼마나 굳건히 신봉해 왔는지를 밝히고자 할 뿐이다. 이 논리는 풀잎에 스며드는 바람처럼 위아래를 막론하고 누구도 비껴가지 못했다. 홍대용과 엄성의 교류는 바로 이 논리에 대한 가장 강력한 도전이었다. 홍대용은 엄성에게 "우리들이 형제를 칭한 일에 대해 조선 지식인들 중에는 비난하는 자가 있다(吾輩稱兄弟事, 此間士友或有非之者)"[24]고 털어놓았다. 그러나 그는 결코 물러서지 않고 입장을 고수했는데 이는 오히려 조선인들의 마음도 흔들리고 있었음을 반증하기도 한다.

이 복잡다단한 순간을 제대로 이해하기 위해 필자는 잠시 시각을 조선 국내로 옮겨 명나라를 그리워했던 조선 지식층의 노력과 성과를 약술한 데 이어 그 종말을 짚고 넘어가려 한다. 이어질 내용에서는 연행 사절들의 고향 이야기를 풀어낼 터인데, 오직 이를 짚고 넘어가야 북경에서 벌어진 이 역사적 사건이 왜 그토록 중대했는지 이해할 수 있을 것이다.

24 주문조(朱文藻) 편, 『일하제금합집(日下題襟合集)』, 546쪽.

사명(思明)의 시대

청나라 시기, 조선 사신들은 중국 유생들에게 '명나라의 이야기'를 묻는 것을 즐겼다. 그들은 청나라 사람들의 표정을 유심히 관찰하며 이들이 과연 '중국'을 완전히 잊었는지 확인하고 싶어 했다. 그 이유는 다소 특이했는 바, 명나라를 신봉하는 조선인들이 굳이 '스스로의 신앙이 옳다'는 것을 입증하려 했기 때문이리라. 하지만 조선 사신들이 얻은 답변은 늘 실망스러웠다. 결국 청나라 치하의 중국에서 명나라 흔적을 찾아 헤매던 조선 사신들은 스스로를 '마지막으로 명나라를 그리워하는 이방인'으로 정의할 수밖에 없었다.

조선 사신 민정중(閔鼎重, 1628-1692)이 중국 서생에게 명나라 역사를 묻자 상대방은 "지난 조대의 일이라 함부로 말하기 어렵고 감히 자세하게 설명드릴 수도 없소.(不便言前朝事, 亦不敢盡述.)"[25]라고 답했다. 다른 조선 공사(貢使) 오도일(吳道一, 1645-1703)은 운남(雲南) 사람 주수(朱秀)를 만나 '오삼계(吳三桂, 1612-1678)의 난' 발발 경위를 물었지만 그의 대답도 "후세에 자연 공론이 있을 터이니 지금 굳이 묻지 말고 나도 감히 말씀드리지 못하겠소.(自有萬世公論, 今不必煩問, 亦不敢煩說.)"[26]였다. 이처럼 명나라와 관련된 역사는 공적인 금기 사항이 되어 감히 논할 수 없는 영역이 되어버렸던 것이다.

이와 달리, 조선 지식인들은 명나라의 멸망에 처음에는 비분강개했으나 시간이 지나며 갈피를 잡지 못했고 세월이 흐르자 끝없는 추억에

25 민정중, 『노봉연행기(老峯燕行記)』, 387쪽.

26 오도일, 『병인연행일승(丙寅燕行日乘)』, 197쪽.

사로잡히기 시작했다. 1644년, 중원을 차지한 청나라는 인질로 잡혀 있던 조선 왕자 봉림대군(鳳林大君, 1619-1659)을 풀어주었다. 그는 조선 궁정에 명나라가 멸망했다는 소식을 전했다. 『조선왕조실록』에 따르면 당시 "하층민에 이르기까지 모두 놀라 눈물을 흘렸다(雖輿台下賤, 莫不驚駭隕淚)"[27]고 한다. 모두가 울부짖으며 명나라가 어찌 그렇게 무너질 수 있냐고 몸부림쳤다. 명나라에 대한 이 같은 애착은 조선 지식인들로 하여금 청나라 지식인들과는 달리 명나라 역사를 서술하는 데 주저하지 않게 했다. 이렇게 되어 1644년부터 조선에서는 '명나라에 대한 애절한 그리움'의 시대가 본격적으로 시작되었다.

곽류(郭瀏, 1597-1671)는 명나라 멸망이라는 시대적 격변을 직접 겪고 나서 벼슬을 포기하고 여생을 명나라를 기리는 데 바친 인물이다. 만력 정사년(1617)에 과거에 급제해 당시 조선의 최고 학부인 성균관에서 수학한 그는 스스로 호를 '만진당(萬進堂)'이라 지었다. 1644년 명나라가 무너질 때 그의 나이는 47세, 관직을 단념할 수 있는 용단을 가볍게 내릴 수 있는 '철부지' 나이가 아니었다. 그러나 명나라의 멸망을 지켜본 후 그는 향리에 은거하며 두 권의 저술 집필에 집중했다. 하나는 명나라 역사를 다룬 『황명기략(皇明記略)』이고 다른 하나는 오랑캐에 대한 대의를 논한 『춘추해의(春秋解義)』였다. 조선 지식인들은 그의 절의를 높이 사 그를 '숭정 처사(崇禎處士)'라 칭했으니, 이는 명나라를 위해 절개를 지키고 평생 벼슬하지 않은 조선인에게 표하는 공적인 경의였다.

곽류는 단순히 개별적인 사례가 아니라 그 시대의 한 단면을 보여

---

27 『조선왕조실록』, 인조 22년 5월 7일, 갑오조.

주는 인물이었다. 한때 조선인들은 명사(明史) 집필을 통해 명나라에 대한 사랑과 그리움을 표현하고자 했다. 곽류보다 정확히 50세 어린 이현석(李玄錫, 1647-1703) 역시 대표적인 인물이다. 반세기의 시간차가 무색하게도, 이현석의 평생 소원은 가장 완벽한 명나라 역사서를 편찬하는 것이었다. 조정에서 관직에 있던 그는 왕에게 「사직하여 명나라 역사를 편찬할 것을 청원하여 올리는 소(乞屛退卒撰明史疏)」를 올려 명사 편찬에 전념할 것을 청원했다. 소에서 그는 은퇴 후 저술의 목적을 "황명을 잊지 않겠다는 지극한 뜻을 드러내기 위함(揭其不忘皇明之至意焉)"[28]이라고 명확히 밝혔다. 이처럼 그는 조선 선현들의 뜻을 이어 명나라 역사 편찬을 완성하고자 했다.

이현석은 강희 42년(1703)에 세상을 떠났다. 그해 그는 완성한 『명사강목(明史綱目)』 서문에서 "명나라여, 명나라여! 끝내 잊을 수 없는 이 역사를 청나라 방식대로 '속자치'란 이름에 종속시켜 국호를 묻어버린다면 어찌 내 본래 뜻과 맞겠는가!(明乎、明乎, 終有所不忍忘焉者矣. 倘其專附乎'續資治'之名, 而沒其國號, 則豈余之始托意者哉!)"[29]라며 절규했다. 이는 청나라의 역사 서술 틀에서 벗어나 조선만의 시각으로 명나라 역사를 쓰고자 했던 조선 지식인의 강직한 외침이었다.

이현석이 『명사강목』 편찬에 나선 동기는 명나라에 대한 그리움과 선현의 유지를 계승하겠다는 책임감에서 비롯된 것이다. 그러나 이 결심에도 불구하고 우려가 전혀 없었던 것은 아니었다. 그는 "혹자가 말

28 이현석, 『유재선생집(遊齋先生集)』, 권13, 「사직하여 명나라 역사를 편찬할 것을 청원하여 올리는 소(乞屛退卒撰明史疏)」, 485쪽.

29 이현석, 『명사강목 서문(明史綱目序)』, 1b쪽.

하기를, 외국인이 중국사를 지은 것은 옛적에 일찍이 없었다고 한다.(或謂外國之作中國史, 古未嘗有也.)"[30]고 고백한 적 있다. 하지만 그는 작업을 포기하지 않았고 마침내 24권에 부록 1권을 합쳐 총 25권이라는 방대한 분량의 『명사강목』을 완성해냈다. 필자의 소견으로 이 작품은 조선인이 집필한 명사 관련 저술 중 가장 방대한 분량일 것이다.

그러나 이현석은 지나치게 염려한 듯하다. 비록 과거에 외국인이 중국 역사를 편찬한 사례가 흔치 않았더라도, 당시 명나라 역사를 정리하려는 움직임은 하나의 시대적 흐름이 되어 전국적으로 확산되고 있었다. 이현석이 세상을 떠난 지 약 70년이 지난 1772년, 동궁에서 치국대략을 연마하고 있던 왕세자 이산(李祘, 1752-1800)은 중국 경전인 『통감강목(通鑑綱目)』을 접하고 명대 역사 체계의 부재를 절감하며 빈객과 당대 유명 문사들을 모아 『자치통감 강목신편(資治通鑑綱目新編)』을 편찬하기도 했다. 이처럼 가장 완벽한 명나라 역사사를 완성하려는 열망은 '사명(思明)'의 상징으로서, 백여 년에 걸쳐 지식인 계층의 기초부터 궁궐 깊숙이 스며들었던 것이다.

이산의 부름에 주저없이 응한 빈객 서명응(徐命膺, 1716-1787)은 "황명강목을 보완하는 작업은 반드시 우리나라에서 이루어져야 한다(說者以為皇明綱目不作則已, 作之則其必在於東土)"[31]는 의지를 다지기도 했다. 이처럼 『자치통감 강목(資治通鑑綱目)』에 명나라의 역사를 보완하는 작업을 주도하는 것에 대해 당시 조선인들은 당연한 시대적 사명으로 여

30 이현석, 『유재선생집(遊齋先生集)』, 권13, 「사직하여 명나라 역사를 편찬할 것을 청원하여 올리는 소(乞屛退卒撰明史疏)」, 485쪽.

31 서명응, 『보만재집(保晩齋集)』, 권7, 「강목신편 서문(綱目新編序)」, 200쪽.

졌다.

이 시기는 '황명의 성세'를 그리워 하던 시대이자 홍대용과 박지원이 활동하던 시대와도 맞닿아 있었다. 1764년은 '갑신의 변(1644)'으로부터 정확히 120년이 지난 또 하나의 갑신년이었다. 조선의 선비들은 숭정제가 순국한 3월 19일, 한 자리에 모여 이 의미 깊은 날을 기렸다. 박지원은 조선 선비들이 줄지어 송시열의 옛 집으로 가 그의 영정에 예를 갖추어 경례를 올리는 장면을 목격했다. 행사를 마친 선비들은 이어 교외로 이동해 서쪽 방향(청나라 방향)을 향해 "호(胡)!"[32]라고 외치며 청나라에 대한 경멸을 표출했다. 이 독특한 의식은 명나라에 대한 그리움이 얼마나 확고했는지를 잘 보여준다.

1637년 허격(許格)이 소백산에 올라 통곡한 때로부터 1772년 서명응이 명나라 역사를 대의염연하게 기록할 때까지 135년이 흘렀다. 그러나 조선은 여전히 명나라를 잊지 못하는 조선이었다.

역사 지식

'사명'은 공허한 열정에 그치지 않았을 뿐만 아니라 역사서 편찬에만 머물지도 않았다. 이는 백여 년에 걸친 지적 열풍으로, 조선 지식인들로 하여금 흔들림 없는 진리를 탐구하게 하는 원동력이 되었다. 강희 8년(1669), 조선 사신 민정중(閔鼎重)은 중국 선비 왕공탁(王公濯)에게

32 박지원, 『열하일기』, 93쪽.

남명(南明) 소식을 탐문했다. 비록 명나라의 멸망이 1644년이라는 것이 통설이지만 대륙 남방에는 여전히 강건한 세력이 존재했으니 이를 역사에서 남명이라 일컫는다. 민정중이 남명 영력제(永曆帝, 1623-1662)의 행방을 묻자 왕공탁은 "혹자는 영력제가 면전국에 투항해 피살되었고 태자도 오삼계에게 잡혀 좋은 최후를 맞지 못했다고 하더라.(或雲永曆投緬甸國遇害, 其太子為吳三桂所執, 亦不善終耶.)"[33]고 답했다. 민정중은 이에 반신반의하며 왕씨 선비에게 확실한 진상을 확인하려 애썼다. 현재 확인되는 문헌에 비추어 볼 때, 왕공탁의 모호한 이 답변은 오히려 역사적 진실에 가깝다. 이처럼 조선 사신들의 정보 수집 능력은 탄복할 만했다. 그들은 상대방이 무심코 던진 말이나 뜬소문에 불과할 수 있는 정보에 대해서도 그 진위를 규명하려는 집요함을 보였다.

명청 교체기를 살았던 당사자로서, 민정중과 왕공탁이 영력제와 남명에 관한 소식을 '과거의 역사'가 아닌 '현재의 정보'처럼 여긴 것은 무리가 아니었다. 그러나 114년이 지난 뒤, 조선 사신 이전수(李田秀, 1759-?)와 중국의 유학자 상인 장우령(張又齡) 사이에서 나눈 대화를 들여다보면 이러한 역사적 질문에 더 깊은 의미가 숨겨져 있음을 발견하게 된다.

이전수가 "영력제의 최후를 알 수 없는데 혹자는 안남(安南, 베트남)에서 말년을 보냈다 하더라. 사실인가? 그의 죽음은 과연 언제인가?(永曆皇帝不知究竟, 或雲後在安南雲, 然否？其亡果在何時?)"[34]라고 물었다.

33 민정중, 『노봉연행기(老峯燕行記)』, 393쪽.

34 이전수, 『입심기(入瀋記)』, 236쪽.

이전수의 질문은 백여 년 전 민정중의 궁금증과 궤를 같이한다. 영력제의 행방과 최후는 조선 사신들의 가슴에 오랫동안 걸려 있던 미결제 사항이었다. 그렇다면 백 년의 시차를 두고 조선 지식인들이 동일한 질문을 반복한 까닭은 무엇일까? 그 해답은 아마도 조선의 명나라에 대한 '향수'를 바탕으로 한 역사 인식에서 찾아야 할 것이다.

조선의 역사 교육 : 어린이용 한문 학습 교재

필자는 민정중과 이전수가 영력제에 대해 품었던 의문은 결코 우연이 아니라 필연적인 배경에서 비롯된 것이라고 확신한다. 이는 명나라에 대한 그리움의 결과이자 명나라를 향한 간절한 열정의 표현이라 할 수 있겠다. 그러나 단순히 '명나라에 대한 그리움'에만 집중하는 것은 곧 조선이 명나라를 위해 이룩한 시대적 성과를 망각하는 거나 다름없다. 그들은 명나라 역사에 관한 수많은 저술을 남기지 않았던가? 이러한 작품들은 조선 지식인의 일상이었고 어디에서나 접할 수 있어 '사명'은 당시 당연한 이치였음을 상기시킨다. 당시 유행하던 역사 교재인 『사요취선(史要聚選)』이나 이현석의 『명사강목』을 살펴보면 더 많은 증거를 찾을 수 있다.

『사요취선』은 일반 독자를 대상으로 한 역사 교과서로, 9권 분량에 '제왕(帝王)·후비(後妃)·성현(聖賢)·이단(異端)' 등 부류에 속하는 중국 역사 인물들을 서술했다. 주목할 점은 이 책이 건륭 원년(1736)에 간행

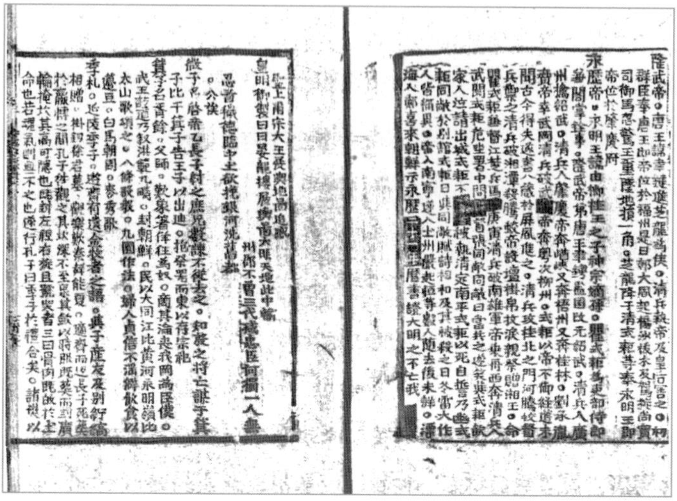

『사요취선(史要聚選)』 영인본

(출처 : 와세다대학교 고대 경전 데이터베이스)

된 데 이어 건륭 33년(1768)에 재판되었음에도 '중국 제왕'에 대한 기록은 여전히 남명의 영력제 단계에서 멈춰 있다는 사실이다. 이 말대 황제의 행방에 대해 『사요취선』은 다음과 같이 기록했다.

(영력)제는 남녕에 들어가 토주로 피신했다. 엄기항 등 몇 사람이 수행했으나 이후 행적은 알려지지 않는다.([永曆]帝入南寧, 遂入土州. 嚴起恒等數人隨去, 後未詳.)[35]

35 필자는 상해 복단대학교 고적 소장부에서 『사요취선(史要聚選)』의 서로 다른 두 판본을 조사한 바 있다. 결과적으로, 두 판본은 서문만 서로 다르고 본문 내용은 동일하였다. 두 판본은 모두 권이생(權以生)이 편집한 것으로, 하나는 건륭 원년(1736) 조선에서 간행된 유동각본(由洞刻本)이고 다른 하나는 건륭 33년(1768) 간행된 중각본이었다.

명나라 역사 편찬을 사명으로 삼았던 이현석 또한 『명사강목』에서 이렇게 기술했다.

> (영력제가) 남녕으로 피신하여 토주에 입성할 때에는 엄기항, 왕화징, 마길상, 방문수 등만이 동행했고 이후의 상황은 자세히 알려지지 않는다.([永曆帝]車駕趨南寧, 遂入土州, 唯嚴起恒、王化澄、馬吉翔、龐文壽等隨去, 後未詳.)[36]

두 문헌 모두 영력제의 행방을 분명히 밝히지 않고 '후미상(後未詳)'으로 기록하고 있다. 따라서 민정중과 이전수가 이 문제를 바라본 시각은 같은 지식의 근원을 공유하고 있다고 볼 수 있다. 불확실한 소문이 널리 퍼져 있었지만 중국을 직접 방문한 그들은 나름의 답을 찾고자 했을 것이다. 중국을 오간 조선인은 필연적으로 소수에 불과했다. 이웃나라임에도 중국은 여전히 멀고 험한 땅이었기에 대부분의 조선인들은 중국에 대한 인식을 서적을 통해 얻을 수밖에 없었다. 이 점에서 전통 사서의 영향력을 절대 간과해서는 안 된다. 전문 사학자였던 이현석의 『명사강목』이든 일반 독자를 위한 읽을거리인 『사요취선』이든, 이들은 수세대에 걸쳐 조선 지식인들의 '명나라'에 대한 인식을 이끌어왔다. 이러한 논리로 보면, 간과되기 쉬운 어린이용 한문 학습 교재조차 그 영향력이 결코 가볍지 않았을 것이다.

당시 유행했던 아동 교육서는 『동몽선습(童蒙先習)』이었다. 1541년에 간행된 이 책은 당세의 지식인 박세무(樸世茂, 1487-1564)의 개인 저

36 이현석, 『명사강목 부록(明史綱目·附錄)』, 37쪽.

작으로 추정되며 그가 자녀 교육을 위해 편찬한 교재이다. 상·중·하 3권에 각기 '도덕 윤리', '중국 역사', '조선 역사'를 다루고 있다. 한국 학계는 이 책을 매우 중시하는데 도덕적 윤리관 해석에 대한 관심 외에도, 이 작품이 체계적으로 조선 역사를 가르친 최초의 문헌이라는 점에서 '조선 독립' 과정의 중요한 흔적으로 평가하기도 한다. 특히 이 책은 명나라 멸망 이후 조선 관변측의 주목을 받아 전국적으로 유통되었으며 명나라에 대한 향수를 지녔던 대유학자 송시열이 발문을 썼다는 점도 주목된다.

『동몽선습』이 16세기에 지속적으로 재판될 수 있었던 이유는 문장이 우아하고 난이도가 적절하다는 장점 외에, 송시열이 중시한 '국정에 부합하며 명나라를 사모하는 시대정신과 호응'하는 측면이 있었기 때문이다. 즉, 이 책은 역사 서술 면에서 조선 상하의 명나라에 대한 기대를 충족시켰다는 것이다. 먼저 원나라를 오랑캐의 정권으로 규정하고 "원나라가 송나라를 멸하고 천하를 통일하여 백년을 지속시켰으니 오랑캐의 융성이 이보다 더한 적은 없었다.(胡元滅宋, 混一區宇, 綿歷百年. 夷狄之盛, 未有若此者也.)"[37]고 기술했다. 나아가 비록 천하를 통일했더라도 원나라는 '오랑캐'라는 정체성으로 인해 낮은 평가를 받아야 한다는 논리를 펼쳤다. 이에 반해 명나라에 대해서는 "천명으로 강성을 누리며 그 성스러운 계승이 천만년을 이어갈 것(大明中天, 聖繼神承於千萬年)"[38]이라고 격찬했다. 조선과 명나라의 관계에 대해서도 분명하게 "천

37 박세무, 『동몽선습 평어와 주해(童蒙先習批註)』, 185-186쪽.

38 박세무, 『동몽선습 평어와 주해(童蒙先習批註)』, 186쪽.

명은 진정한 주인에게 돌아갔으니 명나라의 태조께서 국호를 조선이라 칭하고 한양에 도읍을 정하라 하셨다.(天命歸於真主, 大明太祖高皇帝賜改國號曰朝鮮, 定鼎於漢陽.)"[39]고 기록했다. 하늘이 이성계를 돌보아 천명을 맡겼으며 국호도 명나라 황제가 직접 하사하고 한양을 도읍으로 정하라는 지시까지 내렸다는 의미다.

이러한 간결한 문장이 유아용 교과서에 실린 의미는 매우 크다. 학습자 의식 속에 '가장 위대한 국가는 명나라이며 우리 문화는 명나라에서 계승되었다'는 세계관을 형성시켜 주는 데 기여할 수 있었기 때문이다.

조선의 '자기 각성'

홍대용과 김종후가 논쟁을 벌이던 때, 역사는 이미 새로운 단계로 접어들고 있었다. 홍대용이 청나라 연호를 사용하고 중국 유생들과 형제의 의를 맺었다는 이유로 비난받았던 일을 기억하라. 한때 조선에서 청나라는 오랑캐일 뿐만 아니라 역사 서술의 금기이기도 했다. 1766년의 논쟁은 하나의 시대적 흔적으로, '사명(思明)'의 시대를 상징했다. 그러나 새로운 물결이 점차 밀려와 기존의 역사적 지형을 침식하며 새로운 풍경을 만들어 갔으니 그것은 조선만의 독특한 그림이었다.

홍대용과 김종후의 논쟁 이후 10년이 지난 1776년, 이만운(李萬運, 1723-1797)이라는 선비가 사적으로 편찬한 어린이용 한문 학습 교재 『기

39 박세무, 『동몽선습 평어와 주해(童蒙先習批註)』, 243쪽.

년아람(紀年兒覽)』을 출간했다. 『기년아람』의 등장은 획기적인 변화였다. 『동몽선습(童蒙先習)』과 달리 이만운은 청나라의 위치를 명확히 설정함으로써 명나라가 중원 왕조의 종막이 아님을 선언했다. 아래 사진에서 보이듯 영력제의 행적을 '후미상(後未詳)'이 아닌 '청나라 오삼계에게 붙잡혀 피살되었다'고 기술한 것은 한 시대의 끝을 확정짓는 전례 없는 서술이었다.

더 나아가 『기년아람』을 과거(科擧) 교재로 보든 아동 계발 교재로 보든, 청나라 역사 관련 서술에서 이만운은 건륭제를 '봉천승운황제(奉天承運皇帝)'로 호칭했다. 이는 기존에 존재하지 않던 표현이었다. 이로써 1766년 홍대용이 강희 연호 사용으로 빚었던 논란은 안개처럼 사라졌고 청나라는 조선 사회 안으로 당당히 들어오게 되었다.

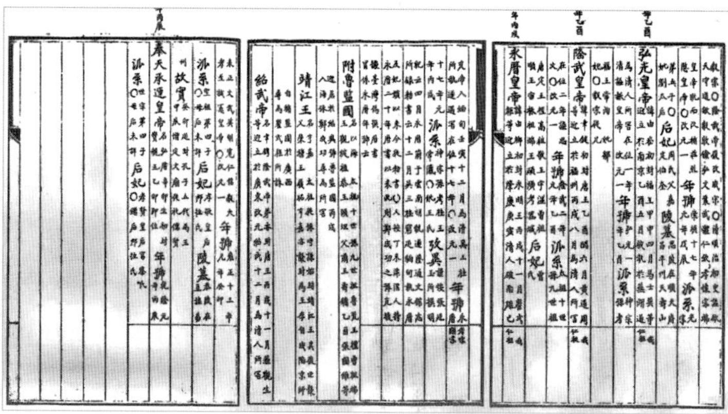

『기년아람(紀年兒覽)』 영인본

(열람 순서 : 오른쪽에서 왼쪽으로; 출처 : 하버드대학교 연경도서관)

이만운이 청나라를 정면으로 서술한 방식은 일시적 선택이 아닌 깊은 의미를 담은 의도적 행보였다. 그의 시각에서 온 나라가 명나라에만 경도된 현실은 조선의 역사를 망각하는 거나 다름없었다. 『기년아람』을 편찬하며 그는 중국을 '외국'으로 규정했는데 이는 곽류, 서명응이나 이현석의 인식과 근본적으로 달랐다. 곽류가 『황명기략』을 지은 것은 명나라를 추모하기 위함이었고 서명응은 오직 조선인만이 명나라 역사를 편찬할 수 있다고 주장하기까지 했다. 이들 '사명' 세력에게 명나라 역사 편찬은 문화 사업이자 중화 문명을 수호하는 궁극적인 임무였다.

그러나 이만운은 "학자와 문인들이 역사의 제반 요소에 대한 변별을 소홀히 하고 중국 역사의 연대는 대략 알면서도 본국 역사에는 어리둥절해 한다. 이는 조부의 연세조차 제대로 기억하지 못하는 것과 다를 바 없지 않겠는가?(學士文人脫略於名數之辨, 粗識中朝[中國]年代, 而于本國[朝鮮]則顧茫然不識, 此何異不記祖父之年甲者耶?)"[40]라는 자각을 토로하며 조선인들의 자국 역사 의식 부재를 통탄했다. 그의 눈에 조선은 중국사만을 알고 자국사를 모르는 상태였다. 이는 조선 토착에서 발원한 자각의 목소리이자 '사명' 담론의 위기를 드러내는 신호이기도 했다.

홍대용도 자기 시대의 목격자였다. 반정균(潘庭筠)이 조선사에 관한 서적을 보내달라고 청하자 그는 이렇게 답했다. "해동의 풍속은 유학을 숭상하여 저술도 많습니다. 하지만 선비들이 평생 중국 문헌만 파고드는 반면, 조선의 역사와 전고는 소홀히 합니다. 이처럼 먼 것만 좇

40 이만운, 『기년아람(紀年兒覽)』, 쪽수를 표기하지 않았음.

고 가까운 것은 경시하는 모습이 매우 이상합니다.(東俗崇信儒學, 著述多門, 但士子沒齒從事, 惟矻矻於中華文獻, 而東史典故, 多闕不講, 騖遠忽近, 殊為詫異.)"[41] 이처럼 조선 지식인들이 중국 문헌에만 몰두해 자국 역사를 논하지 않는 현상에 홍대용 자신도 놀라움을 감추지 못했던 것이다.

이는 조선이 시선을 중국에서 자신에게로 돌리기 시작하던 시대의 증언이었다. 홍대용의 지적은 단편적 사례에 그치지 않는다. 1813년에 출간된 조선 역사서 『진사일통(震史一統)』에서도 같은 문제의식을 확인할 수 있다.

> 조선 사람들은 천하사를 논하기를 좋아하여 중국사의 시대별 흥망성쇠는 줄줄이 꿰고 있으나 정작 자국의 역사에 대해서는 그렇지 못하다. 박학하다는 자라도 중국사에 통달한 이만 못하니, 어찌 이처럼 중국만 흠모하고 자국은 소홀히 할 수 있는가? 이는 근본과 말단, 주인과 객의 구별을 모르는 것으로, 집안 일은 모르면서 집 밖 일만 통달한 거나 다를 바 있겠는가?
>
> 東人好譚論天下事, 其于中國史, 世代治亂, 歷數不錯, 專而工者, 往往若渡江河而沛然也. 惟于我東史則未必然也, 稱博該之士, 不若中國史達通. 豈東俗在中國則慕之, 在吾東則忽之而然耶? 是不知本外之別、主客之分, 何異乎坐屋宇而能知屋外事, 不知屋內有甚事也.[42]

이 책은 조선의 지식인들 중 중국사에 정통한 이는 많으나 오히려 조선사에 대해서는 무지하다고 직설한다. 저자는 이를 '집안에 앉아

---

41 홍대용, 『담헌서·외집(湛軒書·外集)』, 권1, 「반정균에게 보내는 편지(與秋書)」, 116쪽.

42 귀래노인(歸徠老人), 『진사일통 서문(震史一統序)』, 쪽수를 표기하지 않았음.

震史一統序

東人好彈論天下事其於中國史世代治亂歷數不錯身而工者往往若決江河而沛然也惟於我東史則未必然也稱博該之士不若中國史達通並東俗在中國則慕之在吾東則忽之而然耶是不知本外之別主客之分何異乎坐屋宇而能知屋外事不知屋內有甚事也自羅麗氏統一域中國史之傳代雖各有未免註誤殊畧野史則罕傳箕邦以前逃矣無論降及三韓前後國史之傳而可考者亦絶少東人之不工東史亦坐是文獻之未備耶余少有東史之癖而早專意于無益衆業雖有一班之割竊歷代全史則同歯荼蘖如也每自顧而歎老則欲倣古人著書之例以寧戚啬之志亦未遑焉歲己巳僑京師窮居年耋遠日至難借來拔俞桐公拓基家所藏東史諸書先後七八十卷周復披閱初欲從畧抄出以作要覽意態漸大不自覺勿遂自檀君始至我朝 仁廟中葉逐代閱事彙分類聚

귀래노인(歸徠老人)의 『진사일통(震史一統)』 영인본

(출처 : 하버드대학교 연경도서관)

집 밖 사정은 꿰뚫어 보면서도 집안 일은 모르는 것'에 비유한다. 이러한 중국사 편중 현상에 대한 질문 자체가 바로 '사명(思明)'에 대한 강력한 도전이었다. 또한 이만운이 지적한 '조부의 연세도 기억하지 못하는 자'나 귀래노인이 묘사한 '집 밖 세상만 아는 조선 선비'는 명나라 역사 서술에 열중하던 많은 인물들이 결코 자유로울 수 없는 존재임을 보여준다.

세월이 흐를수록 '사명'의 표상은 유지되었으나 그 내실을 기억하는 사람은 점점 사라져 갔다. 의외로 정치적 개입 없이도 '사명'의 가장 큰 적은 시간과 조선인 자신이었다. 이만운처럼 지역사에 목소리를 높였던 인물들마저 시간의 침식을 피해 가지 못하고 퇴장해야 했다. 이처럼 후대로 내려올수록 '사명'을 고수하는 한편, 망각과 실망은 끊임없이 교차되었다. 가장 놀라운 점은 조선 지역사 저술의 부재가 아니다. 그것은 오히려 세월의 흐름 속에서, 청나라와 조선에 대한 논쟁과 조선사 부흥의 외침 속에서 '사명' 자체가 점차 역사의 뒤안길로 사라져 버렸다는 사실이다. 홍대용과 엄성 사이에 타오르던 찬란한 우정의 불꽃 역시 이 모든 것이 이제 종말을 고했음을 우리에게 상기시킨다.

명나라에 대한 절절한 그리움

명나라를 멸망시킨 여진족과 청나라는 조선의 진정한 적이 아니었다. 조선에게 진정한 적은 시간이었다. 외교적으로 청나라에 복속하는 것은 단지 정치적 수사에 불과했을 뿐, 진심으로부터의 복종은 결코 아니었다. 홍대용이 북경에서 울부짖은 '사명(思明)'의 비가는 시대가 빚어낸 특수한 풍경이었고 수 세대에 걸친 조선 지식인의 집단적 초상이었다. 우연한 만남은 갑작스런 총성처럼 역사의 질주를 알렸고 그 흐름을 누구도 막을 수 없음을 보여주었다. 홍대용과 엄성(嚴誠)의 우정은 항간의 미담이 아니라 시대적 격변의 상징이었다. 이는 사명의 비가가 막을 내리기 직전, 새로운 시대를 알리는 또 다른 서곡이자 새로운 장을 여는 종소리였다.

임진왜란 시기, 왜구가 부산에 상륙한 때로부터 조선은 멸망의 위기를 겪었고 명청 교체기 전란 속에서 다시금 쓰러졌다. 17세기의 조선은 국가를 위기에서 구했으나 문화적 조국을 순식간에 잃었다. 필자는 명나라가 역사 속에 사라진 후에야 비로소 조선에서 진정한 '명나라의 시간'이 시작되었다고 생각한다. 그 시대의 이름은 '사명'으로, 이는 조선인의 가슴 속에 깊이 각인되어 생사를 넘나드는 신념으로 남았다.

홍대용은 마치 역사 속으로 돌진한 수수께끼처럼 우리에게 조선인과 중국인은 천애지기가 될 수 없음을 상기시키는 동시에 세상 역시 돌이킬 수 없이 변해가고 있음을 경고하고 있다. 조선이 명나라를 그리워하는 과정은 결코 하루아침에 이루어진 일이 아니라 여러 세대에 걸쳐 이룩한 위업이었다. 수많은 조선인들이 여생을 바쳐서라도 가장 완벽한 명나라의 역사를 기록하려 했고 생명을 걸고 청나라로 향하는 길을 밟지 말 것을 외쳤다. 이는 오직 중화 문화를 조선에서 지키고자 함이었다.

그럼에도 불구하고 허격(許格)이 소백산에 올라 통곡하던 그날부터 조선은 이미 '귀로'에 올랐다. 그것은 바로 자신의 역사를 찾아가는 여정이었다. 비록 우여곡절이 있었지만 그 종점은 변함이 없었고 연행사들도 결국에는 마음 속 '고향'에 돌아와야만 했다. '세대'와 '시간'이라는 렌즈로 바라보면, 우리는 홍대용이 알지 못했던 더 많은 이야기를 발견할 수 있다. 원래 '사명' 또한 마모될 수 있는 것이어서 흐르는 세월 속에서 무형으로 사라질 수도 있다는 사실을. 이만운과 귀래노인에 대한 논란을 다시 들여다보면, 조선 역사 자체에 대한 중시는 '사명'에 대한 정면 도전이 아니었음을 알 수 있다. 필자가 보기에, 아무리 많은 외침도 조선이 명나라에 대해 품었던 간절한 감정을 넘어뜨릴 수 없어 보인다. 망각이야말로 역사의 최대의 적이며, 이 '적'을 직면하는 것이야말로 가장 위력한 대응책이다. 홍대용이 엄성과 마음을 나누며 벗이 된 그 순간, 역사는 이미 결론을 내렸다. 이는 우정이라는 이름으로 남은 중외의 미담이자 '사명'이라는 장(章)의 종막이었다. 왜냐하면 한 조선인과 한 중국인이 진정한 우의를 맺고 모든 것을 초월한 친구가 되었기 때문이다. 이는 꿈에서 깨어나는 순간이자 모든 것이 새롭게 시작되는 시점이었다.

맺음말

이 책의 앞부분에서 제시한 두 장의 지도를 곱씹어 보자. 지도를 만든 이의 의도에 대해서는 일단 사학자들이 보다 세밀하게 연구하도록 남겨두자. 나는 모든 수수께끼의 답은 결국 밝혀질 것이라고 확신한다. 시간은 다양한 단서를 앗아갈 수는 있지만 진실을 결코 쓰러뜨릴 수는 없기 때문이다. 게다가 '중국 지도'와 '천하도' 같은 그림 뒤에 숨겨진 이야기들은 우리가 또 다른 시각을 통해 조선 사신의 시야를 체험하도록 하는 데 한 몫 할 수 있다.

조선은 중국을 오갈 수 있는 유일한 행운아는 아니었다. 시각을 바꾸면 우리는 연행의 또 다른 풍경을 목격할 수 있다. 『여지도(輿地圖)』라 이름 붙인 화첩을 펼치면 오른쪽에는 '달자(韃子)', 즉 조선인의 눈에 비친 '여진(만주)인'이 실려 있다. 이 그림은 조선인들이 만주인에 대해 가졌던 다양한 상상을 보여주는데 그들의 얼굴은 왜곡되고 추악하며 무지몽매하게 그려져 있다. 더 직설적으로 말하자면 이는 인간상이 아니라 '짐승'에 가깝다. 게다가 그림 옆에는 "달자는 대부분 추악하다. 머리에 붉은 모자를 쓰며 옷은 현 제도와 다르지 않고 귀에 고리를 달았다.(韃子多醜惡, 頭戴紅氈帽, 衣與時制無異, 耳垂鐺.)"는 문자 설명까지 첨부되어 있다. 조선 지식인의 입장에서 보면 당시 조선인들이 왜 이렇게 만주인을 묘사했는지를 충분히 이해할 수 있다. 왜냐하면 이는 상상의 결과물로, 보는 이와 그린 이의 의도가 완벽하게 매치되어 서로 표와 이를 이루었기 때문이다.

『여지도(與地圖)』의 '달자(韃子)'와 서양인(출처 : 한국국립중앙박물관)

'달자'에 대한 집중으로 조선 지식인들의 '사명'이라는 특수한 역사적 현실을 강조하는 것은 흥미로운 일이다. 그러나 이는 조선 세계관의 지평을 제한적으로 보는 결과를 낳을 수 있다. 실제로, '사명'은 당시 조선이 품었던 세계관의 전부가 아니었다. '달자'와 나란히 등장하는 '서양인'의 존재는 당시 북경에는 한족과 만주인만 있은 것이 아니라 세계 각지에서 모여든 다양한 피부색의 사람들도 있었음을 시사해 준다. 『여지도(與地圖)』를 그린 이의 인식에 비추어 보면 동서양을 넘나드는 서양인들은 '눈이 움푹 꺼지고 콧등이 높은' 모습으로 그려졌지만

김윤겸(金允謙, 1711-1775)이 그린 〈호병도(胡兵圖)〉

(출처 : 한국국립중앙박물관)

이 그림 역시 만주인을 형상화한 것이다. 그러나 앞의 그림과는 완전히 다르게 정상적인 인간의 모습으로 그려져 있다. 서로 다른 이 두 폭의 그림은 당시 조선인들이 '만주인'에 대해 품고 있던 모순된 인식을 동시에 보여주는 단면이다. 두 폭의 그림은 모두 각자의 방식으로 진실을 담아냈다고 할 수 있다. 이 그림에 디테일하게 묘사된 '호병' 역시 화가 김윤겸의 눈에 비친 실재하는 모습이다.

옷차림은 만주인이나 한족과 다를 바 없다. 실제로 중국식 옷차림을 하고 있는 그림 속 서양인들은 북경에 상주하며 명·청 황실에 직간접적으로 봉사하던 군체였다.

당시 조선 사신들에게 연행은 곧 세계 여행이었다. 중국이라는 거대한 공간은 무한한 교류의 장(場)처럼 문화적 만남의 낭만을 추구하는 이들을 끌어들였다. 서양인의 존재를 이미 알고 있던 조선 사신들은 청나라 시기에 이르러 북경의 천주교 성당을 찾는 것도 주저하지 않았다. 1766년 홍대용은 이렇게 말했다. "강희 연간(1662-1722) 이후 우리 사신들이 연경에서 가끔 성당에 찾아가 만나기를 청하면 서양인들은 항상 반갑게 맞아들이며 성당 내부의 기이한 그림들과 성상, 각종 기물을 두루 보여주고 또 서양에서 만든 진기한 선물들을 주었다.(康熙以來, 東使赴燕, 或至堂求見, 則西人輒歡然引接. 使遍觀堂內異畫神像及奇器, 仍以洋產珍異饋之.)"[1] 보다시피, 강희 연간에 북경의 번화가를 누비던 사신들은 천주교 성당도 빼놓지 않았다. 서양 선교사들도 흰 옷을 입은 조선 선비들과의 교류를 꺼리지 않으며 여러 기물을 설명하거나 소소한 선물을 기념으로 건네기도 했다.

강희 59년(1720), 이기지(李器之, 1690-1722) 역시 북경의 천주교 성당을 자주 찾았던 조선인이었다. 선교사 백진(白晉, Joachim Bouvet, 1656-1730)과 탕상현(湯尚賢)은 이기지에게 각별한 예우를 베풀었다. 양측은 과학 기술에 관해 상당한 논의를 나누었다고 한다. 특히 두 선교사가 이기지에게 조선과 중국을 오가는 방식, 그리고 조선의 도시 규모와 민생 상황에 대해 신중하게 질문한 점이 주목할 만하다. 먼 곳에서 온 이 방문객들은 하느님의 영광을 위해 복음이 동방의 끝자락까지 더 멀리 퍼지길 바랐던 것 같다. 탕상현이 "우리는 조선에 진출하여 성당을 세워 천주의 가르침이 먼 곳까지 미치게 하고 싶소.(吾們欲出往朝鮮, 作天主堂, 使天主之教, 無遠不行.)"[2]라고 밝히자 이에 놀란 이기지는 온갖 핑계

1 홍대용, 「유포에게 답하며(劉鮑問答)」, 『담헌연기(湛軒燕記)』, 41쪽.

2 『한국한문연행문헌선편(韓國漢文燕行文獻選編)』, 13책 수록 : 이기지, 『일암연기(一庵燕記)』, 64쪽.

로 화제를 돌렸다고 한다.

필자는 백진의 조선 선교 시도보다 선교사들이 준비한 선물에 더 흥미를 느낀다. 그들은 흔히 '자명소종(自鳴小鐘)', '천리경(千裡鏡)', '곤여도(坤輿圖)'[3] 등을 선물하며 조선 손님들과의 관계를 돈독히 하려 했다. 여기서 자명소종은 시계, 천리경은 망원경, 곤여도는 선교사들이 제작한 세계 지도를 가리킨다. 이처럼 오늘날 우리에게는 평범해 보이는 이 만남이 당시에는 문화 교류의 장이 되었고 서양의 과학 지식과 세계관이 조선에 조용히 스며들기 시작한 계기가 되었다.[4]

서양 지식이 조선에 전파된 것은 강희 연간의 독점적 현상이나 청나라 시기의 고유한 특징도 아니었다. 그 시작은 더 이른 시기, 즉 명나라 만력 시대로 거슬러 올라간다. 만력 10년(1582), 마테오 리치(Matteo Ricci)는 명나라에서의 선교를 계획하며 먼저 마카오에 도착하여 한문을 수학했다. 이 근면한 '서양 유생'은 재주가 뛰어나 점차 명성을 얻어 많은 고위 인사들과 교류했는데 서광계(徐光啟, 1562-1633), 이지조(李之藻, 1565-1630)와 같은 중국 고위 문관들도 그에 대해 찬사를 아끼지 않았다. 이지조는 세례까지 받아 명실상부한 기독교인이 되었다. 이는 중국사에만 국한된 이야기가 아니었다. 세계는 모든 이에게 문을 열고 있었으며 그 초대에 응할 용기만 있다면 누구나 어디에서든 꿈을 펼칠 수 있는 시대가 도래하고 있었다.

---

3 『한국한문연행문헌선편(韓國漢文燕行文獻選編)』, 13책 수록 : 이기지, 『일암연기(一庵燕記)』, 35쪽.

4 이하 조선 사신들과 서학과의 관계에 관해서는 이원순(李元淳)의 『조선서학사(朝鮮西學史)』 참조.

만력 30년(1602), 마테오 리치는 역사상 가장 유명한 세계 지도 중 하나인 <곤여만국전도(坤輿萬國全圖)>를 완성하였다. 이는 중국이 '세계'를 본격적으로 목격한 최초의 순간은 아니었을지라도, 아마도 가장 영향력이 깊었던 사건이었다. 그 파장은 중국인에 그치지 않고, 정치적 사명을 띠고 명나라를 방문하던 조선 사신들에게까지 중요한 문화적 인연으로 얽히게 되었다. 1603년, 조선 사신 이수광(李睟光, 1563-1628)이 명나라에 파견되었을 때, 동행한 이광정(李光庭)과 권희(權憘)가 북경에서 한 질에 여섯 폭 분량으로 된 <구라파국여지도(歐羅巴國輿地圖)>를 구입했다. 이 지도는 사실상 마테오 리치의 <곤여만국전도>였다.

이수광은 이 지도에 대해 "매우 정교하고 서양 지역이 특히 자세히 기술되어 있으며 중국 지역과 우리나라의 팔도, 일본의 60주에 이르기까지 원근 거리와 규모가 세밀하게 빠짐없이 기록되어 있다.(其圖甚精巧, 于西域特詳, 以至中國地方暨我東八道, 日本六十州. 地理遠近大小, 纖悉無遺.)"[5]고 높이 평가했다. 분명 그는 마테오 리치의 이 작품에 큰 신뢰를 보였다. 여기서 놀라운 점은 <곤여만국전도>가 세상에 나온 지 불과 1년 만에 조선 사신들이 이를 품에 안고 고국으로 돌아갔다는 사실이다. 아마도 하늘의 배치였나 보다. 분명한 것은 당시의 연행은 세계로 나아가는 첫걸음이었다. 그러나 오늘날 우리가 '실감나게 잘 그려졌다'고 평가하는 그 지도마저 이수광이 인식하는 세계의 전부는 아니었다. 이수광의 인식에서 '나양국(裸壤國)', '영결리국(永結利國)', '호인국(戶人國)' 등은 모두 '구라파국(歐羅巴國)'과 견줄 만한 외국으로 여겨졌다. 조

5 이수광, 『지봉유설(芝峰類說)』, 권2, 「제국부·외국(諸國部·外國)」, 쪽수 불명.

선의 세계관은 끊임없이 확장하고 있었지만 동시에 낯설거나 미지의 나라들은 이수광에게 있어 지도의 가장자리에 위치해 있어도 크게 상관없는 존재들이었다. 이런 나라들은 그와 같은 조선의 석학에게도 평생 갈 수 없는 천리 밖의 세계였기 때문이다.

명나라 말기의 비운 속에서도 조선 사신들의 지식에 대한 갈망은 꺾이지 않았다. 숭정 3년(1630), 해로로 조천 길에 오른 정두원(鄭斗源)은 명나라가 지정한 노선을 따르지 않고 산동의 등주(登州)에서 20여 일간 체류하게 되었다. 그곳에서 그는 서광계(徐光啓)의 제자이자 명나라 장수였던 손원화(孫元化, 1582-1632)와 우연히 만났다. 손원화는 서양식 화기, 특히 서양인이 제조한 대포 사용에 능숙했고 당시 명나라 황제의 명을 받고 등주에서 군대의 화기 훈련을 지원하던 서양 선교사 육약한(陸若漢, Johannes Rodriguez)과도 교류하던 인물이었다. 정두원은 동행한 역관에게 육약한으로부터 천문학과 역법을 배우도록 했고 수행 군관들에게는 '홍이포(紅夷砲)' 조작법을 익히게 했다.

조선 사신과 세계가 우연히 만난 일화는 여기서 그치지 않는다. 조선 왕자 이요(李㴭)의 일찍 세상을 떠난 형 이의(李溰, 1612-1645)는 심양과 북경에서 인질로 지내던 시절, 탕약망(湯若望, Johann Adam Schall von Bell, 1591-1666)과 친구가 되었다. 이의가 귀국하게 되자 탕약망은 그에게 서양 학문 관련 번역서 몇 권과 지구의를 선물했다. 이의는 지구의를 극히 소중히 여기며 귀국 후 이를 적극 보급할 계획을 세웠지만 안타깝게도 천수를 누리지 못하고 생을 마감해 이 야심찬 계획은 영원한 미완으로 남게 되었다.

이러한 지도 읽기의 새로운 단서를 따라가보면 서양에서 비롯된 지식이 중국을 거쳐 18세기 이전부터 꾸준히 조선으로 유입되었다는 점이 분명해진다. <천하도>를 전문적으로 연구하는 학자들은 이 원형 지도와 서양식 여도(輿圖) 사이의 연관성을 인정하면서도, 조선 사신이 이 지도의 형성에서 실제로 어떤 역할을 했는지에는 크게 주목하지 않는 경향이 있다. 그러나 필자는 사신 집단이 사실은 지도 아래에 자리한 숨은 조력자였을 가능성이 크다고 본다. 즉, 서구의 원형 지도가 <천하도>의 수수께끼를 푸는 열쇠라는 점에는 동의하지만 <곤여만국전도(坤輿萬國全圖)>의 영향을 지나치게 과장하는 태도는 경계해야 한다고 본다. 그 이유는 실물의 물리적 조건에 있다. 이 지도는 한 질에 여섯 폭 분량에, 각 폭의 크기가 대체로 길이 152밀리미터, 너비 366밀리미터에 달해 운반과 감상하기에 매우 불편했기 때문이다.

<곤여만국전도>가 조선 사신들에게 중요한 지식의 원천이었다는 사실은 부인할 수 없다. 그러나 조선에 실질적으로 더 큰 영향을 끼친 것은 선교사들이 축소하여 다시 새긴 복각본이나 북경의 서적 집산지인 유리창(琉璃廠) 같은 서적 시장에서 쉽게 구할 수 있었던 다양한 모사본들이었을 가능성이 더 높다. 지식 전파의 실제 맥락은 가장 보편화되고 널리 유통된 매체에서 찾아야 한다.

필자가 직접 목격한 『각국도(各國圖)』(규장각 소장, 고 2802-1)는 첫 페이지에 '천지전도(天地全圖)'라 명명한 서양식 세계 지도가 수록되어 있었다. 제작자는 한 페이지 안에 지구 전체를 담아내기 위해 중국을 중심으로 다른 나라들은 축소하여 빽빽이 배열했다. 이 방식은 '지구 구형설'의 핵심 개념을 갖추면서도 중국 중심의 세계관을 고수한 동시에 독자에게 중국에 비해 세계는 훨씬 더 넓다는 상상의 여지를 남겨주었

다. 또한, 지도 왼쪽 상단에는 붉은 글씨로 "연사본 삼재일관도 모화(燕肆本三才一貫圖摹畫)"라고 명기되어 이 지도가 중국에서 제작된 원본을 바탕으로 조선에서 위탁 제작 또는 모사했음을 분명히 보여준다.

이러한 지도는 북경에서 조선 사신들의 손을 거쳐 모사본으로 거듭났다. 그들은 자신들이 목격하고 들은 것들을 '사진처럼 기록'하여 그림으로 증거를 남기려 했던 것이다. 따라서 <만년일통천하전도(萬年一統天下全圖)>나 <삼재일관도(三才一貫圖)>와 같은 지도들은 모두 모사의 대상이 되었다. 중국과 서양의 요소가 혼재된 이러한 지도 역시 조선이 연행에서 고국에 들고온 가장 '생생한 세계'의 모습이었다.

조선 사신들에게는 북경은 문화적 모국과도 같은 존재였다. 그들의 여정은 정치와 외교라는 이름으로 이루어졌지만 곳곳에서 '향수'를 느낄 수 있었다. 그들은 연도에서 중국의 선비들과 학문을 겨루기도 하고 산해관의 장엄함을 목격하기도 하였으며 북경성의 위엄도 직접 체험했다. 어떤 이들은 감격에 눈물을 흘리기도 했고 어떤 이들은 실의에 빠지기도 했다. 조선 사신들이 중국을 주제로 남긴 기록은 새로운 공간을 창조했으며 그 안에는 중국과 서양, 그리고 조선의 목소리가 고스란히 담겨 있었다. 한때 이러한 시대가 존재했다. 먼 타지로의 여정은 소수만이 누릴 수 있는 특권이었고 국내에 머문 이들은 세계를 직접 마주하고 싶어 했다. 따라서 사신들의 견문록은 국내 지식인들에게 매력적이고 생생한 정보원으로 크게 매료될 만한 대상이었다. 중국이 오랑캐로 가득하다는 인식은 중화 사상에 기반한 문화적 편견과 청나라 지배하의 조선이 겪은 정체성의 위기감이 혼재된 결과물이었기에 거짓이면서도 동시에 일부 진실이었다. 직접 먼 여행을 할수 없었던 다수 조선인은 오직 당대의 시각과 한계를 반영한 이러한 저술을 통해 중국 밖의 존재를 체감할 수 있었다. 그럼에도 불구하고 다행히도 연행이 곧 세계 여행이었으니, 이 또한 조선 사신들이 안고 간 비밀이었다.

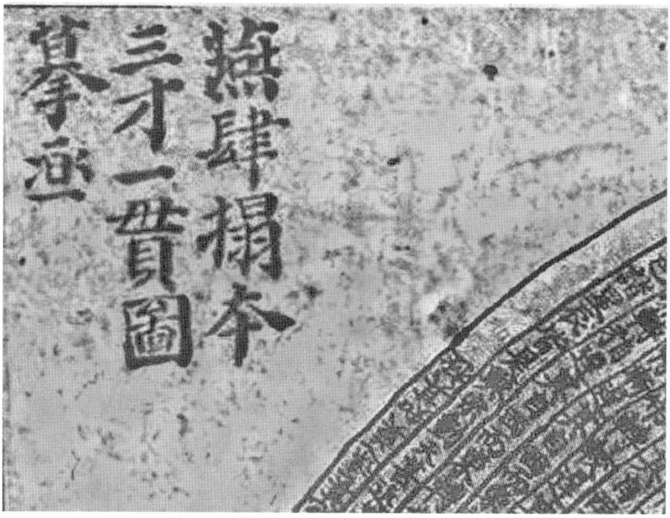

〈각국도(各國圖)〉, 〈천지전도(天地全圖)〉 일각

(현 한국국립중앙도서관 소장)

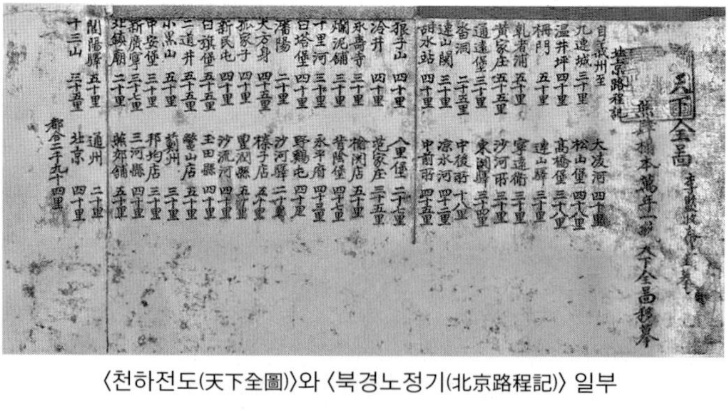

〈천하전도(天下全圖)〉와 〈북경노정기(北京路程記)〉 일부

(현 한국국립중앙도서관 소장)

맺음말에 보태며—그 시절, 동아시아의 파노라마

일본에서의 불면의 밤 : 통신사 신유한의 문학적 고뇌

일본에서 '책'에 대한 최초의 기록은 『고사기(古事記)』에서 찾아볼 수 있다. 응신 천황(應神天皇, 270-310)이 백제(기원전 18년-660년)에 책을 바치라고 명하자 백제는 와니키시(和邇吉師, 일설은 왕인[王仁]이라고 함)를 일본에 파견했다. 그는 두 권의 책을 일본에 가져왔는데 하나는 『논어(論語)』였고 다른 하나는 『천자문(千字文)』이었다.

물론 우리는 그 이전에 일본에 책이 전혀 없었다고 믿지 않는다. 또 와니키시가 먼 길을 오로지 『논어』와 『천자문』 단 두 권만 챙겼으리라고도 생각하지 않는다. 이 이야기에서 더 흥미로운 점은 책이 이동한 경로가 분명하다는 것이다. 중국에서 탄생한 『논어』가 먼저 한반도로 건너왔고 다시 백제인을 통해 바다를 건너 일본에 자리 잡았다. 이렇게 보면 중국 경전의 북크로싱은 일찍 1,700여 년 전에 이미 이루어졌던 셈이다.

누구나 이 이야기에서 자신이 좋아하는 요소를 발견할 수 있다. 특히 일본 땅을 밟은 조선인들에게 그들은 마치 와니키시처럼 동양을 방문한 현인으로, 일본에 더 나은 문화를 전파하는 존재라는 자부심을 가졌을 것이다.

일본의 에도 시대(江戶時代, 1603-1867)에는 조선인들이 북경을 방문하는 '조천사'와 '연행사' 외에도 일본에 파견되는 사절단이 있었는데 이를 흔히 '통신사'라 한다. 비록 양국은 임진왜란으로 인해 갈등이 지속되었지만 전쟁은 결국 종결되었다. 전쟁 후의 사후 처리 문제를 넘어서 양국 간의 외교 관계를 신속히 회복하는 것이 급선무로 되었고 이에 따라 양국은 먼저 포로 송환 문제를 놓고 협상을 벌였는데 이로 인해 에도 시대 최초의 통신사가 파견되게 되었다.

통신사가 일본에 파견된 횟수는 많지 않다. 에도 시대 264년 동안 단 12차례에 불과했지만 이와 관련된 방대한 자료가 남아 있는 데는 몇 가지 이유가 있다.

첫째, 조선인들은 당시 일본 내지에 깊이 들어갈 수 있었던 소수의 외국인이었기에 일본 측의 각별한 관심을 받았다. 아울러 일본 문화계도 오랫동안 조선을 흠모하며 조선인들과 꾸준히 친교를 맺었기 때문에 수많은 소중한 기록과 유물이 보존될 수 있었다.

둘째, 통신사 일행도 연행사와 마찬가지로 수행원들이 일기를 꼼꼼히 쓰거나 공식 보고서 작성을 위한 자료 수집에 몰두했고 그 결과 풍부한 견문이 생생한 기록으로 남게 되었다. 이러한 문자 기록은 마치 조선과 일본 두 나라 사이에 놓인 시공간의 터널과 같다. 기록물은 부산, 오사카, 교토, 에도의 풍경, 두 나라 지식인들의 엇갈리는 관찰, 사신들이 토로한 불만, 그리고 후지산을 오가며 쏟아낸 경탄의 묘사까지 당시의 구체적 장면을 생동감 있게 재현하고 있다.

또한, 이러한 문헌 뒤에는 각기 다른 기록 의도가 숨어 있다. 어떤 기록은 일본의 실제 상황과 민속, 그리고 정치 정세를 엿보려는 정보 수집의 목적을 담고 있고, 다른 기록은 지식인 사이의 필담과 같은 우정의 흔적이거나 순수한 기행문의 성격을 띠기도 한다. 이 글들의 가치를 당시의 '외교 작업'이라는 측면으로 본다면 마치 '위키리크스'가 폭로한 정부의 공식 문건과도 같다. 통신사들은 글에서 모호함 없이 직설적으로 일본에 대한 이해와 평가를 드러내고 있다. 이러한 이유로 통신사들의 글은 객관성과 편견이 공존하며 때로는 모순적이기까지 한 그 자체가 오히려 진실에 더 가깝다는 인상을 준다.

조선인의 일본 기록에 몇 가지 키워드를 붙인다면, 양국 교전 이후 17~18세기의 외교 작업은 단순한 '선린 외교'를 넘어선 것이었다. 또 타국의 '민정(民情)'을 관찰하는 것이 기본 임무였다면, 또 다른 중대한 임무는 바로 '국위 선양'이었다.

'국위 선양'이란 국가의 위엄과 문화적 우수성을 널리 알리는 행위를 의미한다. 이는 당시 양국 간 외교 준비 과정에서도 그 실마리를 찾을 수 있다. 일례로, 양국 외교관들은 사전 협의를 통해 '너는 무엇을 준비하고 나는 무엇을 갖춰야 하는지'가 명시된 세부 리스트를 작성했다. 조선 측은 주로 다음과 같은 준비를 담당했다. 승마와 궁술에 뛰어난 인재를 선발해 행사에 활용하고 수행 화가는 반드시 경험이 풍부하고 뛰어난 실력을 가진 자만이 임무를 맡도록 했다.[6] 이러한 특수 기술

6 수행 인원 리스트에 관해서는 나카오 히로시(仲尾宏)의 『조선통신사(朝鮮通信使)』, 116쪽 참조.

을 보유한 조선인들이라야 조선국의 대표로 일본에 파견되어 국위를 선양하는 역할을 수행할 수 있었다. 국위 선양은 '무용(武勇)'에만 국한되지 않았다. 조선 인재의 문무를 모두 갖춘 면모를 증명하는 데 있어 빼놓을 수 없는 인물이 있었으니, 그가 바로 신유한(申維瀚, 1681-1752)이다. 당시 고향에서 어머니를 모시고 있던 신유한은 곧 일본으로 파견된다는 공직 임명장을 받았다. 그가 맡게 될 직책은 사절단 내에서도 핵심적 역할을 하는 '제술관(制述官)'이었다.

1719년, 조선 사신 일행 475명은 국서(국왕이 막부 장군에게 보내는 친필 서한)을 받들어 일본으로 향했다. 이번 사행의 주된 목적은 3년 전 새로 취임한 막부 장군 도쿠가와 요시무네(德川吉宗, 1684-1751)를 축하하기 위한 것이었다. 일본인들에게 조선인의 문화적 깊이를 보여주기 위해 조선 정부는 당시 38세였던 신유한을 특별 선발해 제술관으로 임명했던 것이다. 제술관은 이번 행차에서 시와 사(詞)를 짓는 업무를 전담하는 직책으로, 해당 분야의 최고 실력자만이 맡을 수 있는 자리였다.

신유한은 제술관의 역할에 대해 큰 자부심을 가지고 다음과 같이 논했다. "왜인들의 문학에 대한 집착이 최근 더욱 심해져 흠모심이 풍조처럼 번지고 있다. 그들은 우리를 '학사 대인'이라 부른다. 시와 글을 청하는 이들이 거리를 가득 메우고 문 앞을 막아서기도 한다. 따라서 그들의 간절한 요청에 응답하며 우리나라의 화려한 문학을 널리 알리는 책임은 반드시 제술관에게 있다.(倭人文字之癖, 挽近益勝, 豔慕成風, 呼以學士大人, 乞詩求文, 填街塞門, 所以接應彼人言語, 宣耀我國文華者, 必責於

制述官.)"[7] 이처럼 일본인들의 문학에 대한 갈망은 조선으로 하여금 국위 선양 프로그램의 일환으로 제술관이라는 직위를 더욱 부각시키게 했다.

다소 과장되게 들릴 수도 있지만, 와니키시가 『논어』와 『천자문』을 일본에 전한 상징성처럼, 3~4백 년 전 일본의 문화계에서 조선은 뛰어난 한문 소양으로 큰 명성을 누리고 있었다. 신유한 역시 이 두 책이 일본에 전래된 경위를 잘 알고 있었기에 조선인이 문화를 전파하지 않았다면 일본에 문자 자체가 생겨나지 않았을 것이라는 생각을 품고 있었다.

신유한의 이 생각은 물론 오해의 소지가 크다. 일본 역시 이미 오래 전부터 자체 문자가 있었다. 흥미로운 점은 그가 왜 이런 생각을 품게 되었는가 하는 것이다. 이에 관해서는 먼저 조선 지식인들이 오랜 기간 한문화 학습에 매진하여 당시 중국을 제외하고는 한문화에 가장 익숙한 국가로 꼽혔다는 점을 고려해야 한다. 이에 비해 일본은 중국이나 조선처럼 과거 제도를 통해 인재를 선발하지 않았다. 에도 시대는 무인 사회였을 뿐만 아니라 세습 사회였기 때문에 문학을 배우는 유생들에게는 유의미한 출세 길이 없었다. 달리 말하면, 에도 시대 일본에는 일본인들이 유생 반열에 오르도록 권장할 수 있는 강한 사회적 유인이 부재했다. 그럼에도 불구하고 흥미로운 점은 한문화의 가치가 당시에도 여전히 일본인들, 특히 문화계 인사들로부터 인정받고 있었다는 것이다. 이러한 이유로 일부 의사나 무인들까지 포함해, 적지 않은 일본인

7 신유한, 『해유록(海遊錄)』, 244쪽.

들은 유생을 직업으로 삼지 않았음에도 한문을 공부했다.

이러한 배경 속에서 조선의 최고 지식인들의 방문은 일본 사회에 일종의 충격탄과 같았다. 에도 시대 도쿠가와 막부가 쇄국 정책을 시행한 이후, 항구에서 멀리 떨어진 내륙의 일반 서민들은 외국인을 거의 본 적이 없었기에 호기심에서든 진심으로 흠모해서든 조선인이 오면 일본인들은 극진히 대우해 주었다. 게다가 당시 일본의 지식인들에게 통신사의 내방은 오매불망하던 기회로, 그들은 필담과 통역을 통한 조선인들과의 한문 교류를 간절히 바랐다.

신유한의 기록을 통해 우리는 조선인이 본 일본 문학과 그들이 일본에서 얼마나 환영받았는지 알 수 있다. 그의 일기 『해유록』에는 사행 기간 동안 만났던 인물에 대한 평가가 자주 등장한다. 일본 승려에 대해 그는 "사람과 문장 모두 논할 가치가 없다(其人與文章皆不足道)"[8]고 일괄했다. 막부 장군의 전용 문학가로, 대학두(大學頭)를 지낸 하야시 노부아츠(林 信篤)에 대해서도 그는 "문필이 졸박하고 형체를 이루지 못했다(觀其文筆, 拙樸不成樣)"[9]고 평가했다. 이처럼 신유한의 눈에 비친 일본 한문학은 실로 언급할 만한 가치가 없었다.

이를 단순히 조선인들의 일방적인 자만이라고만 할 수 있을까?

현실적으로, 일본인들이 현장에서 보여준 언행은 조선인들의 뛰어난 한문 능력을 더욱 돋보이게 했다. 먼저 일본의 일반 백성들을 살펴보자. 신유한은 사절단 일행이 쓰시마섬에 도착했을 때의 광경을 이렇

---

8 신유한, 『해유록(海遊錄)』, 307쪽.

9 신유한, 『해유록(海遊錄)』, 317쪽.

게 묘사하고 있다. "구경하러 온 남녀가 물고기 비늘처럼 촘촘히 모여 있다. 혹은 마루에 앉아 있고, 혹은 발치문 사이로 엿보고 있으며, 혹은 담 밖에 서 있고, 혹은 길가에 서있다.(觀光男女、簇簇如魚鱗, 或坐堂, 或窺簾, 或立牆外, 或在路旁.)"[10] 한문을 조금 아는 이들, 혹은 한문을 좋아하는 일본인들은 더 말할 나위 없었다. 신유한이 경유하는 곳에는 반드시 "무리 지은 왜인들이 구름처럼 모여들어 종이와 붓을 들고 글을 청하는 자들의 발길이 끊이지 않았다. 나는 때로 즉석에서 즉흥적으로 써 내려갔다.(群倭聚集如雲, 時時有夾紙筆而乞書者, 余或隨興而寫.)"[11] 한편, 신유한이 붓을 들어 일필휘지할 때 심지어 일부 일본인들은 "하루 종일 따라나서서 곁에서 유심히 지켜보며 배우기를 마다하지 않았다.(終日在傍, 意頗惓惓.)"[12]

신유한은 마치 문학 스타와 같아 어디로 가든 시선이 쏠리는 중심이었다. 그가 쓴 시 한 수 한 수는 모두 가장 고수하고 절묘한 문학 작품인 양 여겨졌다. 신유한은 이에 대해 "시문을 받아가는 일본인들은 신분이 높든 낮든 모두 우리를 신선처럼 존대한다. 또한, 내가 쓴 시를 구슬처럼 보석처럼 소중히 여긴다. 가마꾼과 같은 하인이나 글을 모르는 사람들조차도 내가 써준 글을 얻는 것을 영광으로 여기며, 떠날 때는 거듭 공손하게 인사를 남긴다.(求得我國詩文者, 勿論貴賤賢愚, 莫不仰之如神仙, 貨之如珠玉, 即舁人廝卒目不知書者, 得朝鮮楷草數字, 皆以手攢頂而

10 신유한, 『해유록(海遊錄)』, 258쪽.

11 신유한, 『해유록(海遊錄)』, 291쪽.

12 신유한, 『해유록(海遊錄)』, 321쪽.

謝.)”[13]

하지만 매일 일본인들의 시 청탁과 문장 청탁을 처리하는 일은 겉으로 보기에는 ‘국위 선양’ 임무를 달성한 것처럼 보였으나 신유한에게는 개인적으로 큰 고통이었다. 비록 공식적인 접대를 받아 먹고 마시고 즐길 것을 모두 제공받고 있고, 후지산 구경도 일본 측에서 가마에 태워 호송했을 정도로 극진한 예우를 받았지만 끝없이 쏟아지는 청탁은 나중에 가시처럼 마음에 박히게 되었다. 시문을 구걸하는 일본인들은 종종 사절단 숙소에 모여 밤낮으로 기다렸다. 이는 제술관 신유한에게 많은 스트레스를 안겨주었다. 비록 그의 본분이 시와 문장을 쓰는 일이었더라도 그 역시 육신으로 만들어진 인간이었다.

1719년 겨울, 조선 사절단은 교토 근처에 위치한 요시다에 도착했다. 한가한 사절단 구성원들은 이곳저곳 돌아보며 관광을 즐겼을 테지만 신유한에게는 여전히 풍경을 감상할 여유가 없었다. 무작정 쏟아지는 시문 청탁만 끊임없이 쌓여 가고 있었다. 그는 하루에 수백 장의 글을 써내야만 임무를 완성할 수 있는 상황에 처해 있었다.

머나먼 일본 땅에서 삼라만상도 고요해진 한밤중, 조선의 한 사신이 한겨울 냉기 속에서 밤을 새워야 하는 궁지에 몰려 있었다.

---

13 신유한, 『해유록(海遊錄)』, 365쪽.

합의 없는 합의 : 외교 수사 속에 감춰진 전쟁

외교 현장은 다수의 예의와 형식으로 구성된 이미지로서, 모든 장면이 정교하게 연출된 성대하고 체계적인 의례의 장이다. 참가자들은 일반적으로 밝은 미소를 유지하며, 모든 절차가 매우 정확하고 완벽하게 수행된다. 특히 외교 현장과 일정한 거리를 둔 관찰자는 심지어 외교 자체의 형식과 품격에서 미학적 체험을 얻기도 한다. 이러한 인상은 외교 과정에서 이루어지는 다양한 절충, 협상, 흥정 그리고 때로 발생하는 대립이 미적 인식에 의해 부분적으로 가려진다는 점을 시사한다. 또한 현장의 긴장되었던 분위기는 양측의 악수와 선물 교환이 완료되는 순간 해소되는 경향을 보인다.

비록 내가 자주 읽고 있는 조선인들의 사행 기록이 넓은 의미에서 외교 문헌으로 간주되어 수많은 예의와 관련되어 있음에도, 나는 이를 여전히 충분히 이해하지 못하거나 이해할 수 없다고 말해야 할 것이다.

북경에 도착한 조선 사절단은 관례에 따라 중국 관청의 접대를 받았다. 예를 들어 환영 연회 격인 '하마연(下馬宴)'은 긴 여정에 지친 조선인들의 노고를 치하하기 위해 말에서 내린 직후 베푸는 자리였다. 이어지는 일련의 조정 예절 '리허설'(고대에는 연의[演儀] 또는 습의[習儀]라 불림)은 사절단에게 궁중 예의를 가르쳐 황제를 알현하는 자리에서 실수가 없도록 하기 위한 것이었다. 이러한 복잡하고 세세해 보이는 예의는 외교와 의전에 대한 나의 기존 생각을 잘 보여준다. 나는 이를 단순히 형식적이고 관례적인 것으로 여겼을 뿐, 그 안에 담긴 의미를 진지하게 탐구해 본 적은 별로 없었다.

최근 조선인들이 남긴 일본 관련 일기와 보고서를 읽다가 그 기록들에서 마치 미술관 해설사가 그림 속 숨은 뜻을 짚어주는 것 같은 느낌을 받았다. 수백 년 전의 외교 예의가 단지 지루한 형식에 불과했다면, 당시 각국은 왜 그렇게까지 조심스럽게 이를 준수하려 했으며 사소한 부분까지 챙겼겠는가? 그날 나는 조선 사절단의 중국 관아 알현 순서나 양측의 호칭 같은 표면적인 외교 예의에만 주의를 기울이는 순간, 외교라는 무대에서 의전이 차지하는 진정한 위상과 그 심층적 의미를 제대로 파악하기 어렵다는 점을 깨달았다. 즉, 의전 뒤에 숨은 의도와 양측의 전략적 계산을 진지하게 고려하지 않는다면 그 장면이 지닌 참된 의미는 결코 드러나지 않을 것임을 알게 되었다.

지금부터 일본과 조선 두 나라 사이에서 펼쳐진 외교 예의와 그 배후의 본질을 논하고자 한다. 이는 마치 여러 겹의 포장으로 이루어진 제전(祭典)처럼 곳곳의 세부마다 양측의 기싸움과 의도가 배어 있다. 또한, 어느 정도 거리를 두고 바라본다면 그들이 그토록 다툰 이유를 더 선명하게 이해할 수 있을 것이다. 이제 먼 옛날의 역사적 외교 공간 속으로 들어가 고대 외교의 의미를 하나씩 따라가 보자.

…

이 이야기는 한 통의 편지에서 비롯된다.

에도 시대에 조선이 일본에 사절을 파견한 목적은 일반적으로 새로운 '장군(정이대장군[征夷大将军])'의 즉위를 축하해 주기 위한 것이었다. 새로운 장군의 즉위를 '습직(襲職)'이라 하는데 이는 곧 새로운 군사적·정치적 지도자의 취임을 의미한다. 에도 시대에도 천황이 존재했지만 그는 명목상의 수반에 불과했을 뿐 실질적인 지배권은 도쿠가와 가문이 쥐고 있었고 에도의 막부 장군이 정치의 중심에 자리하고 있었다. 이웃한 조선과 일본이 서로 사절을 파견하여 인사를 나누는 것은 충분히 예상 가능한 일이었다.

1709년, 에도 막부의 제5대 장군이었던 도쿠가와 쓰나요시(德川綱吉, 1646-1709)가 사망하자 같은 해에 새로운 장군 도쿠가와 이에노부(德川家宣, 1662-1712)가 습직하게 되었다. 이에노부의 취임 다음 해인 1710년, 일본은 대조선 외교 사무를 전담하던 쓰시마 번(藩)을 통해 사절을 파견하여 새로운 장군의 습직을 축하해 줄 것을 초청했다. 양국이 협의를 진행하던 1711년, 쓰시마 번주(藩主) 소 오시카타(宗義方)는 조선 관리에게 편지 한 통을 보냈는데 그 내용은 간단했다. 일본 측은 조선 사절이 관례적으로 갖고 올 '국서'에서 도쿠가와 이에노부를 '일본국왕'으로 칭해 주기를 바란다는 것이었다.

이 문제를 더 깊이 살펴보기에 앞서, '국서'란 무엇인지 간략히 짚어보자. 여러분은 아마 신유한의 이야기를 기억할 것이다. 일본에 가서 시를 쓰는 업무를 전담했던 제술관 신유한을 포함해, 사절단 전체를 '조선 통신사'라고 불렀다.

그렇다면 왜 '통신사'라 불렸을까? 그것은 사절의 가장 중요한 임무가 바로 '편지 전달'이었기 때문이다. 즉, 조선 국왕의 편지를 막부 장군에게 전달하는 것이 핵심이었으며 국왕의 의지로 씌여진 이 편지는 '국서'로 존칭되었다. 당시 회화 작품을 통해 조선 사절단이 이 국서를 얼마나 중시했는지를 엿볼 수 있다. 국서는 국왕을 대표하는 것이므로 비록 얇은 종이 한 장일지라도 팔인교에 정중히 모시고 운반해야 했다.

〈국서누선도(國書樓船圖)〉(현 한국국립중앙박물관 소장)

조선 국왕이 막부 장군에게 보내는 편지는 한 글자 한 글자에도 신중을 기해야 했다. 조금이라도 실수하면 일본에 밀릴 가능성이 언제나 따랐기 때문이다. 문장의 어조와 형식을 포함한 모든 면에서 일본과의 대등함을 유지해야 했고 적어도 스스로 납득할 수 있어야 했다. 이렇게 보면, 쓰시마 번주 소 오시카타가 조선 측에 도쿠가와 이에노부를 '일본국왕'으로 칭해 줄 것을 요구한 것은 상당한 변화를 의미하는 것이었다.

이 요청에 대한 조선 국왕의 첫 반응은 다음과 같았다. "우리가 막부 장군을 '대군'이라 부른 지도 이미 77년이 되었는데 어찌 다시 '국왕'으로 고치려 하는가? 아직은 사절단 파견도 협상 단계인데 갑자기 이런 시도를 하다니. 이는 예전에 예단과 관련된 실무적인 문제들과는 차원이 다르다. 이는 엄중히 대응해야 할 일이니 먼저 관련 부서에서 논의하게 하라.(大君之稱, 已至七十七年之久, 而請複之說, 猝發於意外, 此非向日禮單之比. 不可不嚴辭峻斥, 令廟堂稟處.)"[14]

14 『조선왕조실록』, 숙종 37년 5월 25일, 계축조.

그러나 조선의 국서는 그때까지만 해도 막부 장군을 '일본국대군전하(日本國大君殿下)'로 칭해왔다. 일본 측의 이 당돌한 요구는 조선을 당혹스럽게 했을 뿐만 아니라 양국의 평온한 관계에 불필요한 마찰을 초래할 수 있다는 우려도 낳았다.

외교 현장에서는 각자의 칭호에도 큰 의미가 담겨 있다. 대등한 관계를 유지하기 위해 양측은 합의점을 모색하고, 상하 관계나 주종 관계를 암시하는 용어를 배제하여 국가의 체면과 존엄이 훼손되는 것을 극력 피하려는 것이 관례이다. 만약 조선이 '일본국왕'이라 칭했을 경우, 일본이 이에 상응하여 '조선국왕'이 아닌 '조선아우'로 응답한다면, 조선은 스스로를 일본의 신하처럼 격하시키는 꼴이 될 수도 있었다. 통신사 자체가 외교적 협의의 산물인 만큼 양측이 칭호 문제를 두고 줄다리기를 벌이며 국가의 '체면'을 다투는 것은 당연한 일이었다.

여기서 의문은 1711년에 이르러 막부 장군이 왜 갑자기 '일본국왕'으로 불리기를 원했는가, 그리고 더 근본적으로 그는 과연 '일본의 왕'이 아니었는가 하는 점이다.

'국왕'이란 말그대로 한 나라의 군주이자 정치의 중심이며 대외적으로도 자기 나라를 대표할 수 있는 자격을 뜻한다. 도쿠가와 이에야스가 도요토미 가문을 대신하여 일본을 통일하고 '정이대장군'의 칭호를 이어받은 후, '국왕'을 자칭하려 한 것은 당연한 일이었다. 따라서 일본과 조선의 공식 교류는 실질적으로 '막부장군'과 '조선국왕' 사이의 문제였으며 양측 모두 각자 자국의 최고 통치자로서 맞서 왔던 것이다.

조선 국왕은 "일본은 '대군(大君)'이라는 칭호를 이미 77년이나 사용해 왔다"고 분명히 밝혔다. 즉, 1711년 이전부터 77년 동안 조선은 국서에서 막부 장군을 일관되게 '일본국대군(日本國大君)'으로 칭해왔지 '일본국왕'으로 칭하지는 않았다는 것이다. 이는 분명히 대외적 칭호 설정에 있어 도쿠가와 가문은 '정이대장군'의 약칭인 '장군'이 '조선국왕'과 완전히 대등하게 보이기에는 부족하다고 판단해 '대군'을 채택했을 것으로 보인다. 게다가 당시 청나라와 조선을 중심으로 한 동아시아 국제질서에서는 '장군'을 단지 한 나라의 고위 무관 직책 정도로 인식하고 있었기에, 일본 막부 장군이 스스로를 '장군'이라 칭한다면 그를 한 나라를 대표하는 최고 지도자로 쉽게 인정하기 어려웠을 것이다.

그러나 '대군'은 '장군'과는 다른 의미를 지닌다. 『주역』의 "대군의 사명은 나라를 세워 계승하는 것이다(大君有命 開國承家)"에서 유래한 이 호칭은 곧 군주를 의미한다. 낙빈왕(駱賓王, 640-684)의 유명한 「서경업의 측천무후 토벌에 보내는 격문(爲徐敬業討武曌檄)」에도 "천자를 위해 함께 위훈을 세워 그 명에 어김이 없도록 하라(共立勤王之勳 無廢大君之命)"는 구절이 있는데 이는 각지 제후들에게 당나라의 진정한 천자의 명령을 저버리지 말고 군주를 도울 것을 촉구하는 내용이다. 여기서 '대군'은 중국과 일본에서 모두 가장 높은 군주 또는 국왕을 지칭하는 용례로 된다.

한편 일본 학자 이케우치 사토시(池内敏)의 연구에 따르면, 일본에서 '대군'이라는 호칭을 사용한 데에는 또 다른 의미가 있는데 이는 '타이쥬미나모토군(大樹源君)'에서 비롯된다고 한다. 간단히 말해, 일본에서 미나모토(源) 가문은 가장 고귀한 혈통인 천황 계통과 연관되어 있다. 도쿠가와 가문이 스스로를 '타이쥬미나모토군'의 혈통이라 한 것은 이를 통해 자신의 출신을 높이려는 의도로 해석되며 이는 '대군'의 두 번째 의미라 할 수 있겠다.

문제의 요지는 겉으로 보기에 이토록 합리적인 논리임에도, 조선을 상대하기만 하면 일본은 정당한 명분은커녕 기세가 꺾이기 일쑤였다는 점이다. 한국 사극에 익숙한 이들에게 '대군'이라는 단어는 친숙하게 들릴 수 있으나 결코 '국왕'을 떠올릴 정도는 아니다. 조선의 언어 관습에서 '대군'은 '적자(嫡子)', 즉 조선 국왕의 여러 왕자 중에서도 정통성을 지닌 왕자를 의미한다. 따라서 일본국의 '대군'에 대해 조선은 다르게 이해할 수 있었고, 더 나아가 조선이 일본에 사절을 파견한 것은 마치 '상국(上國)'이 열위에 있는 나라를 순행하는 것으로 이해되었다. 게다가 조선 문화권은 한자 문화권 수준에서 일본보다 우위에 있었기에 명분적으로도 어느 정도 우월감을 유지할 수 있었다.

그러나 일본은 이 문제를 같은 선상에서 보지 않았다. 양국의 지도자 호칭 문제에 대해 일본 역시 자신들의 이익을 극대화하기 위해 지렛대 원리를 적용했다. 일본은 조선의 통산사를 '내조(來朝)'나 '내빙(來聘)'의 존재로 인식하고 있었다. 이는 당시 조선 통신사를 주제로 한 그림을 '내조도(來朝圖)'나 '내빙도(來聘圖)'로 명명한 것에서도 확인된다. 당시 외교 관례에 따르면, 먼저 상대방에게 국서를 보내거나 초청을 제안하는 것은 곧 그에 대한 복종을 의미하는 것이었기에 조선이 한풀 꺾인 태도로 일본을 대해야 한다는 인식은 일본인들에게 자연스러운 흐름이었다. 따라서 양국 간 외교는 결코 '막부장군' 대 '조선국왕' 간의 직접적인 교류가 아닌, 쓰시마 번주가 중개인 역할을 담당한 '브로커'식 외교로 진행될 수밖에 없었다.

쓰시마섬은 국서를 전달하고 조선과의 외교를 협의하는 데 핵심적인 중개 역할을 담당했다. 게다가 양국 외교는 종종 쓰시마섬 덕분에 어색함을 피할 수 있었다. 쓰시마 번주는 도쿠가와 가문의 신하였기에 대조선 외교에 협력하는 것은 자연스러운 일이었다. 또한 쓰시마섬이 조선과 일본 사이의 연락 창구로 기능한다는 점은 일본에게 조선의 지위가 쓰시마와 동등하다는 심적 위안을 줄 수 있었다. 반면, 번마다 일본으로부터 초청을 받아 온 조선은 양국 외교는 자신들이 주도할 뿐만 아니라 항상 우위를 점하고 있다고 여겼다.

이처럼 양국은 겉으로는 대등하고 조화로운 구도를 유지하며 자가위안을 취하는 동시에, 영유권이 불분명한 영역을 외교적 수단으로 활용하면서도 내심 '그 땅은 우리 것'이라는 주장을 끊임없이 되풀이하고 있었다.

그렇다면, '일본국왕'이라는 호칭은 양국 외교의 해결사였을까?

1711년, 도쿠가와 이에노부가 즉위한 지 얼마 되지 않은 시점에 그는 모신(謀臣) 아라이 하쿠세키(新井白石, 1657-1725)의 건의를 받아들여 대외적으로 '일본국왕'이라는 칭호를 사용하고 '일본국대군'의 칭호를 더 이상 쓰지 않기로 했다. 아라이 하쿠세키의 논리는 명확했다. '대군'이 군주를 의미한다면, 일본의 명목상 군주는 천황이므로 이는 천황에 대한 모욕으로 간주된다는 것이다. 이 문제의 해결을 위해 천황은 명목상의 주인으로 남겨두고, 도쿠가와 가문은 정치적 주체로서 직접 '국왕'으로 칭하는 것이 가장 적절하다고 판단했던 것이다.

이 결정은 일본 내부에서는 큰 파문을 일으켰으나 오히려 조선에서는 논란이 신속히 가라앉았다. 조선 관리들은 국왕에게 "지금 일본이 스스로 왕을 칭하느냐 마느냐는 우리가 통제할 수 있는 일이 아닙니다.

이제 그들이 스스로 왕을 칭한다는 사실을 알게 되었으니 국서에 '일본 국왕'이라고 써도 무방합니다.(今之自王, 非我所能禁. 而知其稱王, 則改送國書, 固無所妨.)"[15]라고 보고했다. 조선 국왕도 이에 공감하며 이 문제를 크게 다루려 하지 않았기 때문에 조선에서 별다른 파장을 일으키지 않았다.

조선이 호칭 변경을 수용한 데는 분명한 이유가 있었다. 조선의 외교 작업은 크게 두 가지 축으로 나눌 수 있는데 하나는 중국과의 관계, 즉 '사대'였고, 다른 하나는 일본과의 교류, 즉 '교린'이었다. 일본과의 교류는 신의와 대등함을 원칙으로 삼았다. 이에 기반하여 일본 국왕과 조선 국왕 역시 서로 대등한 관계로 여겨져 누가 손해를 보는 문제로 간주되지 않았다.

당시 동아시아 열국의 질서는 중국 중심의 '조공-책봉' 체제였음을 염두에 두어야 한다. 명나라든 청나라든 조선 국왕은 중국 황제의 책봉을 통해 정통성을 부여받았다. 즉, 조선 국왕 위에는 여전히 황제가 존재했다. 따라서 일본이 스스로 국왕으로 칭호를 바꾸겠다는 것은 이 조공 체제 내에 복귀하겠다는 것에 불과해 조선의 지위에는 아무런 영향이 없었다.

당시 명나라와의 교역과 교류를 위해서는 조공 체제의 공식 구성원으로 인정받는 입장권이자 허가증인 '간합(勘合)'이 필요했다. 또한 '일본국왕'이라는 칭호는 이미 전례가 존재했다. 명나라 성조 주체(朱棣, 1360-1424)는 아시카가 요시미쓰(足利義滿, 1358-1408)를 '일본국왕'으로

15 『조선왕조실록』, 숙종 37년 5월 27일, 을묘조.

책봉한 바 있으며 임진왜란 당시 명나라와 일본이 일시적으로 화의를 논의하는 과정에서도 도요토미 히데요시(豊臣秀吉, 1537-1598)를 '일본국왕'으로 책봉[16]하는 것이 조건 중 하나로 제시되었다. 도쿠가와 시대에 와서도 한동안 '일본국왕' 칭호를 사용하다가 여러 이유로 '대군'으로 변경되었다.[17]

한편, 일본이 '대군' 칭호를 사용한 것은 조공 체제와 중국의 영향에서 벗어나 독자적인 외교 노선을 걸으려는 의도를 반영한 것이다.

그러나 일본 측의 이러한 탈피 시도는 곳곳에서 제약을 받는 난처한 입장에 몰리게 되었다. '대군'을 칭할 경우, 조선과의 교류에서 불리한 입장에 서게 될 뿐만 아니라 천황과의 관계에서도 충돌 가능성을 안게 되었다. 반면, '국왕'을 칭하는 것은 중국이 주도하는 세계 질서로의 복귀를 의미하는 것이었다.

문제의 핵심은 언제나 인식의 차이에 있었다. 일본은 스스로를 중국의 신하로 여기지 않았을 뿐만 아니라 조선과의 관계에서도 마찬가지였다. 일본 고대 전설에서 신공 황후의 삼한 정복은 차치하더라도, 보다 근대적인 사례로 도요토미 히데요시의 조선 출병을 들 수 있다. 당시 일부 일본인들 사이에서는 '조선은 원래 일본의 영토'이며 약체라 쉽게 정복할 수 있다는 인식이 널리 퍼져 있었다. 이러한 시각 아래, 조선통신사의 일본 방문은 '내빙(來聘)'으로 여겨졌고 조선에서 가져온 선물은 '일본에 바치는 지역 특산물(土物)'로 해석되었다. 조선 사절단

16 책봉조서 원본은 현재 오사카역사박물관에 소장되어 있다.

17 '대군'으로 변경된 제반 이유와 요소에 관해서는 나카오 히로시(仲尾宏)의 『조선통신사(朝鮮通信使)』 26-29쪽, 69-71쪽 참조.

의 방문은 막부 장군에게 정치적 선전의 수단이 되기도 했다. 특히 도쿠가와 가문은 사절단 방문을 통해 지방 대명(大名)들에게 '나는 대외적으로도 막강한 위엄을 갖추고 있어 조선 사절단마저 스스로 찾아온다'는 메시지를 전하려 했다.

이처럼 조선 사절단 앞에 펼쳐진 외교 현장은 본질적으로 모호한 공간이었다. 양측 모두 자국의 기치를 내세워 이익을 얻고자 했고 명목상 내세운 '신의'니 '대등'이니 하는 것은 슬로건에 불과했다. 어느 쪽도 손해 보기를 원치 않았기 때문에 외교적 회동에 대한 해석은 각자의 이해관계에 따라 완전히 달라졌고 같은 사안이라도 서로 엇갈린 표현으로 채워지게 되었다.

조선 사절들은 일본에 문화가 없다고 여겨 일본의 유학과 한문학을 경멸하는 경향을 보였다. 어디를 가든 일본인의 한시 실력이 낮다는 풍자를 곁들이며 '명나라가 망한 뒤 한문화를 이어갈 독보적인 존재는 바로 우리 조선'이라고 자평했다. 반면 일본인들 역시 조선을 얕보았다. 그들은 조선 사절단의 일본 방문 목적은 장군을 알현하기 위한 것이라는 인식과 함께, 일본이야말로 지정학적 의미에서의 중심지이므로 '오랑캐'가 조공하러 왔다고 여겼다.

추호의 타협마저 용허하지 않는 온갖 현안과 상충하는 문화 의식이 맞서는 현장 분위기는 마치 언제 터질지 모르는 화약통처럼 사절단 구성원들의 신경을 곤두세웠다. 양측 모두 물러설 수 없는 입장에서 겉으로는 평등하고 화합하는 외교 현장을 연출했지만 실제로는 전쟁이나 다름없었다. 국서에 기재된 호칭 문제부터 몇 리 밖에서 가마에서 내려 걸어야 하는지와 같은 세부적인 사안까지로 인해 현장은 혼란에 빠졌다. 양측은 신의는 뒷전으로 미루고 모든 사안에 대해 오로지 '대등함'만 내세우며 팽팽한 대치 상태를 거듭했다.

1711년, 조선은 약속에 따라 통신사를 파견했다. 사신 조태억(趙泰億, 1675-1728)과 임수간(任守干, 1665-1721) 일행이 긴 여정 끝에 쓰시마섬에 도착하기 바쁘게 일본 측 고위 인사들이 쓰시마 번주를 통해 사절단 행차 과정에서의 여러 의례를 변경해 주길 바란다는 뜻을 전해 왔다. 사절단은 상황을 제대로 파악하지도 못한 채 직감적으로 여러 차례 거절했다. 이유는 "이번 변경은 기존 규정에 없는 사항이며 모든 행사 절차가 확정된 후에 이루어진 변경이라 당장 조정에 아뢸 수도 없으므로 결코 따를 수 없다.(此事既非前規, 且在節目講定之後, 未及稟定於朝廷, 決難之.)"[18]는 것이었다.

곧이어 국서 문제를 둘러싼 양측의 논쟁이 이어졌다. 화려한 외교 행사가 끝나기만 하면 양측 모두 소매를 걷어붙이고 근엄한 표정으로 서로에게 강하게 항의했다. 임수간은 『동사일기』에 이 사건을 상세히 적었다. 사절단 일행은 일본 측이 조선 국왕에게 보내는 국서가 금기를 범했다고 판단해 재작성을 요구하며 "고치기 전에는 죽음만 있을 뿐(未改之前, 有死而已)"[19]이라고 강경하게 맞섰다. 나아가 "고치기 전에는 귀국할 생각조차 없다(未改之前, 絕無歸國之理)"[20]며 단호한 입장을 고수했다.

일본 측은 처음에는 좋은 말로 타이르며 사태 수습에 나섰다. 그러나

18 임수간, 『동사일기(東槎日記)』, 176쪽.

19 임수간, 『동사일기(東槎日記)』, 191쪽.

20 임수간, 『동사일기(東槎日記)』, 192쪽.

전혀 효과가 없자 결국 웃음을 거두고 강경하게 맞섰다. "당신들은 비록 죽음도 마다하지 않겠다지만 우정이 깨지고 맹약이 무너진 뒤에 두 나라의 죄 없는 백성들이 도탄에 빠지게 될 것을 어찌 생각지 않는가?(使道雖不畏死, 失歡敗盟之後, 兩國無辜生靈, 將入於塗炭, 豈不念及於此乎?)"[21] 결국 일본은 전쟁도 불사하겠다는 의지로 맞대결에 나섰던 것이다.

그러나 에도는 일본 땅이었다. 사절단의 강경한 입장도 상황을 뒤집기에는 역부족이었다. 임수간 일행 481명은 결국 버티지 못하고 떠나야 했다. 귀국 후 조야에서 쏟아질 맹비난 역시 그들이 감내해야 할 몫이었다. "어명을 받들어 외국에 나가 난처한 상황에 부딪히면 임기응변으로 원활히 해결해야 마땅하다. 그렇게 하지 못하고 먼 타국에서 국가의 존엄도 지키지 못했으니 죽음으로 어명에 사죄하는 것이 당연한 도리다.(人臣奉命出疆, 少有難處之端, 則隨機應變, 善爲周旋, 不然則死生以之, 期於埋骨, 事理當然.)"[22]

이처럼 중대한 죄명 아래 해당 사절단은 사신과 통역관 등 관련자들이 모두 파면되어 일부는 유배되고 일부는 고향으로 좌천되는 처벌을 받았다.

…

이 사건에 대한 즉각적이고 단정적인 결론은 물론 경계되어야 한다. 그러나 이 사건에서 일본인은 그 저열한 인간성의 한계가 어느 수

21 임수간, 『동사일기(東槎日記)』, 194쪽.

22 『조선왕조실록』, 숙종 38년 2월 7일, 경신조.

준에 도달해 있는지를 명백하게 드러내보였다. 행사 예의에 대한 임시적 변경이나 일본이 작성한 국서가 금기를 범한 문제 같은 것은 사실 모두 일본 측의 책임으로 돌려도 무방하지만 그들은 끝까지 사태 수습에 소극적이었다. 한편, 조선 사신들도 마땅히 지켜야 할 체면과 기품을 유지하지 못하고 국가의 위엄에 먹칠했다. 조선 조정의 체통에 부정적인 영향을 미칠 만한 사항이라면 마땅히 끝까지 입장을 고수하며 죽음도 각오해야 했으나 사절단은 그런 결의조차 갖추지 못했다.

하지만 이 사건과 조금 더 거리를 두고 되짚어 보면, 양측의 대립을 지탱했던 원동력은 무엇인지, 또 그 뒤에 가려진 역사적 배경은 어떤 모습인지도 서서히 수면 위에 드러날 것이다.

임진왜란 이후로 일본에 대해 극심한 적개심을 품고 있던 조선에게 통신사의 파견은 또 다른 형태의 복수와 같았다. 그들은 최고의 승마 전문가와 화가, 문학가, 궁술에 능한 자들을 선발하여 일본 땅에서 우아한 명나라 의관을 착용하고 정교한 북소리를 울렸다. 이는 단지 최고의 의용을 과시하기 위한 것뿐만 아니라 스스로가 더 문명화되었음을 선언하는 '퍼포먼스'이기도 했다.

일본 측도 나름대로 의도가 있었다. 중국의 조공 체계와 화이 질서를 벗어나고자 했던 일본은 막부 장군과 천황 사이의 명분 모순을 최우선 해결 과제로 삼고 아라이 하쿠세키(新井白石)의 개혁을 시행했다. 나아가 일본은 자신만의 세계 규칙을 세우고 그것이 작동할 수 있음을 증명하고 싶어 했다.(당시 아라이 하쿠세키를 반대하는 세력도 만만치 않았는데 이 세력은 후에 '국왕' 호칭을 '대군'으로 되돌리는 데에 성공했다.)

이러한 의전 분쟁은 양측의 고집스러운 입장과 각자의 역사적 배경이 빚어낸 결과였다. 주목할 점은 각자의 주장을 자세히 들어보면 '개인'의 목소리는 거의 들리지 않는다는 것이다. 단지 국가의 힘만이 외교 현장에 그대로 스며들었고 언변의 격돌은 마치 팽팽하게 당겨진 활시위가 언제 끊어질지 모를 듯한 긴장감을 만들어냈다.

그렇다면 갈등을 완화할 가능성은 없었을까? 혹은 조금이라도 더 나은 다른 결말을 맞을 가능성은 정말 없었던 것일까?

1719년, 조선은 다시 일본에 통신사를 파견했다. 사신 신유한은 연도에서 사절단 일행을 접대하는 일본인들을 끝까지 경멸하며 얕보았다. 여행 막바지에 그는 일본 당대의 저명한 유학자 아메모리 호슈(雨森芳洲)와 대화를 나눌 기회를 가졌다. 호슈가 얼마나 큰 용기를 내 신유한에게 다가갔는지는 상상만으로도 충분히 짐작할 수 있다. 그는 먼저 "이 기회를 빌어 짧은 소견이나마 말씀드리고 싶습니다.(吾有所懷, 欲乘間言之.)"라고 인사말을 건넨 뒤, 천천히 말을 이어갔다. "제가 살펴본 바에 따르면 귀국 사람들이 지은 문집에서 저희 나라에 대해 언급할 때면 반드시 '왜적', '야만인'이라 부르며 온갖 추악한 모독을 일삼고 있으니 이는 정말 차마 입에 담기 어려운 험담입니다.(竊觀貴國人所撰文集中語及敝邦者, 必稱倭賊、蠻酋, 醜蔑狼藉, 有不忍言者.)"[23]

아메모리 호슈는 평소 한문화를 동경하여 종종 유생의 옷차림으로 외출하기도 했으며 조선어에도 능통해 자연스럽게 조선 사신들과 교분을 쌓을 수 있었다.[24] 그는 신유한을 만난 이 자리를 빌어 양국 관계

---

23 신유한, 『해유록(海遊錄)』, 380쪽.

24 아메모리 호슈와 아라이 하쿠세키(新井白石)의 조선관은 현저한 차이를 보인다. 간단히 말해, 아라이 하쿠세키는 조선을 경멸하는 입장이었던 반면, 아메모리 호슈는 평화로

에 있어 '대등하고 신의 있는' 외교가 단순한 약속에 그치지 않고 실질적으로 구현되기를 바란다는 간절한 마음을 솔직하게 털어놓았다.

이에 신유한은 그에게 이렇게 답했다. "도요토미 히데요시는 우리나라에 불구대천의 원수나 다름없다. 그는 우리 종묘사직의 치욕이자 백성들의 피와 살을 갉아먹은 존재로, 만 년이 지나도 다시 없을 큰 변고를 우리에게 안겨 주었다. 우리나라 백성으로서 그 살을 발라 먹지 않으려 할 자 누가 있겠는가? 그러므로 양반에서부터 하인, 노비, 도적에 이르기까지 일본을 대하는 말과 글에 거침없이 그대로 드러나는 것 또한 당연한 일이다.(平秀吉為我國通天之仇, 宗社之恥辱, 生靈之血肉, 實萬世所無之變, 為我國臣民, 誰不欲臠而食之, 所以上自薦紳, 下至廝隷, 奴之賊之, 語無顧藉, 發於文章者, 固當如此.)"[25]

아메모리 호슈는 의분에 차 있는 신유한 앞에서 더 이상 말해봤자 소용없음을 깨달았다. 그는 화제를 돌려 '당신의 말도 일리가 있지만 우리 역시 [왜인]이라는 호칭에 거부감을 느낀다'고 말했다. 그러고는 진심 어린 어조로 "조선도 후세에 우리를 '일본인'으로 부르도록 해주기를 바란다.(今後則願飭下輩, 呼我以日本人可矣.)"[26]는 간절한 부탁을 남겼다. 결국 신유한은 응답하지 않았고 이후 조선인들은 여전히 일본인을 '왜인'이라 불렀다.

필자는 아직까지 외교 업무에 종사한 적 없고 또 다른 사람에게 "저

운 교류와 대등한 외교 관계를 주장했다. 두 사람의 조선관에 관해서는 카미가이 켄이치(上垣外憲一)의 『아메모리 호슈(雨森芳洲)』, 129-133쪽 참조.

25 신유한, 『해유록(海遊錄)』, 380쪽.

26 신유한, 『해유록(海遊錄)』, 380쪽.

를 어떤 식으로 불러 주십사"하고 부탁해 본 적도 없다. 하지만 나는 유생의 옷차림으로 단정하게 차려입은 아메모리 호슈가 진심 어린 어조로 조선 손님에게 "가능하시다면, 저를 일본인이라고 불러 주십시오"라고 간청하는 모습을 종종 상상해 본다. 나는 기록된 글자 너머에 또 다른 가능성이 존재한다고 믿고 싶다. 그 가능성이란 바로, 아메모리 호슈가 용기를 내어 자신의 생각을 신유한에게 다시 한 번 털어놓고, 이번에는 신유한이 분노와 개탄의 정서를 누잦히고 조선의 의로운 기상을 내세우기에만 급급하지 않은 채, 호슈의 말을 들어주려 애쓰는 장면이다. 더 나아가 신유한이 아메모리 호슈를 '일본인'이라고 불러주는 그 순간도 보고 싶다.

후기

내가 알기로 '후기'란 저자가 독자에게 전하는 '속심말'로, 정문의 서두에 밝혀둘 수는 없다. 이 자리를 빌려 나와 '조선 사신'들과의 관계, 그리고 이 책을 펴내는 과정에서의 구상을 독자들에게 밝히려 한다.

…

나는 운림현의 북항(雲林縣 北港)에서 태어나 타이둥시(台東市)에서 자랐다. 한국이나 고대 조선과는 어떠한 인연을 맺을 계기조차 없었다고 할 수 있다. 나는 어릴 적부터 독서를 좋아했다. 그러나 대부분 사람들이 생각하는 것과는 달리, 그저 무턱대고 책장만 넘기거나 예쁜 컬러 삽화를 보는 데 그쳤을 뿐이다. 특히 인상 깊은 것은 초등학교 시절, 어머니께서 주말마다 나를 문화센터 안에 있는 도서관에 데려가셔서 책을 대출해 내곤 하셨는데, 나는 여전히 대충 훑어보는 데 그쳤다. 그렇다, 그저 줄줄이 훑어보는 데 그쳤을 뿐이었다.

나이가 들어 용돈이 생기면서 저절로 책을 사 모으기 시작했는데, 거의 모두 역사책이나 역사 관련 만화책이었다. 타이둥의 평범한 중학생, 고등학생은 그때 어떤 책을 읽을 수 있었을가? 돌이켜보면 역사 인물 전기, 역사 소설, 그리고 가끔은 어려운 학술서들이었다.

고등학교 시절, 온라인 서점 블로그가 생겼다. 타이둥처럼 책을 구하기 쉽지 않고 도서관의 소장 도서도 풍부하지 않은 작은 지방 도시에서 이는 신선한 책 구매 창구였다. 그래서 나는 생애 처음으로 몇 권의 책을 구매했다. 바로 보워이민(包偉民)의 『송나라 지방재정사 연구(宋代

地方財政史硏究)』, 량경요(梁庚堯)의 『송나라 사회경제사 논집(宋代社會經濟史論集)』, 황콴중(黃寬重)의 『남송의 지방 무장력: 지방군과 민간의 자위 무장력 탐구(南宋地方武力 : 地方軍與民間自衛武力的探討)』, 그리고 그의 『역사 사실, 문헌과 인물: 송나라 역사연구 논문집(史事、文獻與人物 : 宋史硏究論文集)』이었다. 이렇게 보면, 고등학교 시절의 나는 송나라에 대해 큰 관심을 갖고 관련 서적이면 거의 사 모은 듯하다. 이해할 수 있을지는 차치하고 말이다.

나는 무라카미 하루키의 『나의 직업은 소설가』라는 책을 무척 좋아한다. 읽을 때면 "아, 이 책에서 말하는 사람이 바로 나야!" 할 정도로 깊이 공감한다. 무라카미는 소설가들에 대해 "대체로 원만한 인격과 공정한 시야를 갖추지 못한 데다 자존심과 경쟁심마저 강하다"고 평가했는데 나 역시 스스로를 그렇게 평가한다.

무라카미에게 가장 크게 공감하는 부분은 그가 자신의 학창 시절을 회상하며 '공간'이 매우 많았다고 한 점이다. 그는 "골치 아픈 일이 있으면 도처에 회피하거나 도망갈 수 있는 '여지'와 '틈'이 있었다"고 했다. 돌이켜 보면, 나의 고등학교 시절에도 그런 '여지'와 '틈'이 많아서, '어른'인 척하던 소년이 그 안에 숨어 지낼 수 있었던 것 같다.

타이둥 고등학교를 나온 이들이라면 아마 모두 익숙할 것이다. 3교시 수업이 끝나기에 앞서, 도서관 2층의 기록부에 등록만 하면 점심을 먹은 후 낮잠 시간에 교실이 아닌 도서관에서 책을 읽을 수 있었다. 그래서 나는 매일 등록부에 이름과 학급, 자리 번호를 기입하고는 점심시간이 끝나기를 기다리곤 했다.

지방 학교 기준으로 보면, 타이둥 고등학교 도서관은 꽤 규모를 갖추었다. 기본적인 전통 역사 문헌은 대부분 구할 수 있었고 관련 2차 연구서도 적지 않았다. 하지만 당시 나는 아직 이런 책들을 제대로 이해할 수 있는 수준이 전혀 아니었다. 낮잠 시간에 도서관을 찾는 학생은 늘 두세 명 정도로, 거의 정해진 얼굴들이었다. 게다가 모두가 진짜로 책을 읽으러 오는 것도 아니었다. 그중 한 친구는 그냥 잠을 자기 위해 장소를 바꿔 찾아올 뿐이었다. 교실은 사람이 많았지만 이곳은 훨씬 조용했기 때문이다.

나는 이 시절에도 어릴 때와 마찬가지로 도서관을 빙빙 돌며 눈에 띄는대로 책을 읽었다. 이해하지 못하더라도 그저 즐겁기만 했다. 한때는 두 주에 걸쳐 『문헌통고(文獻通考)』를 읽었는데 비록 완전히 이해할 수는 없었지만 그저 신기하고 자극적으로만 느껴졌다. 내가 책읽기에 몰두했던 이유 중 하나는, 아무리 책을 사는 데 돈을 써도 부모님께서는 한 번도 "다 읽었냐"고 묻지 않으셨기 때문이다. 그들은 돈 들여 산 책은 반드시 읽어야 한다는 부담감을 전혀 주지 않으셨다. 이는 나로 하여금 열독에 대해 상당한 호감을 갖도록 했다. 지금도 나는 열독에서 자유로움을 느낀다. 열독은 언제든 열어볼 수 있는 '세계' 같은 것이다. 읽기 싫으면 아무 부담 없이 그 '세계'에서 빠져나오면 된다. 열독은 의무가 아니라 그저 즐기면 그만인 것이다.

아버지는 종종 나에게 책을 선물하셨다. 내가 갖고 있는 『만력15년(萬曆十五年)』과 같은 책들은 모두 아버지가 주신 것들로, 나는 이미 상당히 많은 메모를 해두었다. 어렸을 때 가정 형편이 아니었더라면 아버지도 뛰어난 문학인이 되었으리라.

부모님 외에, 하루종일 책읽기에 빠져 있던 나에게 천옌위, 리추이

핑, 자완푸 선생님을 비롯한 여러 선생님들도 각별한 배려를 돌려 주셨다. 내가 사학과를 선택하게 된 데는 이 몇 분 선생님의 영향이 크다. 그들은 학급에서 독서 감상문을 발표시키거나 특정 전문 과제를 발표시키는 등 나에게 많은 기회를 주셨다. 한 번은 '과거(科擧)제도'를 주제로 발표하게 하셨는데, '심쿵증'이 있는 나는 매일 점심 시간을 틈타 도서관에 박혀 열심히 준비했다.

사실 고등학교를 졸업한 후, 나는 바로 대학교 역사학과에 진학한 것은 아니다. 중학교 때부터 독학으로 바둑을 시작했고, 낮잠을 거부했던 나는 매일 하교 후 집에 돌아오면 온라인 바둑에 빠져 프로 기사 꿈을 꾸기도 했다. 어쨌든 역사 과목에만 푹 빠져 다른 과목은 지루하기 짝이 없다고(선생님들, 죄송합니다) 생각했던 나는 졸업 후 한국의 명지대학교를 찾아 바둑을 전공하기 시작했다.

명지대학교 바둑학과는 '바둑'을 주된 전문 분야로 한 최초의 학과로, 학생은 모두 공식 프로 기사들이나 프로 기사 시험에 떨어진 후 여기서 공부를 계획하고 있는 젊은이들이었다. 명지대학교에 다니는 동안 세계 각국에서 온 바둑 선수들과 교류하는 과정에서, 나는 결국 본연의 진정한 적성은 여전히 '역사 공부'에 있음을 스스로 깨달았다.

어느 날, 기숙사에 누워 있다가 문득 대만으로 돌아가 역사를 계속 공부해야겠다는 생각이 들었다. 그날 밤, 나는 부모님께 전화로 고향으로 돌아가겠다는 뜻을 전했다. 우여곡절 끝에, 언젠가는 바둑으로 성공하겠다고 법석을 떨었던 한 청년이 결국 역사학에 매진하겠다는 결심을 다지고 고향으로 돌아왔다. 지금도 나는 이 결정을 후회하지 않는다.

대만으로 돌아온 후, 나는 줄곧 조선 왕조의 사료를 중심으로 한 역사학에 깊이 빠져들었다. 조선의 사신을 다룬 석사 졸업 논문도 운이 좋게 『애틋한 명나라(眷眷明朝)』라는 제목으로 정식 출판되었다. 한때 한국에서 실패를 맛보았던 청년이 조선 사신을 주제로 책을 냈으니 어쩌면 하늘이 일찍이 그의 진로를 이렇게 정해두었을지도 모르겠다.

『애틋한 명나라』의 편집을 맡아주신 분은 대만사범대학교 국문연구소의 대학교 선배이자 동업자로, 명청시기 역사를 연구하는 전문가이셨다. 책이 출간된 후, 선배님과 만난 자리에서 그분은 문득 일반 독자를 대상으로 하는 역사 대중서를 쓸 의향이 없냐고 물어 오셨다. 나는 그자리에서 주저 없이 승낙해버렸다. 지금 생각하면 후회되는 일이다.

…

이 책을 구상하며 여러 아이디어가 떠올랐다. 여러모로 고민하던 끝에, 문득 예전에 읽었던 일본학자 미야자키 이치사다(宮崎市定, 1901-1995)의 『옹정제』에서 큰 계발을 받게 되었다. 미야자키 이치사다는 중국사 분야에서 세계적으로 널리 알려진 학자이다. 그가 쓴 이 책은 옹정제가 직접 심사했거나 결재를 내린 상소문을 중심으로 펴낸 저작으로, 가볍게 읽히면서도 내용 또한 다채롭다. 이 책이 나에게 준 계기와 자극은 매우 컸다고 할 수 있다. 내가 이 졸저를 집필하는 목표 또한 탄탄한 사료에 기반하여 역사의 '참모습'을 최대한 펼쳐보이는 동시에 그 역사적 의미를 해석하는 것이었는데, 『옹정제』를 통해 그 목표를 굳혔다 해도 과언이 아니다.

나의 석사 논문인 『애틋한 명나라』는 조선 사신을 다룬 것이었으므로 원칙상 이 졸저를 쓰는 일은 비교적 수월할 것이라 생각했지만 실제로는 정반대였다. 먼저, 집필 과정 중 나는 이미 석사 학위를 취득하고 졸업한 상태였기 때문에 학교 생활과는 완전히 다른 생활 환경에 직면하게 되어 매일 자투리 시간을 이용할 수밖에 없었다. 그때는 아침 6시 30분에 기상해 8시에 출근하고 오후 5시 30분에 퇴근해야 했다. 퇴근 후에는 흔히 기진맥진했지만, 억지로 기운을 차려 저녁 식사 후 한 시간 정도 달리기를 하고 나면 두 시간 동안의 집필 작업을 철칙으로 지켰다. 다음으로, 조선 사신을 주제로 책을 써야 하는데 당시 나는 석사 과정 이후 다른 분야에 집중하며 '연행록' 분야를 놓은 지 이미 오래된 상태였다. 특히 졸저의 제2장에서 다룬 '임진왜란'은 원래 나에게 생소한 영역이어서 관련 사료와 2차 연구물을 다시 꼼꼼히 훑어야 했다. 이 작업만 해도 상당한 시간이 소요되었다.

원래 예민하고 쉽게 긴장해하는 성격인 나에게 책을 쓴다는 것은 실로 엄청난 작업이었다. 일단 출판만 되면 수정이 불가능하고 책에 담긴 오류도 영원히 남을 것만 같았기 때문이다. 그래서 타이둥에서 이 책을 집필하는 동안, 나는 타이페이의 친구들에게 부탁해 대출받은 책과 복사한 자료에서 인용할 부분에 대해 반드시 출처를 명시하는 등 모든 과정에 각별한 신중을 기했다. 이 책의 내용이 매우 흥미롭다고는 할 수 없지만 인용된 모든 자료는 근거가 분명한 것들로, 내가 함부로 꾸며낸 것이 아님은 장담할 수 있다. 사료적으로 뒷받침하기 어려운 내용에 대해서는 '내가 보기에', '나의 시각으로 보면' 같은 수식어를 덧붙여 학술 논문과의 차이를 두려 했다. 독자 여러분께서 이 점을 양지해 주시기 바란다.

학술 논문과 역사 대중서는 엄연히 다르다. 전공 석·박사생들은 흔히 농담처럼 우리가 '생산'한 논문의 독자는 20명도 안될 것이라고 말한다. 사실 '20명'이라는 숫자도 너무 많다고 느껴질 때가 있다. 이에 비해, 비전문가 독자를 대상으로 한 책이 '20명' 이상의 독자를 확보한다는 것은 훨씬 쉬운 일이다. 그러니 어찌 이 책에 신중을 기하지 않을 수 있었겠는가?

나는 훌륭한 역사 대중서는 무엇보다 먼저 훌륭한 이야기책이어야 한다고 본다. 흥미로운 내용을 통해야만 역사에 대한 독자의 관심을 불러일으킬 수 있고, 더 나아가 더 깊은 층위의 해석을 들여다보도록 이끌 수 있기 때문이다. 물론 조금의 오류도 없이 정확하게 역사 이야기를 풀어내는 것 자체도 매우 어려운 일이다. 그러나 이야기의 소재가 단순히 '재미있다'는 차원에 머물러서도 안된다. 나의 목표는 글 속 인물을 통해 생생한 역사 지식을 전달하는 것이지, 고루한 역사 관념을 되풀이하는 것이 아니기 때문이다.

학계 안에서는 종종 날로 새로워지는 역사 연구 성과가 '외부인'들에게 알려질수록 좋지 않다는 인식이 존재한다. 학술연구는 규범성을 추구하므로 논의 방식과 서술 형식을 일반 독자들은 이해하기 어렵기 때문이다. 그래서인지, 웹사이트 <이야기 : 모두를 위한 역사>와 <책을 말하다Speaking of Books>에 몇 편의 글을 기고한 후, 나는 역사학과 일반 대중 독자 사이에는 아직도 많이 개발될 '공간'이 남아 있음을 깊이 느꼈다.

내가 보기에, 역사 지식 보급에서 가장 큰 난제는 '간소화'의 문제이다. '지난날'이란 본디 복잡다단한 시간의 '소용돌이'로, 어디서부터 말해야 할지 모를 정도로 갈피를 잡기 어렵다. 역사를 이야기처럼 풀어낸다는 것은 결국 '지난날'을 '간소화'하여 그 윤곽을 그려내야 가능한 일이다. 그러나 동시에, 지나친 '간소화' 역시 역으로 역사학의 본래 가치를 훼손할 수 있다. 역사 연구의 참된 매력은 장기간에 걸친 독서와 이해, 거듭된 성찰과 비판을 통해서만이 비로소 드러나기 때문이다. '패스트푸드' 식의 접근법은 오직 보고 싶은 것만 보여주는 결과를 낳을 뿐, 그것은 진정한 역사라고 부르기조차 어렵다.

이 졸저의 가장 큰 특색은 가능한 한 '간소화'를 지양했다는 점이다. 반면, 내가 지향한 것은 복잡다단하고 파란만장한 역사적 풍경이다. 내가 그린 인물들은 모두 피와 살이 있는 인물들로, 그들의 선택에 대해 단순히 옳고 그름을 가릴 필요는 없다. 그들은 모두 시대의 파도를 고스란히 겪었고 인생의 흥망성쇠를 직접 체험했던 이들이다. 또한, 나는 이른바 '소인물'들의 시선을 통해 '대시대'의 이야기를 풀어내려 노력했다. 여기서 양자는 서로를 보완하고 조명하는 관계이다. 이 둘 사이의 '간극'에서 나는 그들의 감정과 체험을 이끌어내고자 했는데, 이 또한 내가 독자와 가장 나누고 싶은 부분이기도 하다.

명나라 시기는 어떤 시대였을까? 어느 한 차례 특강에서 나이 지긋한 분은 발언 중 '금의위(錦衣衛)', '암흑과 부패', '황제의 조무 불참' 등 누구나 다 아는 내용을 꼽았다. 이러한 것들은 물론 사실이다. 그러나 역사를 바라보는 시각은 정치적 관점에만 집중되어서는 안된다. 경제와 문화적 시각도 따라가야 한다.

이러한 시각으로 보면, 조선의 사신들은 우리에게 또 다른 관점을 제공해준다. 그들은 중국 사학자들에게 익숙하면서도 낯선 이야기를 들려주고 있다. 사신들이 기록한 중국은 매력으로 넘치는 중국이었다.

중화 경전에 익숙한 이 '이방인'들이 중국에서 경험했던 것들과 나눈 논의는 단순히 '재미있다'는 차원을 넘어, 우리에게 또 다른 목소리를 들을 수 있게 해주며 이것 또한 '중국'이었음을 일깨워주고 있다.

타자의 시각을 통해서만 스스로의 색다른 모습을 발견하게 된다. 중국 역사를 연구하는 학자가 중국 문헌을 이용하는 것은 너무나 당연한 일이다. 반면, 외국의 자료는 새로운 시각을 제공한다. 양자 간의 대화는 분명 새로운 통찰의 불꽃을 튀게 할 수 있다. 이 졸저가 노린 것도 바로 이러한 불꽃, 즉 기정된 역사적 인식이 배제했던 다양한 가능성이다. 나는 이 졸저에서 바로 그 가능성이 지닌 본래의 모습을 그려 내려고 노력했다.

역사는 오늘날 우리가 이해하는 역사가 되기 전에, 이미 수많은 굴곡과 정제 과정을 거쳤을 수 있다. 이 졸저의 핵심은 역사의 결론에 있는 것이 아니라 바로 그 과정 자체에 있다.

이 졸저의 제6장은 그동안 발표된 적 없는 새로운 내용으로 구성되었다. 맺음말에서 다룬 두 개 내용은 <이야기 : 모두를 위한 역사>에 게재된 적 있으나 수정을 거쳤으며 제목도 내가 원래 구상했던 대로 바꾸었음을 밝혀 둔다.

마지막으로, 글쓰기에 대해 다시 한번 무라카미 하루키의 말을 빌려 보겠다. 그는 "창작은 가능하게 '자기 치유'의 의미를 내포한다. 모든 창작행위는 알게 모르게 스스로를 수정하고 보완하려는 의도를 담고 있다"고 했다. 나에게 글을 쓴다는 것 역시 하늘이 내린 '자기 치유'의 과정이다. 지난 10년을 돌아보면, 고향으로 돌아와 부모님 곁에서 이 책을 쓰는 과정에서 나는 수많은 사람 과 일을 되돌아보게 되었다.

특히 부모님께서 주무신 뒤, 서재에 홀로 앉아 지난날을 생각하며 '나는 과연 어떤 인간인가', '어떤 인간으로 살아갈 것인가'를 고민했던 시간도 집필 과정에서 얻은 뜻밖의 선물이다.

이 자리를 빌어, 몇몇 친우와 지인에게도 꼭 감사한 마음을 전해야겠다. 그들은 천잰서우, 챈윈, 천한위, 천중팡과 원고의 편집을 맡아주신 정이팅이다. 그들의 도움이 없었다면 이 졸저는 빛을 보지 못했을 것이다. 린리웨 선생님께서는 무척 바쁘신 와중에도 원고를 보아주시며 예나 다름없이 많은 오류를 지적해 주시고 소중한 가르침을 주셨다. 석사 과정에서 나를 자상하게 가르쳐 주신 것처럼 말이다. 아무쪼록 린리웨 선생님의 마음에 들었으면 좋겠다. 장존무 선생님은 한중 관계 연구의 선구자이시다. 선생님께서 집필하신 『청한 종번 관계(清韓宗藩關係)』와 『청나라 시기 중한 관계 논문집(清代中韓關係論文集)』은 여전히 관련 연구자들에게 필독 경전으로 꼽힌다. 이 졸저를 삼가 선생님의 90세 생일에 바친다. Emery 선배님의 조언에도 깊이 감사드린다. 선배님의 뛰어난 문필과 저작, 연구에 기울이신 심혈은 모두가 잘 알고 있다. 한때 나도 웹사이트 <이야기 : 모두를 위한 역사>의 편집 위원으로 활동하며 해당 분야에서 뛰어난 실력을 갖춘 일군의 편집 위원들과 함께 일한 적 있다. 이 사이트에 합류하도록 이끌어주신 펑언 선배님과 잰서우 선배님께도 사의를 표하는 바이다. 특히 선배님들이 이 졸저를 추천해 주신 것은 나에게 특별한 의미가 있다.

이 졸저를 집필하는 동안 부모님의 각별한 보살핌 덕분에 체중이 14kg이나 늘었다. 무엇보다 기쁜 것은 좋은 결과로 두 분의 소원을 이루어 드렸다는 점이다. 부모님은 이 졸저의 가장 큰 공로자이시다. 그저 감사할 따름이다. 나의 부족한 실력과 한계는 이 졸저에 고스란히 담겨 있다. 여러 전문가 분들의 가르침을 부탁드린다.

2017년 2월 26일 타이둥시 강낙교

방파제가의 자택에서

역자 후기

오정위의 이 저서는 전통적인 학술 글쓰기의 경계를 넘어 '이야기'라는 서사 구조를 통해 역사를 생동감 있게 재현했다는 점에서 높이 평가할 만하다. 특히 박지원 같은 실학파 인물들이 기존의 사명(思明) 의식에 갇힌 고정된 인식의 틀을 깨고, 청나라의 선진 문물을 수용하며 겪은 내적 갈등과 사상적 전환을 매우 세밀하게 조명하고 있다. 이는 단순한 사실 나열이 아닌, 독자로 하여금 역사적 인물의 고뇌에 공감하며 마치 현장을 목격하는 듯한 생생한 경험을 선사하는 효과적인 서사적 장치로 작용하고 있다. 한편, 이 책은 명·청 두 왕조에 걸쳐 근 200년 간의 사행(使行) 역사를 평범한 인물들의 시선으로 풀어낸 점에서도 혁신적이다. 저자는 사신이나 저명한 학자뿐 아니라 수행원, 상인, 마부 등 역사의 주변에 있던 인물들의 기록을 발굴하고 재조명하여 역사 서술의 다각도를 복원하고 있다. 이를 통해 권력자나 엘리트 중심의 기존 역사 서술에서 벗어나, 일상의 경험 속에 숨겨진 문화 교류의 흔적을 예리하게 포착해 내고 있다. 이는 청년 연구자로서 오정위가 지닌 참신한 문제의식과 날카로운 분석력이 잘 드러나는 부분이다.

더불어, 저자는 학술적 엄정성을 유지하면서도 '이야기'라는 형식을 통해 독창적인 내용 전개 방식을 제시했다. 조선의 임제가 우화 형식을 통해 비판적 표현의 선구를 열었듯이, 이 저서는 역사적 사료를 이야기 구조에 자연스럽게 녹여내어 독자로 하여금 무리 없이 역사의 흐름을 따라갈 수 있도록 유도하고 있다. 이는 단순히 글쓰기 방법론을 넘어, 인문학 연구의 새로운 패러다임을 제시하는 의미 있는 시도라고 평가할 수 있다.

이 책을 번역하는 과정에서 역자는 '연구의 고정관념'에서 벗어나는 소중한 계기를 얻었다. 기존에는 '학술적 엄밀함'이 '딱딱함'과 동의어라고 여겼으나 저자의 개방적 사고와 융합적 접근법은 '따뜻한 논리'의 가능성을 보여주었다. 특히 역사와 문학의 경계를 '무봉합'으로 자연스럽게 연결하는 방식은 인문학 연구에서 학제 간 융합이 지닌 중요성을 재확인시켰다.

이 저서는 단순한 역사서가 아닌 21세기형 『사행일기』라 해도 과언이 아닐 것 같다. 과거의 사행록이 문화 교차의 현장을 생생하게 기록했듯, 이 책도 동시대의 다양한 목소리를 포용하며 역사를 입체적으로 재구성했다. 이를 통해 독자는 과거와 현재를 자유롭게 오가며 역사의 연속성을 온몸으로 체감하게 되고, 이는 단순한 지식 전달을 넘어 인문학의 사회적 역할을 재정의하는 의미 있는 시도가 된다.

오정위의 이 저서는 '서사적 학문 쓰기'가 지닌 무한한 가능성을 유감없이 증명한다. 학술적 깊이와 이야기의 매력이 조화를 이룰 때, 비로소 역사는 생명력을 얻고 독자와의 진정한 대화를 나눌 수 있다. 이 책이 학계에 '이야기식 연구'라는 새로운 지평을 열어 모든 연구자들에게 융합적 사고의 중요성을 일깨우는 디딤돌이 되길 바란다.

마지막으로 기꺼이 출판을 맡아주신 도서출판 역락의 이대현 사장님, 꼼꼼하게 교정을 봐주시고 멋진 책으로 꾸며 주신 이태곤 이사님과 강윤경 대리님, 김다윤 님을 비롯한 모든 역락 식구들께 깊은 감사를 드린다.

2025년 11월 13일

주요 등장 인물

(등장 분류별로 먼저 등장한 순서대로 정렬하였으며 각 인물의 이름은 본문에서 처음 등장할 때 사용된 호칭을 기준으로 표기함.)

사신

정곤수(鄭昆壽, 1538-1602)

조선 관료로, 본관은 청주(清州)이다. 임진왜란 기간 명나라에 파견되어 병력을 요청하는 청병진주사(請兵陳奏使)로 활약하며 명나라 관료들을 설득해 조선을 지원할 병력 파병을 이끌어냈다.

오억령(吳億齡, 1552-1618)

조선 관료로, 여러 차례 명나라에 사신으로 다녀왔다.

홍순언(洪純彦, 생몰년 미상)

통역관 신분으로 정곤수를 따라 중국으로 건너가 명나라 관료들과 여러 차례 교섭했다.

시윤제(施允濟, 생몰년 미상)

조선 관료로, 정곤수와 함께 사신으로 파견되어 사절단 부사(副使)로 활약했다.

정철(鄭澈, 1536-1593)

본관은 연일(延日)이다. 조선 국내에서 문명을 떨쳤고 임진왜란 기간 명나라에 사신으로 파견되는 등 외교 활동에도 참여했다.

유사원(柳思瑗, 1541-1608)

본관은 문화(文化)이다. 임진왜란 기간 급고주문사(急告奏聞使)의 서장관을 역임했고 후에 공신(功臣)에 봉해졌다.

권협(權挾, 1542-1618)

임진왜란 말기 중국에 사신으로 파견되었다.

조헌(趙憲, 1544-1592)

본관은 백천(白川)이다. 만력 2년(1574) 중국에 사신으로 파견된 조선 관료로, 왜란 기간 사망했다.

어숙권(魚叔權, 생졸년 미상)

가정(嘉靖) 연간에 활동했고 선후 일곱 차례 중국에 사신으로 다녀왔다.

권발(權撥, 1478-1548)

조선 관료로 가정 18년(1539) 중국에 사신으로 파견되었다.

허봉(許葑, 1551-1588)

조선 관료로, 조헌과 함께 명나라에 사신으로 파견되었다. 사행 시 서장관을 역임했다.

김육(金堉, 1580-1658)

조선 관료로, 마지막 조천사행의 일원이다.

이만영(李晩榮, 1604-1672)

조선 관료로, 마지막 조천사행의 일원이다.

정두원(鄭斗源, 1581-1642)

조선 관료로, 명나라 말 중국에 사신으로 파견되었다.

민진원(閔鎭遠, 1664-1736)

조선 관료로, 강희 51년(1712) 중국에 사신으로 파견되었다.

이요(李淯, 1622-1658)

조선 왕자로, 아버지는 인조 이종(李倧)이다.

성이성(成以性, 1599-1664)

조선 관료로, 중국 사행시 서장관을 역임했다. 이요와 함께 청나라에 파견된 첫 사절단 일원이다.

이척연(李惕然, 1591-1663)

조선 관료로, 순치 5년(1648) 사행 시 서장관을 역임했다.

이덕무(李德懋, 1741-1793)

조선 관료이자 당대의 석학이다. 규장각 검서관(奎章閣檢書官)을 역임했고 건륭 연간 중국에 사신으로 파견되었다.

서호수(徐浩修, 1736-1799)

조선 관료로, 규장각 검서관을 역임했다. 건륭 연간 중국에 사신으로 파견되었다.

이의현(李宜顯, 1669-1745)

조선 관료로, 강희 60년(1721) 중국에 사신으로 파견되었다.

강호부(姜浩溥, 1690-1778)

'사명(思明)'의 대표적 지식인으로, 연행 도중 청나라에서 돼지고기 식용을 거부한 일화로 널리 알려져 있다.

한덕후(韓德厚, 1680-?)

조선관료로, 옹정 연간 중국에 사신으로 파견되었다.

조현명(趙顯命, 1690-1752)

조선관료로, 건륭 연간 중국에 사신으로 파견되었다.

홍대용(洪大容, 1731-1783)

저명한 연행 사신으로, 북경 체류 당시 세 명의 중국 지식인과 교유했고 그들과 평생 막역지우로 지냈다.

배삼익(裵三益, 1534-1588)

조선 관료로, 만력 15년(1587) 중국에 사신으로 파견되었다.

박지원(朴趾源, 1737-1805)

저명한 연행 사신이다. 당형 박명원(朴明源, 1725-1790)을 따라 중국에 사신으로 파견되었다.

득룡(得龍, 생졸년 미상)

건륭 연간 조선 사절단에서 활동하며 대소 사무 처리를 담당했다. 본관은 가산(嘉山)으로, 어려서부터 중국과 조선을 오가며 무역에 종사한 가문 출신이다.

이기성(李基聖, 생졸년 미상)

1765년 사행 시 수행 군관직을 맡았다. 북경에서 안경을 구매하려다 엄성(嚴誠)과 반정균(潘庭筠)과 우연히 사귀게 되었다.

홍억(洪檍, 1722-1809)

조선 관료로, 1753년 문과 장원급제자이다. 1765년 사행 시 서장관을 역임했다. 홍대용의 숙부이다.

이기지(李器之, 1690-1722)

연행 사신이다. 강희 59년(1720) 중국에 사신으로 파견되었다.

이수광(李睟光, 1563-1628)

조선 관료로, 만력 31년(1603) 중국에 사신으로 파견되었다.

군왕

만력황제(萬曆皇帝, 1563-1620)

명나라 제14대 황제 명신종(明神宗)이다. 연호는 '만력'이며 본명은 주익균(朱翊鈞)이다. 재위 기간 '만력 삼대 정벌(萬曆三大征)'이 널리 알려져 있다. 그 중 하나가 일본의 침공에 맞서 조선을 지원한 '임진왜란'이다.

도요토미 히데요시(豊臣秀吉, 1537-1598)

일본 전국시대 대명(大名)으로 관직은 관백에까지 올랐다. 말년에 조선 침공 전쟁을 발동했으나 전쟁이 끝나기 전 사망했다.

조선 선조(宣祖, 1552-1608)

조선 왕조 제14대 왕으로 본명은 이연(李昖)이다. 재위 기간 당쟁이 심화되고 일본의 침공을 당하는 등 내우외란을 겪었다.

누르하치(努爾哈赤, 1559-1626)

후금(後金)의 창건 시조이다. 여진(만주) 여러 부족을 성공적으로 통합하여 명나라를 위협하는 세력으로 성장시켰다.

황태극(皇太極, 1592-1643)

누르하치의 아들로, 후금을 계승했다. 재위 기간 국호를 '청'으로 바꾸고 두 차례에 걸쳐 조선을 침공했다. 첫 번째 침공에서 양국은 형제의 관계를 확립했고, 두 번째 침공을 통해 청나라는 조선에 대한 종주국의 지위를 확립했다.

이자성(李自成, 1606-1645)

명나라 말 농민군 지도자로, 명군을 격파하고 자금성(紫禁城)을 점령했다.

조선 인조(仁祖, 1595-1649)

조선 왕조 제16대 왕으로, 본명은 이종(李倧)이다. 재위 기간 명청 교체기를 겪었다.

숭정황제(崇禎皇帝, 1611-1644)

명나라 말대 황제로, 본명은 주유검(朱由檢)이다. 1644년, 이자성이 이끄는 농민군이 북경을 점령하자 경산에서 자결했다. 이 사건을 명나라의 종말로 보는 것이 사학계의 통설이다.

조선 정조(正祖, 1752-1800)

조선 왕조의 저명한 군주로 본명은 이산(李祘)이다. 그의 시대는 조부인 영조의 시대와 함께 '영정시대(英正時代)'로 불린다.

옹정황제(雍正皇帝, 1678-1735)

청나라 입관 후 제3대 황제로, 본명은 애신궈루 인진(愛新覺羅 胤禛)이다. 성실하고 근면한 행정가로 전제체제의 강화와 함께 민생 안정에도 주력했다. 사학계의 주목을 받는 황제이기도 하다.

조선 효종(孝宗, 1619-1659)

조선 왕조의 제17대 왕으로, 본명은 이호(李淏)이다. 심양에서 인질로 지낸 적 있는 그는 귀국하여 즉위한 뒤 반청 정책을 추진하여 뜻이 같은 대신들과 함께 청나라에 대한 북벌을 구상했다.

조선 영조(英祖, 1694-1776)

조선 왕조의 저명한 왕으로, 본명은 이금(李昑)이다. 그가 52년간 재위했던 시기는 손자인 정조의 재위 시기와 함께 조선의 르네상스 시대로 불린다.

영력황제(永曆皇帝, 1623-1662)

남명(南明)의 황제로, 본명은 주유랑(朱由榔)이다. 주 씨 황족에서 '명'을 국호로 한 국가의 말대황제이다.

장수

이순신(李舜臣, 1545-1598)

조선의 장수로, 유명한 해전 영웅이다. 여러 차례 열세 병력으로 우세 병력과 대결하여 역전승을 이룩한 인물이다.

이여송(李如松, 1549-1598)

명나라 장수로, 요동(遼東) 출신이다. 오랜 기간 변방을 수비했으며 임진왜란 기간 조선에 파견되어 큰 전과를 올렸다. 조선의 군신들로부터 큰 존경을 받았던 인물이다.

고니시 유키나가(小西行長, ?-1600)

일본 전국시대의 대명(大名)으로, 임진왜란 당시 일본군의 중견 장수였다.

가토 기요마사(加藤清正, 1562-1611)

일본 전국시대의 대명으로, 임진왜란 당시 일본군의 중견 장수였다.

조승훈(祖承訓, 생졸년 미상)

명나라 장수로, 임진왜란 당시 조선을 지원하기 위해 군대를 이끌고 왔으나 병력의 열세로 패했다.

송응창(宋應昌, 1536-1606)

명나라 관료로, 임진왜란 기간 명나라의 군사 전략을 주도한 중견 인물이다. 조선경략(朝鮮經略)직을 역임했다.

권율(權慄, 1537-1599)

조선의 장수로, 임진왜란 기간 야전에서 열세 병력으로 우세 병력을 격파한 소수 장수 중 한 사람이다.

양원(楊元, ?-1598)

명나라 장수로, 임진왜란 기간 이여송 휘하에 있었다. 남원성(南原城)을 잃은 죄로 참수

당했다.

양호(楊鎬, ?-1629)

명나라 장수로, 조선경략(朝鮮經略)직을 역임하며 전쟁을 주도했다. 청렴하고 군대를 엄하게 다스려 조선 군신들로부터 호평을 받았다.

유정(劉綎, 1558-1619)

명나라 장수로, 임진왜란 평정에 참여했다.

이여백(李如柏, 1553-1620)

명나라 장수로, 임진왜란 평정에 참여했다.

이성량(李成梁, 1526-1615)

명나라의 저명한 장수로, 이여송과 이여백의 아버지이다.

원숭환(袁崇煥, 1584-1630)

명나라 장수로, 명나라 말기 청군에 대적할 능력을 갖춘 소수 군사적 인물 중 한 사람이다.

왕성종(王盛宗, **생졸년 미상**)

명나라 장수이다.

왕평(王平, **생졸년 미상**)

명나라 장수로, 왕성종의 아들이다.

홍승주(洪承疇, 1593-1665)

명청 두 왕조의 관료로, 문무를 겸비했으며 두 왕조에서 모두 고위직에 올랐다. 이로 인해 '사명(思明)' 세력으로부터 비난을 받았다.

척계광(戚繼光, 1528-1588)

명나라 장수로, 왜구에 대적한 공적으로 유명하다.

학자

이황(李滉, 1501-1570)

조선의 저명한 유학자로, 주자학 발전에 힘썼다. 현재 한국의 1,000원 지폐에 그의 초상이 실려 있다.

후지와라 세이카(藤原惺窩, 1561-1619)

일본의 유학자로, 강항(姜沆)과 학문을 교류했다. 두 사람의 만남이 전쟁때문이라는 점이 경이롭다.

박세무(朴世茂, 1487-1564)

조선의 선비로, 어린이를 대상한 한문 교육 교재인 『동몽선습(童蒙先習)』을 편찬했다.

이만운(李萬運, 1723-1797)

조선의 선비로, 어린이를 대상한 역사 교재 『기년아람(紀年兒覽)』을 편찬했다.

관료

석성(石星, ?-1599)

명나라 관료로, 임진왜란 시기 병부상서직에 있었다. 초기에는 주전파였으나 나중에 주화파로 넘어갔다. 옥고를 치르던 중 사망했다.

허홍강(許弘綱, 1554-1638)

명나라 관료로, 남경(南京) 병부상서직을 역임했다. 임진왜란 시기, 조선에 대한 군사적 지원을 반대했던 인물이다.

이정(李禎, **생졸년 미상**)

명나라 관료로, 임진왜란 시기 병부시랑직에 있었다.

진병산(陳屛山, **생졸년 미상**)

명나라 관료로, 노인(魯認)의 일본 탈출을 도왔다.

이원등(李源登, **생졸년 미상**)

명나라 관료로, 노인(魯認)의 일본 탈출을 도왔다.

이광정(李光庭, 1552-1627)

조선관료로, 임진왜란 기간 물자 운송을 담당했다. 1602년 중국에 사신으로 파견되었다.

김상헌(金尙憲, 1570-1652)

조선관료로, 본관은 안동(安東)이다. 청나라와의 수교에 강력히 반대하다 명나라와 결탁했다는 죄명으로 청나라에 연행되었다. 중국 심양(瀋陽)에서 사망했다.

유승룡(柳成龍, 1542-1607)

조선관료로, 임진왜란 시기 지금의 행정원장직에 해당하는 영의정직에 있었다. 전쟁이 끝난 후 그가 편찬한 『징비록(懲毖錄)』은 현재 임진 전쟁을 연구하는 데서 필독서로 꼽힌다.

송응성(宋應星, 1587-1666)

명나라 관료로, 과학 연구에서 이룩한 성과로 후세에 널리 알려져 있다.

강봉원(姜逢元, **생졸년 미상**)

명나라 관료로, 관직은 예부상서에까지 올랐다. 재물 갈취 목적으로 조선 사신들을 빈번히 괴롭혔다.

장거정(張居正, 1525-1582)

명나라 관료로, 내각 수보(內閣首輔)직을 맡았다. 재임 기간 진행한 정치개혁이 뚜렷한 성과를 올렸다.

송시열(宋時烈, 1607-1688)

조선 관료로, 저명한 유학자이자 '사명반청(思明反清)' 입장으로 널리 알려져 있다.

김종후(金鐘厚, 1721-1780)

조선 관료로, 본관은 청풍(清風)이다. 어려서부터 문명을 떨쳤으나 과도한 권력욕으로 하여 후세 사학자들로부터 혹평을 받았다.

이현석(李玄錫, 1647-1703)

관료 생활을 하다가 자청 사임하고 명나라 역사서 『명사강목(明史綱目)』 편찬에 심혈을 기울였다.

서명응(徐命膺, 1716-1787)

조선 관료로, 명사(明史) 편찬 발의자 중 한 사람이다.

서광계(徐光啟, 1562-1633)

명나라 관료로, 기독교에 관심이 많았다. 친구인 마테오 리치와 함께 『기하 원본(幾何原本)』을 번역했다.

이지조(李之藻, 1565-1630)

명나라 관료로, 기독교에 관심이 많았다. 친구인 마테오 리치와 함께 『동문 산지(同文算指)』와 『신산법서(新算法書)』를 번역했다.

포로

노인(魯認, 1566-1622)

자는 공식(公識), 호는 금계(錦溪)이다. 문집으로 『금계집(錦溪集)』이 전해진다. 임진왜란 시기 일본군에 포로로 잡혀 일본에 끌려갔다. 포로 시절, 명나라 관료들의 협조를 받아 일본에서 탈출에 성공해 중국 복건성(福建省)에 이르렀고, 이어 순조롭게 귀국했다.

서경춘(徐景春, 생졸년 미상)

조선의 선비로, 임진왜란 시기 포로로 잡혀 노인(魯認) 등과 함께 일본 규슈로 끌려갔다.

기효순(奇孝淳, 생졸년 미상)

조선인으로, 노인(魯認)과 함께 일본 탈출에 성공했다.

정동지(鄭東之, 생졸년 미상)

조선인으로, 노인(魯認)과 함께 일본 탈출에 성공했다.

풍석이(風石伊, 생졸년 미상)

조선인으로, 노인(魯認)과 함께 일본 탈출에 성공했다.

강항(姜沆, 1567-1618)

본관은 진주(晉州)이며 임진왜란 기간 포로로 일본에 끌려갔다. 그는 일본 학자들과 교류하는 한편, 주자학을 전파하다 결국 무사히 귀국했다.

'사명' 처사(思明處士)

허격(許格, 1607-1690)

조선의 선비로, 평생 명나라를 위해 절의를 지키며 공명을 추구하지 않았다.

정식(鄭栻, 1683-1746)

조선의 선비로, 평생 명나라를 위해 절의를 지키며 공명을 추구하지 않았다.

곽류(郭瀏, 1597-1671)

조선의 선비로, 평생 명나라를 위해 절의를 지키며 공명을 추구하지 않고 『황명기략(皇明記略)』과 『춘추해의(春秋解義)』 두 역사서 집필에 전념했다.

필담자(筆談者)

상옥곤(常玉琨, 생졸년 미상)

청나라 시기 한족으로, 스스로 상유춘(常維春)의 후손이라고 칭한 인물이다.

엄성(嚴誠, 1732-1767)

항주부 인화현(杭州府 仁和縣)에서 태어났다. 건륭 30년(1765) 거인(擧人)에 합격했다. 북경에서 홍대용과 필담으로 교류할 당시 35세였다.

반정균(潘庭筠, 1742-?)

전당현(錢塘縣)에서 태어났다. 건륭 30년(1765) 거인에 합격했고, 건륭 43년(1778) 진사(進士)에 합격했다. 한림원 편수(翰林院編修), 문연각 교리(文淵閣校理), 국사관 찬수(國史館纂修), 섬서도 감찰어사(陝西道監察御史) 등을 역임했다.

선교사

마테오 리치(利瑪竇, Matteo Ricci, 1552-1610)

저명한 선교사로, 명나라 만력 연간 중국에 이르렀다. 명나라 관료들과 교류하며 교의를 전파했다.

참고문헌

고적사료

『명신종실록(明神宗實錄)』, 타이페이 : “중앙연구원” 역사언어연구소, 1962.

『통문관지(通文館志)』, 서울 : 서울대학교 규장각 한국학연구원, 2006.

신유한(申維瀚) : 『해유록(海游錄)』, 복단대학교 문사연구원 편 : 『조선통신사문헌선편(朝鮮通信使文獻選編)』, 상해 : 복단대학교 출판사, 2015, 제3권.

귀래노인(歸徠老人) : 『진사일통(震史一統)』, 보스턴 : 하버드대학교 연경학사(燕京學社) 소장 조선 초본.

권협(權悏) : 『석당공연행록(石塘公燕行錄)』, 『연행록전집(燕行錄全集)』, 서울 : 동국대학교 출판부, 2001, 제5권.

권발(權撥) : 『조천록(朝天錄)』, 『연행록전집(燕行錄全集)』, 서울 : 동국대학교 출판부, 2001, 제2권.

임수간(任守干) : 『동사일기(東槎日記)』, 복단대학교 문사연구원 편 : 『조선통신사문헌선편(朝鮮通信使文獻選編)』, 상해 : 복단대학교 출판사, 2015, 제3권.

성이성(成以性) : 『을유연행일기(乙酉燕行日記)』, 『연행록전편(燕行錄全編)·제2집』, 계림 : 광서사범대학교 출판사, 2012, 제1권.

주문조(朱文藻) 편 : 『일하제금합집(日下題襟合集)』, 북경대학교 도서관 편 : 『북경대학교 도서관 소장 조선판 한적선본췌편(北京大學圖書館藏朝鮮版漢籍善本萃編)』, 중경 : 서남사범대학교 출판사, 2014, 제10권.

박세무(朴世茂) : 『동몽선습 평어와 주해(童蒙先習批注)』, 서울 : 출판사 불명(대만대학교 도서관 소장).

박지원(朴趾源) : 『연암집(燕巖集)』, 도쿄 : 와세다대학교 도서관 소장, 광무 4년(1900) 서간본.

박지원(朴趾源) 저, 주루이핑(朱瑞平) 교점 : 『열하일기(熱河日記)』, 상해 : 상해서점 출판사, 1997.

허칙(許侙) 등 편 : 《조선 사대·척사 관계 자료집(朝鮮事大·斥邪關係資料集)》, 서울 : 여강출판사, 1985.

허봉(許篈) : 『조천기(朝天記)』, 『연행록전집(燕行錄全集)』, 서울 : 동국대학교 출판부, 2001, 제6권.

오승권(吳乘權) 등 편 : 『강감역지록(綱鑑易知錄)』, 북경 : 중화서국, 2014.

오도일(吳道一) : 『병인연행일승(丙寅燕行日乘)』, 『연행록전집(燕行錄全集)』, 서울 : 동국대학교 출판부, 2001, 제29권.

송응성(宋應星) : 『천공개물(天工開物)』, 『속수사고전서(續修四庫全書)』, 상해 : 상해고적 출판사, 1995-1999, 자부 보록류(子部 譜錄類), 제1-15권.

이요(李㴭) : 『연도기행(燕途紀行)』, 『한국한문연행문헌선편(韓國漢文燕行文獻選編)』, 상해 : 복단대학교 문사연구원, 2011, 제8권.

이현석(李玄錫) : 『명사강목(明史綱目)』, 상해 : 상해도서관 소장, 조선 1703년 서간본(序刊本).

이현석(李玄錫) : 『유재선생집(游齋先生集)』, 『한국문집총간(韓國文集叢刊)』, 서울 : 민족문화추진회, 1997, 제156권.

이전수(李田秀) : 『입심기(入瀋記)』, 『연행록전집(燕行錄全集)』, 서울 : 동국대학교 출판부, 2001, 제30권.

이의현(李宜顯) : 『경자연행잡식(庚子燕行雜識)』, 『한국한문연행문헌선편(韓國漢文燕行文獻選編)』, 상해 : 복단대학교 문사연구원, 2011, 제11권.

이태수(李泰壽)·이수이(李壽彝) : 『존주록(尊周錄)』, 도쿄 : 와세다대학교 소장 조선 초본.

이만영(李晩榮) : 『설해유고(雪海遺稿)』, 『한국문집총간·속(韓國文集叢刊·續)』, 서울 : 민족문화추진회, 2006, 제30권.

이만운(李萬運) : 『기년아람(紀年兒覽)』, 보스턴 : 하버드대학교 연경학사 소장 조선 각본.

이덕무(李德懋) : 『입연기(入燕記)』, 『연행록전집(燕行錄全集)』, 서울 : 동국대학교 출판부, 2001, 제57권.

곡응태(谷應泰) : 『명사기사본말(明史紀事本末)』, 북경 : 중화서국, 2015.

민정중(閔鼎重) : 『노봉연행기(老峯燕行記)』, 『연행록전집(燕行錄全集)』, 서울 : 동국대학교 출판부, 2001, 제22권.

민진원(閔鎭遠) : 『연행록(燕行錄)』, 『한국한문연행문헌선편(韓國漢文燕行文獻選編)』, 상해 : 복단대학교 문사연구원, 2011, 제11권.

양조(楊照) : 『회고당시선(懷古堂詩選)』, 상해 : 화동사범대학교 출판사, 2010.

김육(金堉) : 『조경일록(朝京日錄)』, 『한국한문연행문헌선편(韓國漢文燕行文獻選編)』, 상해 : 복단대학교 문사연구원, 2011, 제7권.

김종후(金鍾厚) : 『본암집(本庵集)』, 『한국문집총간(韓國文集叢刊)』, 서울 : 민족문화추진회, 1999, 제237권.

어숙권(魚叔權) : 『패관잡기(稗官雜記)』, 『한국한적민속총서(韓國漢籍民俗叢書)』, 타이페이 :

동방문화, 1971, 제1집 제8권.

정철(鄭澈) : 『정송강연행일기(鄭松江燕行日記)』, 『연행록전집(燕行錄全集)』, 서울 : 동국대학교 출판부, 2001, 제4권.

정두원(鄭斗源) : 『조천기지도(朝天記地圖)』, 『한국한문연행문헌선편(韓國漢文燕行文獻選編)』, 상해 : 복단대학교 문사연구원, 2011, 제7권.

정창순(鄭昌順) 등 편 : 『동문회고(同文匯考)』, 타이페이 : 계정(桂庭)출판사, 1978.

정곤수(鄭昆壽) : 『부경일록(赴京日錄)』, 『연행록전집(燕行錄全集)』, 서울 : 동국대학교 출판부, 2001, 제4권.

정곤수(鄭昆壽) : 『백곡집(柏谷集)』, 『연행록전편(燕行錄全編)·제1집』, 계림 : 광서사범대학교 출판사, 2010, 제5권.

강항(姜沆) : 『간양록(看羊錄)』, 『해행총재(海行總載)·제2집』, 서울 : 민족문화추진회, 1966.

최근 연구

1. 卜正民(Timothy Brook) 著, 廖彦博 譯 :《掙扎的帝國 : 氣候、經濟、社會與探源南海的元明史》, 台北 : 麥田, 2016.

2. 上垣外憲一 :『雨森芳洲』, 東京 : 中央公論社, 1989.

3. 大木康 :『明末江南の出版文化』, 東京 : 研文出版, 2004.

4. 山本治夫 :「十八世紀東アジアの開明思潮の隆替と現代意識(A)-燕行錄類を基軸にして-」, 『福岡大學總合研究所報』, 第61號 (福岡, 1983), pp. 1-43.

5. 山本進 :『大清帝国と朝鮮経済 : 開発·貨幣·信用』, 福岡 : 九州島大學出版會, 2014.

6. 夫馬進 :『朝鮮燕行使と朝鮮通信使』, 長野 : 名古屋大學出版會, 2015.

7. 王汎森 :《執拗的低音 : 一些歷史思考方式的反思》, 台北 : 允晨文化, 2014.

8. 古柏(PaizeKeulemans) : <開放世界的傳說-作為荷蘭戲劇、中國傳言和全球新聞的明朝之亡>, 收入復旦大學文史研究院編 :《全球史區域史與國別史 : 復旦、東大、普林斯頓三校合作會議論文集》, 北京 : 中華書局, 2016, 頁138-167.

9. 仲尾宏 :『朝鮮通信使-江戶日本の誠信外交』, 東京 : 岩波書店, 2007.

10. 全海宗 : <清代中朝朝貢關係考>, 收入費正清編, 杜繼東譯 :《中國的世界秩序-傳統中國的對外關係》, 北京 : 中國社會科學出版社, 2010. 頁87-104.

11. 孫衛國 :《大明旗號與小中華意識-朝鮮王朝尊周思明問題研究(1697-1800)》, 北京 : 商務印書館, 2007.

12. 朱鴻林 :《孔廟從祀與鄉約》, 北京 : 生活・讀書・新知三聯書店, 2014.

13. 何冠彪 : <清朝官方的'明亡于萬曆'說>,《"國立"編譯館館刊》, 二十八卷一期(臺北, 1999),

頁255-272.

14. 吳政緯：《眷眷明朝-朝鮮士人的中國論述與文化心態(1600-1800)》, 臺北：秀威資訊, 臺灣師範大學歷史學系專刊第38種, 2015.

15. 李元淳著, 王玉潔、朴英姬、洪軍譯：《朝鮮西學史》, 北京：中國社會科學出版社, 2001.

16. 李光濤：《論建州與流賊相因亡明》,《"中央研究院"歷史語言研究所集刊》12：3(臺北, 1947), 頁193-236.

17. 李光濤：《朝鮮"王辰倭禍"研究》, 臺北："中央研究院" 歷史語言研究所, 1972.

18. 張存武：《清韓宗藩貿易：1637-1894》, 臺北："中央研究院" 近代史研究所, 1978.

19. 張伯偉：<名稱·文獻·方法-關於"燕行錄"研究的若干問題>, 收入張伯偉編：《"燕行錄"研究論集》, 南京：鳳凰出版社, 2016, 頁3-26.

20. 楊正顯：《王陽明<年譜>與從祀孔廟之研究》,《漢學研究》, 二十九卷一期(臺北, 2011), 頁153-187.

21. 姜沆著, 朴鐘鳴譯注,『看羊録：朝鮮儒者の日本抑留記』, 東京：平凡社, 1984.

22. 洪大容著, 夫馬進譯注,『乾淨筆譚1』, 東京：平凡社, 2016.

23. 顧誠：《南明史》, 北京：光明日報出版社, 2011.

24. 海野一隆：「李朝朝鮮における地図と道教」,『東方宗教』, 第五十七號(大阪, 1981), 頁14-37.

25. 黃時鑒：<從地圖看歷史上中韓日"世界"觀念的差異-以朝鮮的天下圖和日本的南瞻部洲圖為主>,《復旦學報(社會科學版)》, 2008年第3期, 頁30-41.

26. 葛兆光：《想像異域：讀李朝朝鮮漢文燕行文獻札記》, 北京：中華書局, 2014.

27. 魏斐德(Frederic Wakeman, Jr.)著, 陳蘇鎮等譯：《洪業：清朝開國史》, 臺北：時英, 2003.

저자

오정위(吳政緯)
1989년 대만 운림현(雲林縣) 출생

학력
동화대학교(東華大學) 역사학과 학사(2012)
대만사범대학교 역사학과 석사(2015)
대만대학교 역사학과 박사(2024)

연구경력
일본 도쿄대학교 사료편찬소 외국인 연구원
“중앙연구원” 역사언어연구소 박사후 연구학자
현 “중앙연구원” 근대사연구소 조연구원(2025년 10월~현재)

전공 분야
16-19세기 한·중 관계사, 동아시아 문화 교류사, 명·청 중국 서적사

연구성과
「‘조선’은 어떻게 명·청 사가의 시야에 들어섰는가」
「명·청 당국의 도서 수출 제도 연구」
「사행을 통한 조선의 위법품 반입 전략과 경로」
「동아시아 문화 교류 네트워크 속의 명·청 금서」(박사 학위 논문) 등 논문 다수

역자

김휘(金輝)
중국 연변대학교 외국어학원 조선어학과 부교수

신영화(辛英花)
중국 연변대학교 외국어학원 일본어학과 강사

한양에서 연경까지

조선 사신이 본 동아시아(1592-1780)

從漢城到燕京：朝鮮使者眼中的東亞世界(1592-1780)

초판 1쇄 인쇄 2025년 12월 5일
초판 1쇄 발행 2025년 12월 15일

지은이 오정위(吳政緯)
옮긴이 김휘(金輝)·신영화(辛英花)
펴낸이 이대현

편집 이태곤 권분옥 임애정 강윤경
디자인 안혜진 최선주 김다윤
마케팅 박태훈

펴낸곳 도서출판 역락
출판등록 1999년 4월 19일 제303-2002-000014호
주소 서울시 서초구 동광로46길 6-6 문창빌딩 2층(우06589)
전화 02-3409-2060(편집부), 2058(영업부) | 팩스 02-3409-2059
전자우편 youkrack@hanmail.net | 홈페이지 www.youkrackbooks.com

字數 195,000
ISBN 979-11-7396-437-4 03910

책값은 뒤표지에 있습니다.
파본은 구입처에서 교환해 드립니다.

이 책은 연변대학교 청년학자 번역프로젝트 성과물임.
이 책은 연변대학교 외국언어문학 일류학과건설 출판경비지원을 받아 출판됨.